학습 진도표

4회
월 일
2
말의 재미가
솔솔
1회
월 일
2회
월 일
3회
월 일
4회
월 일
4
분위기를
살려 읽어요
2회
월 일
3회
월 일
4회
월 일
5
마음을
짐작해요
1회
월 일
2회
월 일
3회
월 일
4회
월 일
7
3회
월 일
4회
월 일
8
다양한 작품을
감상해요
1회
월 일
2회
월 일
3회
월 일
4회
월 일
5회
월 일

백점 국어 2·1

학습 진도표

이용 방법 학습한 날짜를 쓰고
학습이 끝나면 별을 색칠해 보아요.

1회 학습 완료 › 1회 3월 8일

1 만나서 반가워요!

1회 월 일
2회 월 일
3회 월 일

3 겪은 일을 나타내요

1회 월 일
2회 월 일
3회 월 일
4회 월 일

1회 월 일

마음을 담아서 말해요

1회 월 일
2회 월 일

6 자신의 생각을 표현해요

1회 월 일
2회 월 일
3회 월 일
4회 월 일
5회 월 일

백점

국어 2·1

개념북

교과서에 실린

작품 소개

단원	교과서	제재 이름	지은이	나온 곳	백점 쪽수
1단원	국어	「세상에 둘도 없는 반짝이 신발」	제인 고드윈 글, 신수진 옮김	『세상에 둘도 없는 반짝이 신발』, 모래알(키다리), 2018.	15~17쪽
2단원	국어	「가랑비와 이슬비」(원제목: 「뜨고 지고!」)	박남일	『뜨고 지고!』, 길벗어린이(주), 2008.	29쪽
		「내 친구 몬덕이」	한국교육방송공사	「내 친구 몬덕이: 다섯 글자로 말해요」, 한국교육방송공사, 2021.	30쪽
		「어디까지 왔니」	편해문 엮음	『께롱께롱 놀이 노래』, (주)도서출판 보리, 2008.	33쪽
		「시원한 책」	이수연 글, 민승지 그림.	『시원한 책』, 발견, 2020.	37~38쪽
	국어 활동	「내 마음 ㅅㅅㅎ」	김지영	『내 마음 ㅅㅅㅎ』, (주)사계절출판사, 2021.	39쪽
3단원	국어	「그림일기」	백희나 원작, (재)강원정보문화산업진흥원(GICA). (주)디피에스 제작	「구름빵 3: 그림일기」 제6화, 한국방송공사, 2016.	47쪽
		「식물은 어떻게 자랄까?」	유다정	『식물은 어떻게 자랄까?』, (주)교원, 2011.	51~52쪽
4단원	국어	「누가 누가 잠자나」	목일신	『누가 누가 잠자나』, (주)문학동네, 2003.	65쪽
		「바람은 착하지」	권영상	『잘 커다오, 꽝꽝 나무야』, (주)문학동네, 2009.	71쪽
		「오늘」	이준관	『내가 채송화꽃처럼 조그마했을 때』, (주)푸른책들, 2006.	73쪽
	국어 활동	「노란 당나귀」	김개미	『쉬는 시간에 똥 싸기 싫어』, 토토북, 2017.	74쪽

단원	교과서	제재 이름	지은이	나온 곳	백점 쪽수
5단원	국어	1번 활동	김세실	『두근두근 이 마음은 뭘까? ― 마음을 표현하는 감정 낱말 ―』, 한빛에듀, 2021.	83쪽
		1번 활동	김도윤	『두근두근 이 마음은 뭘까? ― 마음을 표현하는 감정 낱말 ―』, 한빛에듀, 2021.	83쪽
		「밤 다섯 개」	권정생	『아기 토끼와 채송화꽃 : 권정생 동화집』, (주)창비, 2012.	92~93쪽
6단원	국어	「공공장소에서의 예절 ― 당신의 배려가 ―」	해피프로덕션	한국방송광고진흥공사, 2018.	101쪽
		「누구를 보낼까요」	이형래	『누구를 보낼까요』, 국수, 2023.	113~114쪽
	국어 활동	「저마다 다른 동물의 생김새」	보리	『세밀화로 그린 보리 어린이 동물 도감』, (주)도서출판 보리, 1998.	107쪽
7단원	국어	「메기야, 고마워」 (원제목: 마음 착한 메기)	홍은순	『꿀항아리』, 보육사, 1979.	131~133쪽
8단원	국어	「우산 사용법」	정연철	『알아서 해가 떴습니다』, (주)사계절출판사, 2018.	141쪽
		「신호」	장세정	『튀고 싶은 날』, 오픈키드(주)열린어린이, 2018.	142쪽
		「편지」	아널드 로벨 글, 엄혜숙 옮김	『개구리와 두꺼비는 친구』, (주)비룡소, 1996.	145~147쪽

백점 국어

구성과 특징

개념북

자기주도 학습을 위한
"하루 4쪽" 구성

교과서 학습

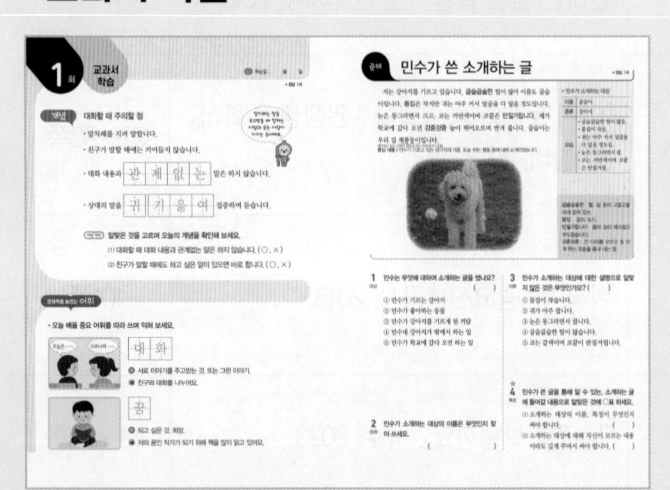

+

대단원 평가

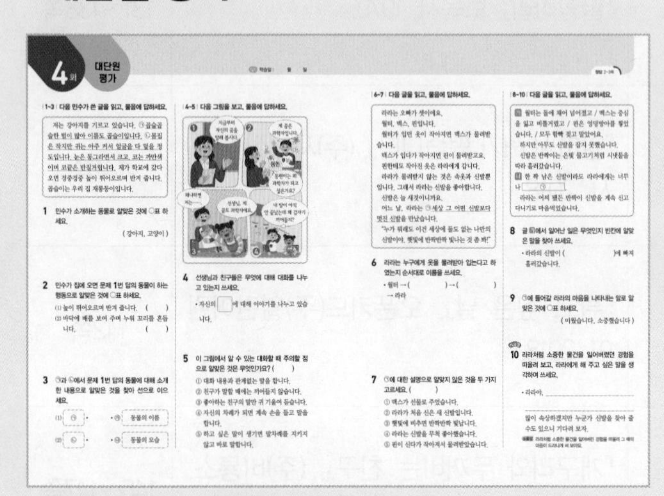

+

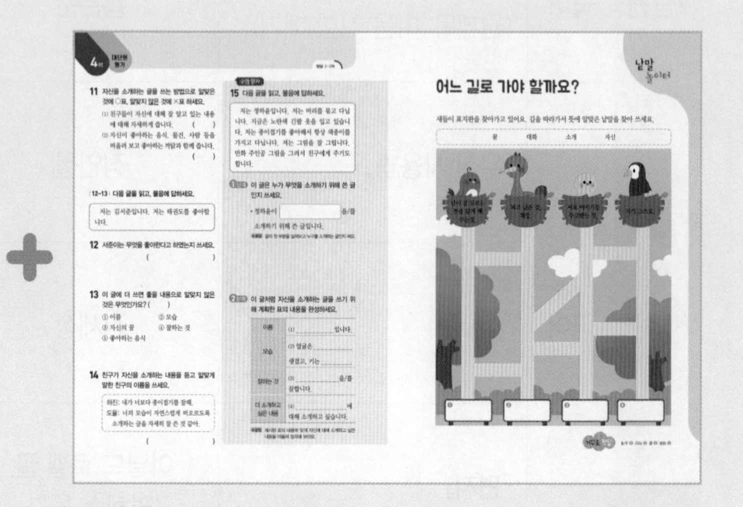

대단원 미리 보기
대단원에서 배울 내용을 단원 핵심 어휘를 통해 한눈에 확인할 수 있습니다.

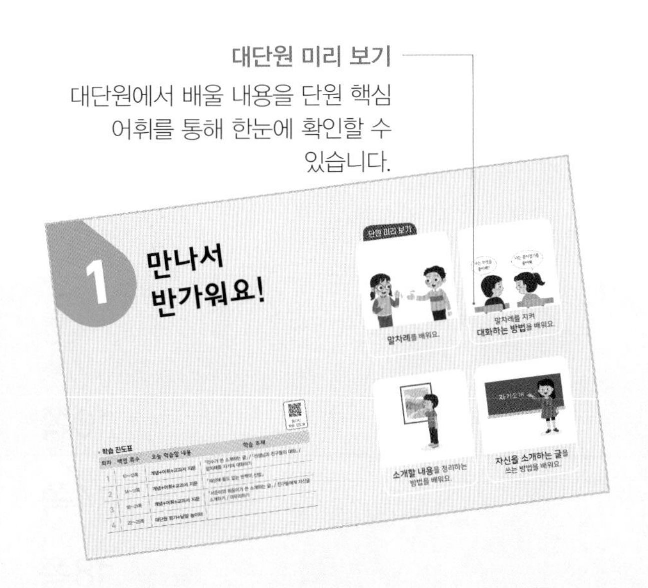

개념 학습 + 문해력을 높이는 어휘

교과서 개념을 빠르게 익히고, 개념 확인 OX 문제를 통해 개념을 탄탄하게 이해합니다.

'문해력을 높이는 어휘'에서는 단원의 핵심 어휘를 배웁니다. 핵심 어휘를 따라 쓴 뒤, 뜻과 예문을 학습하면 교과서 지문과 활동을 쉽게 이해할 수 있습니다.

지문 독해 학습

지문의 핵심 내용을 정리하고 다양한 유형의 문제를 풀며 지문 독해 실력을 향상시킵니다.

+서술형 : 자신의 생각을 정확하게 쓸 수 있도록 도움말과 채점 기준을 강화하였습니다.

+디지털 문해력 : 단원의 학습 내용을 디지털 매체에 적용하여 디지털 문해력을 기릅니다.

대단원 평가

대단원을 마무리하며 실력을 점검할 수 있습니다.

+수행평가 : 학교 수행 평가에 대비할 수 있도록 단계별 문제를 제공합니다.

평가북

맞춤형 평가 대비
수준별 단원 평가

단원 평가 A단계

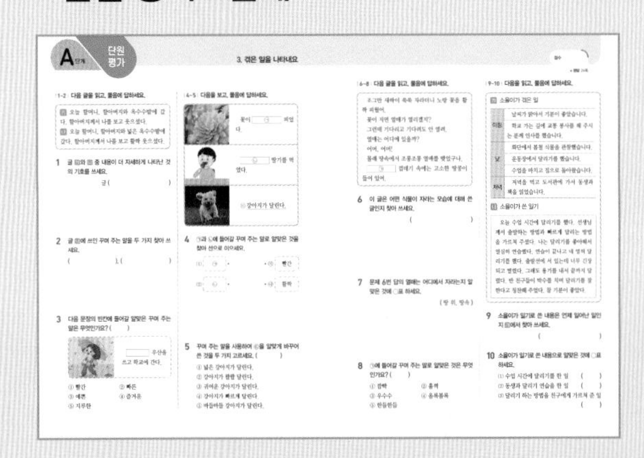

단원별 기본 학습 성취도를 확인하고, 수시 평가나 객관식 문항 위주의 학교 단원 평가에 대비할 수 있습니다.

단원 평가 B단계

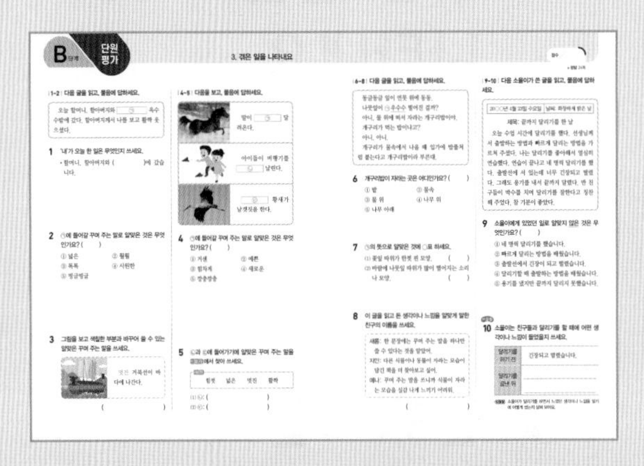

단원별 심화 학습 성취도를 확인하고, 서술형이 포함된 학교 단원 평가에 대비할 수 있습니다.

백점 국어

차례

1 만나서 반가워요!

• 학습 진도표

회차	백점 쪽수	오늘 학습할 내용	학습 주제
1	10~13쪽	개념+어휘+교과서 지문	「민수가 쓴 소개하는 글」 / 「선생님과 친구들의 대화」 / 말차례를 지키며 대화하기
2	14~17쪽	개념+어휘+교과서 지문	「세상에 둘도 없는 반짝이 신발」
3	18~21쪽	개념+어휘+교과서 지문	「서준이와 하윤이가 쓴 소개하는 글」 / 친구들에게 자신을 소개하기 / 마무리하기
4	22~25쪽	대단원 평가+낱말 놀이터	

단원 미리 보기

말차례를 배워요.

말차례를 지켜
대화하는 방법을 배워요.

소개할 내용을 정리하는
방법을 배워요.

자신을 소개하는 글을
쓰는 방법을 배워요.

1 회 교과서 학습

학습일 : 월 일

• 정답 1쪽

개념 대화할 때 주의할 점

말차례는 말을 주고받을 때 말하는 사람과 듣는 사람이 지키는 순서예요.

• 말차례를 지켜 말합니다.

• 친구가 말할 때에는 끼어들지 않습니다.

• 대화 내용과 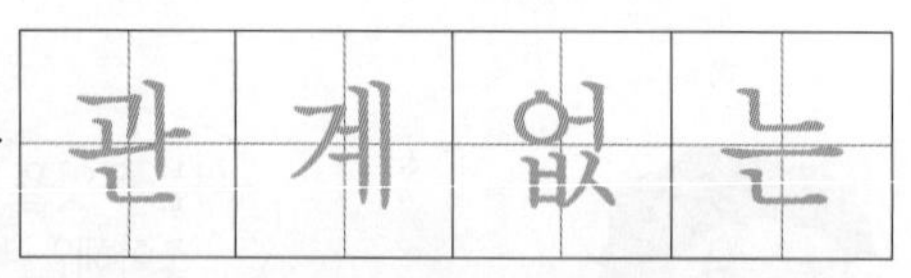 관계없는 말은 하지 않습니다.

• 상대의 말을  귀 기울여 집중하며 듣습니다.

개념 확인 **알맞은 것을 고르며 오늘의 개념을 확인해 보세요.**

(1) 대화할 때 대화 내용과 관계없는 말은 하지 않습니다. (○ , ×)

(2) 친구가 말할 때에도 하고 싶은 말이 있으면 바로 합니다. (○ , ×)

문해력을 높이는 어휘

• **오늘 배울 중요 어휘를 따라 쓰며 익혀 보세요.**

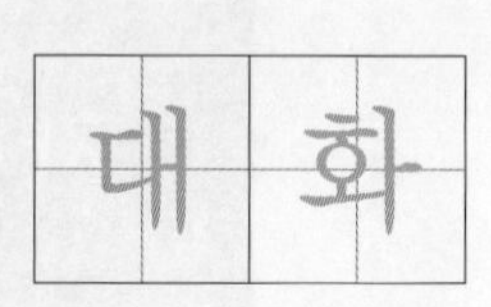
대화

뜻 서로 이야기를 주고받는 것. 또는 그런 이야기.

예 친구와 대화를 나누어요.

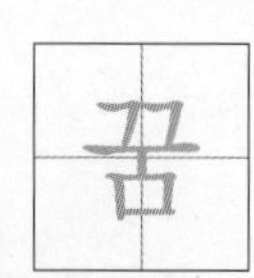
꿈

뜻 되고 싶은 것. 희망.

예 저의 꿈인 작가가 되기 위해 책을 많이 읽고 있어요.

준비 민수가 쓴 소개하는 글

• 정답 1쪽

저는 강아지를 기르고 있습니다. **곱슬곱슬한** 털이 많아 이름도 곱슬이입니다. **몸집**은 작지만 귀는 아주 커서 얼굴을 다 덮을 정도입니다. 눈은 동그라면서 크고, 코는 까만색이며 코끝은 **반질거립니다**. 제가 학교에 갔다 오면 **겅중겅중** 높이 뛰어오르며 반겨 줍니다. 곱슬이는 우리 집 재롱둥이입니다.

재미있는 말과 귀여운 행동을 하는 어린아이나 동물.

중심 내용 | 민수가 기르고 있는 강아지의 이름, 모습, 하는 행동 등에 대해 소개하였습니다.

민수가 소개하는 대상

이름	곱슬이
종류	강아지
모습	• 곱슬곱슬한 털이 많음. • 몸집이 작음. • 귀는 아주 커서 얼굴을 다 덮을 정도임. • 눈은 동그라면서 큼. • 코는 까만색이며 코끝은 반질거림.

곱슬곱슬한 털, 실 등이 고불고불하게 말려 있는.
몸집 몸의 크기.
반질거립니다 몸의 겉이 매끄럽고 부드럽습니다.
겅중겅중 긴 다리를 모으고 힘 있게 뛰는 모습을 흉내 내는 말.

1 대상 **민수는 무엇에 대하여 소개하는 글을 썼나요?** (　　)

① 민수가 기르는 강아지
② 민수가 좋아하는 동물
③ 민수가 강아지를 기르게 된 까닭
④ 민수네 강아지가 밖에서 하는 일
⑤ 민수가 학교에 갔다 오면 하는 일

2 이해 **민수가 소개하는 대상의 이름은 무엇인지 찾아 쓰세요.**

(　　　　　　　　)

3 이해 **민수가 소개하는 대상에 대한 설명으로 알맞지 않은 것은 무엇인가요?** (　　)

① 몸집이 작습니다.
② 귀가 아주 큽니다.
③ 눈은 동그라면서 큽니다.
④ 곱슬곱슬한 털이 많습니다.
⑤ 코는 갈색이며 코끝이 반질거립니다.

★ **4** 특징 **민수가 쓴 글을 통해 알 수 있는, 소개하는 글에 들어갈 내용으로 알맞은 것에 ○표 하세요.**

(1) 소개하는 대상의 이름, 특징이 무엇인지 써야 합니다. (　　)
(2) 소개하는 대상에 대해 자신이 모르는 내용이라도 길게 꾸며서 써야 합니다. (　　)

소단원1

선생님과 친구들의 대화

• 정답 1쪽

▶ 그림 ❸~❹에서 동현이의 마음

마음	당황스러움.
까닭	동현이의 말이 끝나지 않았는데 친구가 끼어들어서

꿈　되고 싶은 것, 희망.
아직　어떤 일이 끝나지 않고 계속 되고 있음을 뜻하는 말.

5 주제 **선생님과 친구들은 무엇에 대해 대화를 나누었나요? (　　　　)**

① 자신의 꿈　② 친구의 꿈
③ 자신이 사는 곳　④ 꿈을 꾸는 방법
⑤ 대화를 나누는 방법

6 이해 **동현이는 자신의 꿈이 무엇이라고 하였는지 쓰세요.**

(　　　　　　　　　　　　)

서술형

7 적용 **그림 ❸~❹에서 동현이의 기분은 어떠하였을지 쓰세요.**

• 말을 하고 있는데 친구가 갑자기 끼어들어

도움말 그림 속 동현이가 한 말과 동현이의 표정을 보고 어떤 기분이 들었을지 생각해 보아요.

디지털 문해력

8 추론 **발표가 끝난 뒤 동현이가 친구에게 보낼 문자 메시지의 내용으로 알맞은 것에 ○표 하세요.**

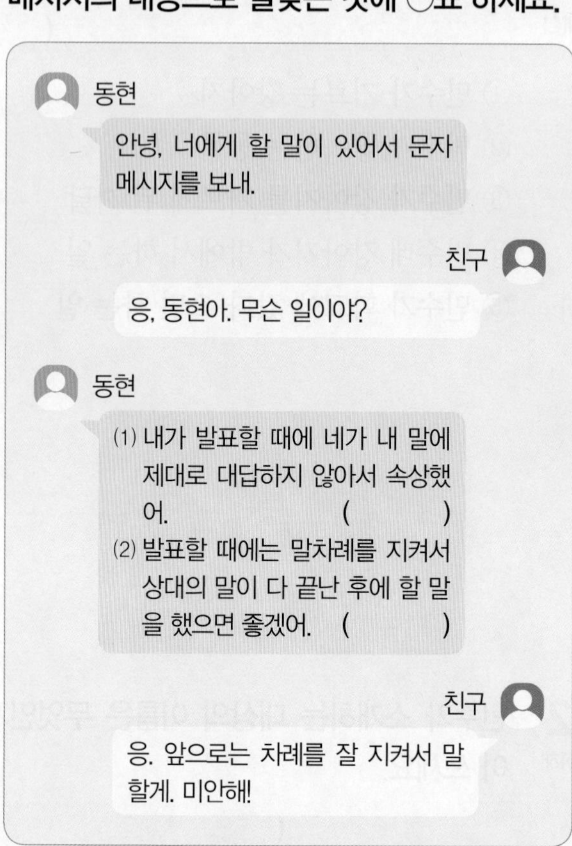
동현: 안녕, 너에게 할 말이 있어서 문자 메시지를 보내.

친구: 응, 동현아. 무슨 일이야?

동현:
(1) 내가 발표할 때에 네가 내 말에 제대로 대답하지 않아서 속상했어. (　　　)
(2) 발표할 때에는 말차례를 지켜서 상대의 말이 다 끝난 후에 할 말을 했으면 좋겠어. (　　　)

친구: 응. 앞으로는 차례를 잘 지켜서 말할게. 미안해!

말차례를 지키며 대화하기

• 정답 1쪽

9 이해 **말차례를 지키며 대화하는 방법을 생각하며 알맞은 것에 ○표 하세요.**

지현이가 먼저 말을 시작해요. 지현이가 말할 때 호준이는 상대의 말을 귀 기울여 들어요.

(1) ㉮ 상대가 말하고 있을 때 ( )
㉯ 자신의 말차례가 되었을 때 ( )

호준이가 말을 시작해요.

이제 호준이가 말을 해요. 지현이는 말하는 사람을 바라보며 들어요.

호준이의 말을 듣다가 하고 싶은 말이 생긴 지현이는

(2) ㉮ 손짓을 하며 말할 기회를 얻어요. ( )
㉯ 큰 소리로 외쳐요. ( )

지현이는 호준이의 말에 이어서 또박또박 말해요.

호준이는 지현이의 말을 잘 들어요.

지현이가 말하고 있는 동안에 호준이가 궁금한 점이 생기면

(3) ㉮ 바로 끼어들어 물어봐요. ( )
㉯ 말이 끝날 때까지 기다렸다가 물어봐요. ( )

10 이해 **말차례를 지키며 대화하는 방법으로 알맞은 것을 보기에서 찾아 기호를 쓰세요.**

보기
- ㉮ 손바닥이 보이게 팔을 뻗어 표현합니다.
- ㉯ 손짓을 하거나 가슴에 손바닥을 올려 표현합니다.
- ㉰ 상대를 바라보고 고개를 끄덕이며 표현합니다.
- ㉱ '자', '여기', '음', 등 주의를 집중시키는 말을 한 뒤에 상대를 가리킵니다.

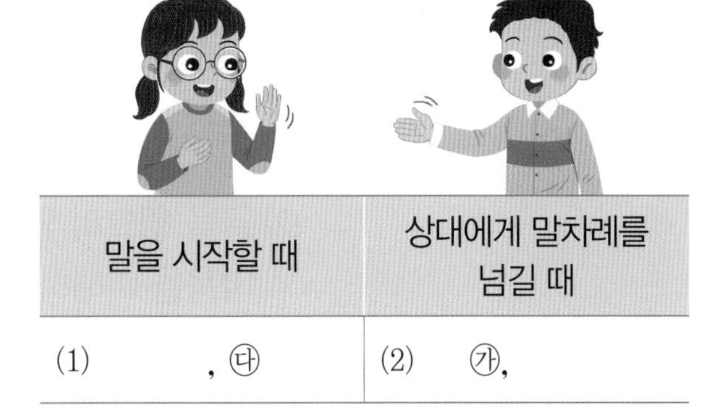

말을 시작할 때	상대에게 말차례를 넘길 때
(1) , ㉰	(2) ㉮,

11 적용 **자신이 평소에 말차례를 지키며 친구와 대화하는지 확인할 때 살펴볼 내용으로 알맞지 않은 것은 무엇인가요? ( )**

① 친구를 바라보고 고개를 끄덕여 말차례를 얻어 말했나요?
② 손짓을 하거나 가슴에 손을 올려 말차례를 얻은 뒤에 말했나요?
③ 손바닥이 보이게 팔을 뻗어 친구에게 말차례를 넘겨 주었나요?
④ 하고 싶은 말이 있으면 손을 들고 바로 큰 소리로 외치며 말했나요?
⑤ 주의를 집중시키는 말을 한 뒤에 친구를 가리키며 말차례를 넘겨 주었나요?

나의 실력에 색칠하세요.

● 정답 1쪽

개념 글을 읽고 친구들과 이야기 나누기

- 누구에게 어떤 일이 일어났는지 생각하며 글을 읽습니다.
- 인물이 겪은 일과 비슷한 자신의 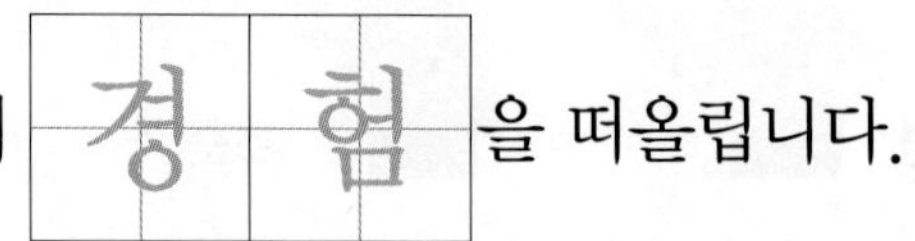

을 떠올립니다.
- 그때 자신의 마음이 어땠는지 생각해 봅니다.
- 말차례를 지키며 친구들과 자신의 경험을 이야기합니다.

개념 확인 **알맞은 것을 고르며 오늘의 개념을 확인해 보세요.**

(1) 친구들과 이야기를 나눌 때에는 말차례를 지키지 않습니다. (○ , ×)

(2) 글을 읽으며 인물이 겪은 일과 비슷한 자신의 경험을 떠올리면 인물의 마음을 이해하는 데 도움이 됩니다. (○ , ×)

문해력을 높이는 어휘

- **오늘 배울 중요 어휘를 따라 쓰며 익혀 보세요.**

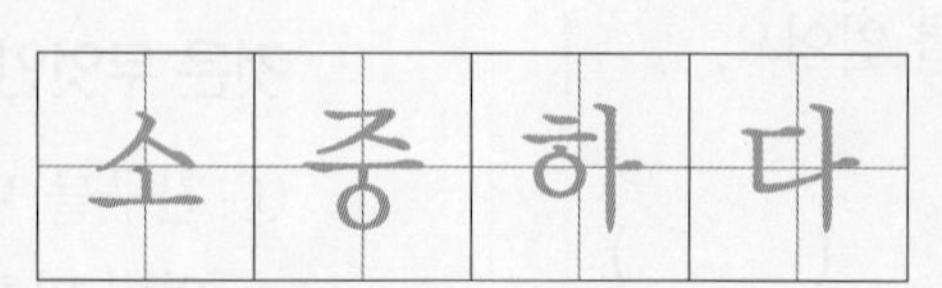

뜻 매우 아끼고 중요하다.

예 어릴 때부터 함께한 소중한 곰 인형이에요.

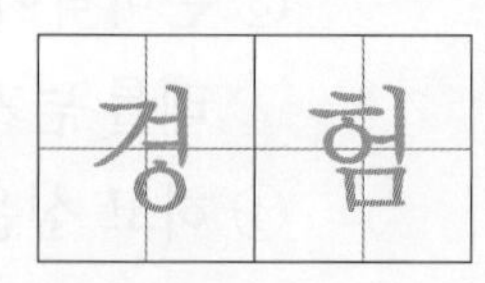

뜻 직접 해 보거나 느끼는 것.

예 여름 방학에 여러 가지 경험을 했어요.

세상에 둘도 없는 반짝이 신발

_ 제인 고드윈 • 정답 1쪽

❶ 라라는 오빠가 셋이에요.
(주인공)

월터, 맥스, 핀입니다.

월터가 입던 옷이 작아지면 맥스가 **물려받습니다.**

맥스가 입다가 작아지면 핀이 물려받고요.

핀한테도 작아진 옷은 라라에게 갑니다.

라라가 물려받지 않는 것은 **속옷**과 신발뿐입니다. 그래서 라라는 신발을 좋아합니다.

신발은 늘 새것이니까요.

어느 날, 라라는 세상 그 어떤 신발보다 멋진 신발을 만났습니다.

㉠"누가 뭐래도 이건 세상에 둘도 없는 나만의 신발이야. 햇빛에 반짝반짝 빛나는 것 좀 봐!"

라라는 신발이 마음에 쏙 들었습니다.

중심 내용 | 라라는 오빠들에게 물려받지 않은 반짝반짝 빛나는 새 신발을 갖게 되었습니다.

- **글의 종류**: 이야기
- **글의 특징**: 라라가 아끼던 반짝이 신발을 잃어버렸다는 내용으로, 자신에게 소중한 물건을 잃어버렸던 경험을 떠올려 볼 수 있습니다.

라라에게 일어난 일

평소에는 오빠들에게 옷을 물려받음.

⬇

마음에 드는 새 신발을 갖게 됨.

물려받습니다 물건, 돈 등을 전해 받습니다.

속옷 몸에 바로 닿도록 겉옷 안에 입는 옷.

1 이해 **이 글의 주인공에 대한 설명으로 알맞지 않은 것은 무엇인가요? ( )**

① 이름은 라라입니다.

② 오빠가 네 명입니다.

③ 가족 중 막내입니다.

④ 오빠의 옷을 물려받아 입습니다.

⑤ 속옷과 신발은 물려받지 않습니다.

2 이해 **라라가 좋아하는 것은 무엇인지 쓰세요.**

( )

3 이해 **라라가 문제 2번의 답을 좋아하는 까닭으로 알맞은 것에 ○표 하세요.**

(1) 늘 새것이어서 ( )

(2) 원하는 만큼 가질 수 있어서 ( )

★ **4** 추론 **㉠에서 알 수 있는 라라의 마음으로 알맞은 것을 보기에서 찾아 기호를 쓰세요.**

보기

㉮ 기쁘고 행복함.

㉯ 기쁘지만 조금 속상함.

㉰ 걱정이 되지만 기대도 됨.

( )

❷ 엄마는 항상 발에 좀 큰 신발을 사 주곤 했어요 좀 더 오래 신으라고요.

라라는 어디를 가든 새 신발을 신고 다녔습니다.
새 신발이 마음에 든 라라의 행동

주말에 온 가족이 소풍을 갈 때도 라라는 새 신발을 신었어요.

"더러워질 텐데……."

엄마는 걱정했습니다.

"**시냇물** 따라서 모험을 떠나겠어!" / 월터가 말했습니다.

"나도." / 맥스가 말했습니다.

"나도." / 핀이 말했습니다.

"응, 좋아. 가자!" / 라라가 말했습니다.

모험은 즐거웠습니다.

그러다가…….

㉠앗, 어떡하지? / 라라는 **허둥지둥** 신발을 따라갔습니다.

중심 내용 | 주말에 가족 소풍을 갈 때에도 새 신발을 신고 갔던 라라는 오빠들을 따라갔다가 신발을 놓쳤습니다.

이 글에 쓰인 낱말의 뜻 알기

낱말	뜻
짝	둘이 어울려 한 쌍을 이루는 것을 세는 단위.
중심	사물의 한가운데.
흉	남에게 비웃음을 살 만한 거리.
모험	위험을 무릅쓰고 하는 일.

시냇물 골짜기나 들판에 흐르는 작은 물.
허둥지둥 몹시 급하게 서두르는 모양을 나타내는 말.

5 이해 **엄마께서 항상 라라의 발에 좀 큰 신발을 사 주신 까닭은 무엇인가요? (   )**

① 오빠와 함께 신발을 신기 위해서
② 동생에게 신발을 물려주기 위해서
③ 라라가 신발 신는 것을 답답해해서
④ 신발을 좀 더 오래 신게 하기 위해서
⑤ 라라의 발이 작아서 꼭 맞는 신발이 없어서

6 이해 **라라의 가족이 주말에 한 일로 알맞은 것에 ○표 하세요.**

(1) 소풍을 갔습니다. (   )
(2) 라라의 새 신발을 사러 갔습니다. (   )

7 이해 **월터는 어떤 일을 하겠다고 말하였나요? (   )**

① 새 신발을 사겠다.
② 다른 나라로 모험을 떠나겠다.
③ 동생들과 함께 운동을 하겠다.
④ 시냇물을 따라 모험을 떠나겠다.
⑤ 맥스를 데리고 여행을 떠나겠다.

★ **8** 적용 **㉠에서 알 수 있는 라라의 마음을 알맞게 말한 친구의 이름을 쓰세요.**

로아: 신발을 잃어버리거나 놓쳐서 당황스러워하는 것 같아.
민준: 마음에 드는 새 신발을 갖게 되어서 무척 행복해하는 것 같아.

(   )

세상에 둘도 없는 반짝이 신발

• 정답 1쪽

❸ 월터는 돌에 채어 넘어졌고
맥스는 중심을 잃고 비틀거렸고
핀은 엉덩방아를 찧었습니다.
모두 함빡 젖고 말았어요.
하지만 아무도 신발을 잡지 못했습니다.
신발은 반짝이는 은빛 물고기처럼 시냇물을 따라 흘러갔습니다.
반짝이 신발이 한 ㉠짝만 남았는데 어떻게 하면 좋을까요?
"꽃을 심어서 화분으로 쓰는 거야." / 월터가 말했습니다.
"연필꽂이로 써도 되지 않을까?" / 맥스가 물었어요.
"창가에 걸어 놔. 모빌처럼!" / 핀이 말했어요.
한 짝 남은 신발이라도 라라에게는 너무나 소중했습니다.
라라는 어찌 됐든 반짝이 신발을 계속 신고 다니기로 마음먹었습니다.
"신발이 짝짝이잖아."/ 애너벨이 흉을 보았습니다.
"난 괜찮은데." / 라라는 상관없다는 듯 말했습니다.
애너벨의 말을 신경 쓰지 않음.

중심 내용 | 라라는 반짝이 신발 한 짝을 잃어버렸지만 남은 신발을 계속 신고 다녔습니다.

• 작품 정리

❶ 라라는 마음에 쏙 드는 반짝이는 새 신발을 갖게 됨.
⬇
❷ 라라는 가족 여행에 새 신발을 신고 갔다가 신발 한 짝을 잃어버림.
⬇
❸ 라라는 남은 반짝이 신발 한 짝을 신고 다님.

채어 무엇에 발이 걸려서.
함빡 물에 푹 젖은 모양을 나타내는 말.
모빌 움직이는 조각이나 작품을 매달아 놓은 것.

9 이해 **라라에게 일어난 일은 무엇인가요? (　　　)**

① 돌에 채어 넘어졌습니다.
② 넘어져 엉덩방아를 찧었습니다.
③ 반짝이 신발을 모두 잃어버렸습니다.
④ 반짝이 신발 한 짝에 꽃을 심었습니다.
⑤ 시냇가에서 신발 한 짝을 잃어버렸습니다.

10 이해 **다음과 같은 생각을 말한 사람은 누구인지 찾아 이름을 쓰세요.**

> 라라의 남은 신발 한 짝을 화분으로 쓰자.

(　　　　　　　　)

11 어휘 **㉠의 뜻으로 알맞은 것에 ○표 하세요.**

(1) 둘이 서로 어울려 한 쌍을 이루는 것을 세는 단위. (　　)
(2) 움직이는 조각이나 작품을 매달아 놓은 것. (　　)

서술형

12 적용 **라라처럼 자신에게 소중한 물건을 한 가지 쓰고, 소중하게 생각하는 까닭을 쓰세요.**

• (1)________________ 을/를 소중하게 생각합니다. (2)________________ 때문입니다.

도움말 자신에게 소중한 물건을 떠올려 보고 그 물건을 소중하게 생각하게 된 까닭을 함께 생각해 보아요.

나의 실력에 색칠하세요.

학습일 : 월 일

• 정답 2쪽

개념 자신을 소개하는 글을 쓸 때 주의할 점

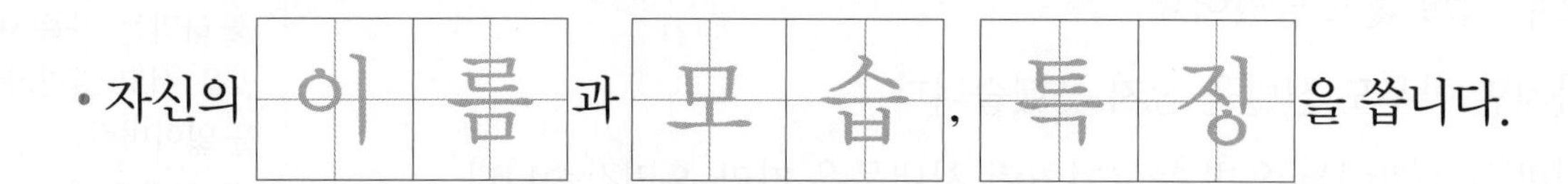

• 자신의 이름과 모습, 특징을 씁니다.

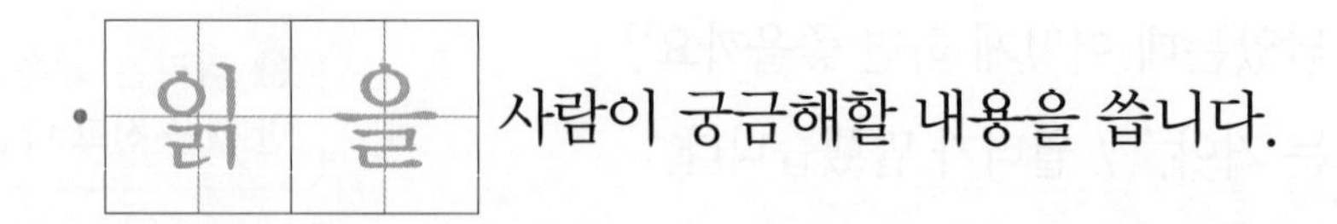

• 읽을 사람이 궁금해할 내용을 씁니다.

• 자신이 잘하는 것과 더 노력하고 싶은 점을 써도 좋습니다.

개념 확인 알맞은 것을 고르며 오늘의 개념을 확인해 보세요.

(1) 자신을 소개하는 글에는 자신의 이름, 모습, 특징을 씁니다. (○, ×)

(2) 자신을 소개하는 글에는 사람들에게 잘 알려진 내용을 골라서 씁니다. (○, ×)

문해력을 높이는 어휘

• 오늘 배울 중요 어휘를 따라 쓰며 익혀 보세요.

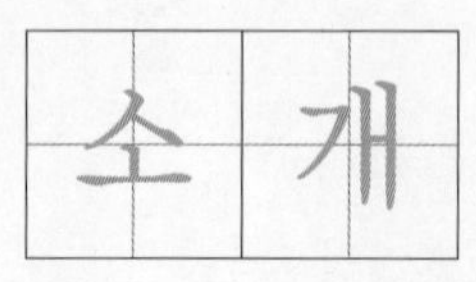

소개

뜻 남이 잘 모르는 것을 알게 해 주는 것.

예 제가 그린 그림을 소개할게요.

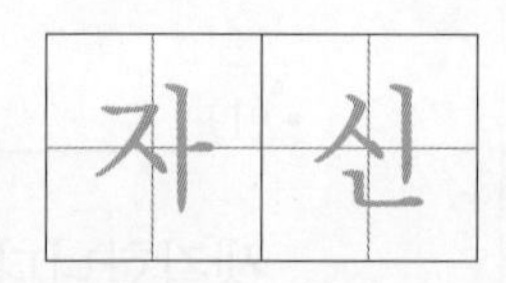

자신

뜻 자기 스스로.

예 친구들에게 자신을 소개해요.

소단원2

서준이와 하윤이가 쓴 소개하는 글

• 정답 2쪽

가 저는 김서준입니다. 저는 태권도를 좋아합니다.

나 저는 정하윤입니다. 저는 머리를 묶고 다닙니다. 지금은 노란색 긴팔옷을 입고 있습니다. 저는 종이접기를 좋아해서 항상 색종이를 가지고 다닙니다. 저는 그림을 잘 그립니다. 만화 주인공 그림을 그려서 친구에게 주기도 합니다.

하윤

- 글의 종류: 소개하는 글
- 글의 특징: 서준이와 하윤이가 자신을 소개하기 위해 쓴 글입니다.

글에 쓴 내용

글 가	이름, 좋아하는 것
글 나	이름, 모습, 좋아하는 것, 잘하는 것

종이접기 종이를 접어서 여러 가지 물건을 만드는 것.
만화 이야기를 짧고 재미있게 그린 그림.

1단원 3회

1 대상 **서준이와 하윤이가 소개하는 사람은 누구인지 알맞은 것에 ○표 하세요.**

(자신, 친한 친구)

2 적용 **글 가를 읽고 알맞게 말한 친구의 이름을 쓰세요.**

예나: 이름과 좋아하는 것만 소개해서 서준이에 대해 잘 알 수 없어.
이서: 글을 읽는 사람이 궁금해할 내용을 자세히 써서 서준이에 대해 잘 알 수 있었어.

(　　　　)

★ **3** 이해 **글 나에서 대상에 대해 소개한 내용으로 알맞지 않은 것은 무엇인가요? (　　)**

① 이름　② 모습
③ 잘하는 것　④ 좋아하는 것
⑤ 더 소개하고 싶은 내용

서술형 **4** 추론 **글 가와 나 중 소개하는 내용이 잘 드러나게 쓴 글은 무엇인지 기호를 쓰고, 그렇게 생각한 까닭을 쓰세요.**

• 글 (1) [　　] 입니다. 소개하는 사람이 누구인지, 잘하는 것과 좋아하는 것이 무엇인지 (2) [　　　　] 나와 있습니다.

도움말 소개하는 대상에 대해 자세하게 쓴 글은 무엇인지 생각해 보고 그렇게 생각한 알맞은 까닭을 써요.

소단원2 친구들에게 자신을 소개하기

• 정답 2쪽

▶ 자신을 소개하는 글을 쓰기 위해 계획할 때 생각할 점
- 글을 쓰는 까닭
- 글을 읽을 사람
- 글에 쓸 내용(이름, 모습, 좋아하는 것, 잘하는 것 등)

치타 회색 또는 갈색 털에 검은색 둥근 점무늬가 많은 모습을 하고 있으며, 달리는 속도가 매우 빠른 동물.

5 이해 준영이가 자신에 대해 소개한 내용으로 알맞은 것을 두 가지 고르세요. ( )

① 자신의 이름
② 자신이 잘하는 것
③ 자신이 좋아하는 것
④ 자신의 모습과 특징
⑤ 자신에 대해 더 소개하고 싶은 점

★ **6** 특징 자신을 소개하는 글을 어떻게 쓸지 계획할 때 떠올릴 내용으로 알맞은 것을 모두 고르세요. ( )

① 글에 쓸 내용
② 글을 쓰는 까닭
③ 글을 읽을 사람
④ 글을 읽고 궁금한 점
⑤ 글을 읽고 고쳐 쓸 부분

서술형 **7** 특징 자신을 소개하는 글에 어떤 내용을 쓸지 생각하여 다음 문장을 완성하세요.

• 제 이름은 (1) ☐ 입니다. 저는 (2) ☐ 을/를 좋아하고, (3) ☐ 을/를 잘합니다.

도움말 자신의 이름과 자신이 좋아하는 것, 잘하는 것이 무엇인지 떠올려 보고, 문장의 내용에 맞게 써요.

8 특징 자신이 쓴 소개하는 글을 읽고 확인할 내용으로 알맞은 것을 찾아 기호를 두 가지 쓰세요.

㉮ 바르고 정확한 문장으로 썼나요?
㉯ 소개하는 내용을 간단하게 썼나요?
㉰ 읽을 사람이 궁금해할 내용을 썼나요?
㉱ 다른 친구보다 길게 자신에 대해 소개하는 내용을 썼나요?

( )

마무리하기

● 정답 2쪽

9 특징 **자신이 좋아하는 사람을 소개하는 글에 쓸 내용을 정리하였습니다. 알맞은 것을 찾아 선으로 이으세요.**

(1) 이름 •　　• ㉮ 다정하고 따뜻합니다.

(2) 성격 •　　• ㉯ 김지민입니다.

(3) 모습 •　　• ㉰ 종이접기를 잘합니다.

(4) 잘하는 것 •　　• ㉱ 눈이 크고 머리가 짧습니다.

10 특징 **두 친구가 바르게 대화하는 방법을 생각하며 알맞은 말을 찾아 각각 기호를 쓰세요.**

㉮ 말을 시작해요.
㉯ 귀 기울여 들어요.
㉰ 끼어들지 않고 기다려요.
㉱ 하고 싶은 말을 끝까지 분명하게 해요.

(1) 상대의 말이 끝날 때까지
(　　　　)

(2) 자신의 말차례가 되었을 때
(　　　　)

★ **11** 특징 **자신을 소개하는 글을 쓰는 방법으로 알맞지 않은 것을 두 가지 고르세요. (　　　)**

① 소개할 내용을 자세히 씁니다.
② 바르고 정확한 문장으로 씁니다.
③ 자신의 특징을 한 가지만 씁니다.
④ 자신의 모습이나 좋아하는 것을 씁니다.
⑤ 읽을 사람이 잘 알고 있는 내용을 씁니다.

어법 더하기

12 어법 **밑줄 그은 말을 바르게 소리 내어 읽은 것에 ○표 하세요.**

(1) 옷이 좀[쫌, 좀] 작아 보인다.

(2) 기러기는 거꾸로[꺼꾸로, 거꾸로] 읽어도 기러기이다.

어법 더하기⊕ 소리에 주의하며 읽어야 하는 말

'ㄱ, ㄷ, ㅂ, ㅅ, ㅈ'이 쓰인 낱말을 소리 내어 읽을 때 된소리로 말하는 경우가 있어요. 된소리로 읽으면 다른 낱말이 되거나 틀린 낱말이 되므로 글자에 맞게 바르게 읽어야 합니다.

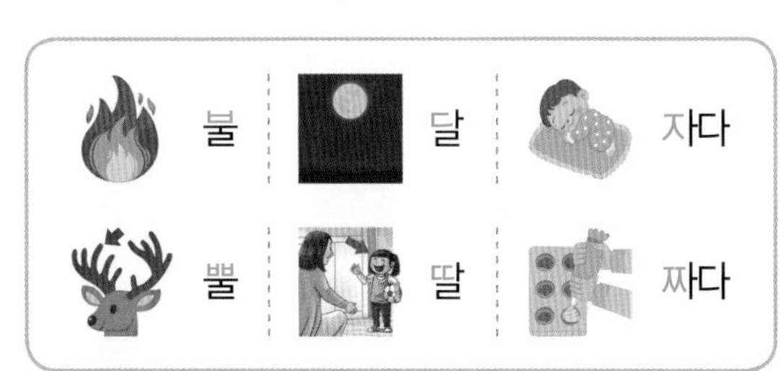

동그라미	① [똥그라미] (　) ② [동그라미] (○)
바나나	① [바나나] (○) ② [빠나나] (　)
자르다	① [짜르다] (　) ② [자르다] (○)

나의 실력에 색칠하세요.

| 1~3 | 다음 민수가 쓴 글을 읽고, 물음에 답하세요.

> 저는 강아지를 기르고 있습니다. ㉠곱슬곱슬한 털이 많아 이름도 곱슬이입니다. ㉡몸집은 작지만 귀는 아주 커서 얼굴을 다 덮을 정도입니다. 눈은 동그라면서 크고, 코는 까만색이며 코끝은 반질거립니다. 제가 학교에 갔다 오면 겅중겅중 높이 뛰어오르며 반겨 줍니다. 곱슬이는 우리 집 재롱둥이입니다.

1 민수가 소개하는 동물로 알맞은 것에 ○표 하세요.

(강아지, 고양이)

2 민수가 집에 오면 문제 **1**번 답의 동물이 하는 행동으로 알맞은 것에 ○표 하세요.

(1) 높이 뛰어오르며 반겨 줍니다. ( )

(2) 바닥에 배를 보여 주며 누워 꼬리를 흔듭니다. ( )

3 ㉠과 ㉡에서 문제 **1**번 답의 동물에 대해 소개한 내용으로 알맞은 것을 찾아 선으로 이으세요.

(1) ㉠ • • ㉮ 동물의 이름

(2) ㉡ • • ㉯ 동물의 모습

| 4~5 | 다음 그림을 보고, 물음에 답하세요.

4 선생님과 친구들은 무엇에 대해 대화를 나누고 있는지 쓰세요.

• 자신의 [ ]에 대해 이야기를 나누고 있습니다.

5 이 그림에서 알 수 있는 대화할 때 주의할 점으로 알맞은 것은 무엇인가요? ( )

① 대화 내용과 관계없는 말을 합니다.

② 친구가 말할 때에는 끼어들지 않습니다.

③ 좋아하는 친구의 말만 귀 기울여 듣습니다.

④ 자신의 차례가 되면 계속 손을 들고 말을 합니다.

⑤ 하고 싶은 말이 생기면 말차례를 지키지 않고 바로 말합니다.

| 6~7 | 다음 글을 읽고, 물음에 답하세요.

라라는 오빠가 셋이에요.
월터, 맥스, 핀입니다.
월터가 입던 옷이 작아지면 맥스가 물려받습니다.
맥스가 입다가 작아지면 핀이 물려받고요.
핀한테도 작아진 옷은 라라에게 갑니다.
라라가 물려받지 않는 것은 속옷과 신발뿐입니다. 그래서 라라는 신발을 좋아합니다.
신발은 늘 새것이니까요.
어느 날, 라라는 ㉠세상 그 어떤 신발보다 멋진 신발을 만났습니다.
"누가 뭐래도 이건 세상에 둘도 없는 나만의 신발이야. 햇빛에 반짝반짝 빛나는 것 좀 봐!"

6 라라는 누구에게 옷을 물려받아 입는다고 하였는지 순서대로 이름을 쓰세요.

• 월터 → (   ) → (   ) → 라라

7 ㉠에 대한 설명으로 알맞지 않은 것을 두 가지 고르세요. (   )

① 맥스가 선물로 주었습니다.
② 라라가 처음 신은 새 신발입니다.
③ 햇빛에 비추면 반짝반짝 빛납니다.
④ 라라는 신발을 무척 좋아했습니다.
⑤ 핀이 신다가 작아져서 물려받았습니다.

| 8~10 | 다음 글을 읽고, 물음에 답하세요.

가 월터는 돌에 채어 넘어졌고 / 맥스는 중심을 잃고 비틀거렸고 / 핀은 엉덩방아를 찧었습니다. / 모두 함빡 젖고 말았어요.
하지만 아무도 신발을 잡지 못했습니다.
신발은 반짝이는 은빛 물고기처럼 시냇물을 따라 흘러갔습니다.
나 한 짝 남은 신발이라도 라라에게는 너무나 [㉠].
라라는 어찌 됐든 반짝이 신발을 계속 신고 다니기로 마음먹었습니다.

8 글 가에서 일어난 일은 무엇인지 빈칸에 알맞은 말을 찾아 쓰세요.

• 라라의 신발이 (   )에 빠져 흘러갔습니다.

9 ㉠에 들어갈 라라의 마음을 나타내는 말로 알맞은 것에 ○표 하세요.

(미웠습니다, 소중했습니다)

10 라라처럼 소중한 물건을 잃어버렸던 경험을 떠올려 보고, 라라에게 해 주고 싶은 말을 생각하여 쓰세요.

• 라라야, ______________________

많이 속상하겠지만 누군가 신발을 찾아 줄 수도 있으니 기다려 보자.

도움말 라라처럼 소중한 물건을 잃어버린 경험을 떠올려 그 때의 마음이 드러나게 써 보아요.

정답 2~3쪽

11 자신을 소개하는 글을 쓰는 방법으로 알맞은 것에 ○표, 알맞지 않은 것에 ×표 하세요.

(1) 친구들이 자신에 대해 잘 알고 있는 내용에 대해 자세하게 씁니다. ( )

(2) 자신이 좋아하는 음식, 물건, 사람 등을 떠올려 보고 좋아하는 까닭과 함께 씁니다. ( )

| 12~13 | 다음 글을 읽고, 물음에 답하세요.

> 저는 김서준입니다. 저는 태권도를 좋아합니다.

12 서준이는 무엇을 좋아한다고 하였는지 쓰세요.

( )

13 이 글에 더 쓰면 좋을 내용으로 알맞지 않은 것은 무엇인가요? ( )

① 이름 ② 모습
③ 자신의 꿈 ④ 잘하는 것
⑤ 좋아하는 음식

14 친구가 자신을 소개하는 내용을 듣고 알맞게 말한 친구의 이름을 쓰세요.

> 하진: 내가 너보다 종이접기를 잘해.
> 도율: 너의 모습이 자연스럽게 떠오르도록 소개하는 글을 자세히 잘 쓴 것 같아.

( )

수행 평가

15 다음 글을 읽고, 물음에 답하세요.

> 저는 정하윤입니다. 저는 머리를 묶고 다닙니다. 지금은 노란색 긴팔옷을 입고 있습니다. 저는 종이접기를 좋아해서 항상 색종이를 가지고 다닙니다. 저는 그림을 잘 그립니다. 만화 주인공 그림을 그려서 친구에게 주기도 합니다.

1단계 이 글은 누가 무엇을 소개하기 위해 쓴 글인지 쓰세요.

• 정하윤이 [ ] 을/를 소개하기 위해 쓴 글입니다.

도움말 글의 첫 부분을 살펴보고 누구를 소개하는 글인지 써요.

2단계 이 글처럼 자신을 소개하는 글을 쓰기 위해 계획한 표의 내용을 완성하세요.

이름	(1) ________ 입니다.
모습	(2) 얼굴은 ________ 생겼고, 키는 ________.
잘하는 것	(3) ________ 을/를 잘합니다.
더 소개하고 싶은 내용	(4) ________ 에 대해 소개하고 싶습니다.

도움말 제시된 표의 내용에 맞게 자신에 대해 소개하고 싶은 내용을 떠올려 정리해 보아요.

어느 길로 가야 할까요?

새들이 표지판을 찾아가고 있어요. 길을 따라가서 뜻에 알맞은 낱말을 찾아 쓰세요.

꿈　　대화　　소개　　자신

남이 잘 모르는 것을 알게 해 주는것.

되고 싶은 것. 희망.

서로 이야기를 주고받는 것.

자기 스스로.

❶

❷

❸

❹

거꾸로 정답　❶ 대화 ❷ 꿈 ❸ 자신 ❹ 소개

나의 실력에 색칠하세요.

2 말의 재미가 솔솔

• 학습 진도표

회차	백점 쪽수	오늘 학습할 내용	학습 주제
1	28~31쪽	개념+어휘+교과서 지문	「가랑비와 이슬비」 / 「내 친구 몬덕이」 / 친구들과 함께 말놀이 하기
2	32~35쪽	개념+어휘+교과서 지문	「어디까지 왔니」 / 주변에서 낱말 찾아 이야기 만들기 / 말의 재미 느끼기
3	36~39쪽	개념+어휘+교과서 지문	「시원한 책」 / 책에서 좋아하는 문장 찾아 소개하기
4	40~43쪽	대단원 평가+낱말 놀이터	

단원 미리 보기

말놀이를 배워요.

주변에서 **낱말**을 찾아
이야기를 만드는 방법을 배워요.

글을 읽고 **자신의 생각, 느낌**
을 표현하는 방법을 배워요.

책에서 **좋아하는 문장**을
찾아 소개하는 방법을 배워요.

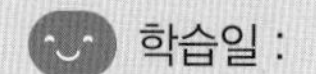
학습일 : 월 일

• 정답 3쪽

개념 친구들과 함께 말놀이를 하면 좋은 점

• 친구들과 말놀이를 하면 재미있습니다.

• 여러 가지 낱말 을 자연스럽게 익힐 수 있습니다.

• 재미있고 다양한 말로 내 생각 을 표현할 수 있습니다.

개념 확인 **알맞은 것을 고르며 오늘의 개념을 확인해 보세요.**

(1) 말놀이를 하면 내 생각을 표현하는 것이 어려워집니다. (○ , ×)

(2) 말놀이를 하면 자연스럽게 여러 가지 낱말을 익힐 수 있습니다. (○ , ×)

문해력을 높이는 어휘

• **오늘 배울 중요 어휘를 따라 쓰며 익혀 보세요.**

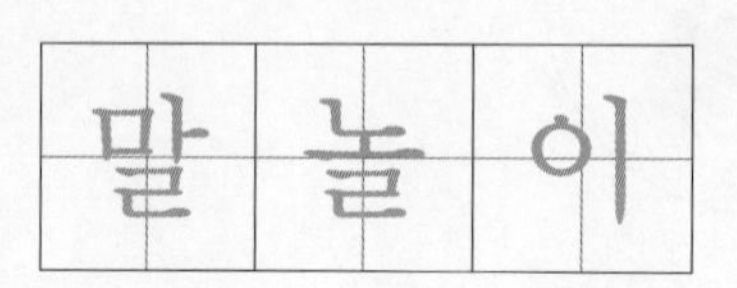

뜻 말을 주고받으며 즐기는 놀이.

예 친구들과 말놀이를 해요.

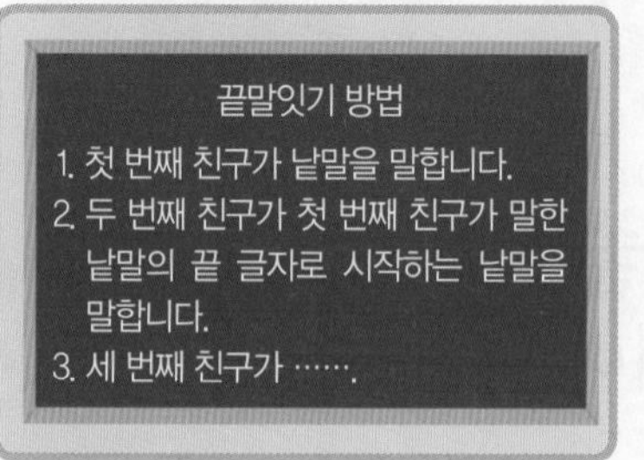
끝말잇기 방법

1. 첫 번째 친구가 낱말을 말합니다.
2. 두 번째 친구가 첫 번째 친구가 말한 낱말의 끝 글자로 시작하는 낱말을 말합니다.
3. 세 번째 친구가 …….

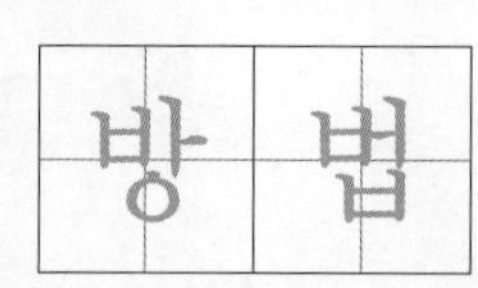

뜻 어떤 일을 해 나가기 위한 방식.

예 끝말잇기를 하는 방법을 배워요.

준비

가랑비와 이슬비 _ 박남일

• 정답 3쪽

❶ **가는** 비가 내리는 날이야.

우산을 쓸까 말까?

중심 내용 | 가는 비가 내리는 날 우산을 쓸까 말까 고민이 됩니다.

❷ 가늘게 내리는 비는 **가랑비.**

국숫발같이 가늘다고 가랑비.

가랑비보다 더 가는 비는 **이슬비.**

풀잎에 겨우 **이슬**이 맺힐 만큼 내려서 이슬비.

중심 내용 | 가늘게 내리는 비는 가랑비, 가랑비보다 더 가는 비는 이슬비입니다.

• **글의 종류**: 이야기

• **글의 특징**: '가랑비'와 '이슬비'의 이름이 붙은 까닭을 재미있게 표현한 글입니다.

• **작품 정리**

비의 이름	뜻
가랑비	• 가늘게 내리는 비. • 국숫발같이 가는 비.
이슬비	• 가랑비보다 더 가는 비. • 풀잎에 겨우 이슬이 맺힐 만큼 내리는 비.

가는 물건의 굵기가 얇은.

국숫발 국수 하나하나.

이슬 공기 중에 있는 수증기가 기온이 내려가거나 찬 것에 부딪혀서 생긴 물방울.

2 단원 1회

1 이해 **다음 그림처럼 국숫발같이 가늘게 내리는 비의 이름은 무엇인지 찾아 쓰세요.**

( )

2 이해 **'이슬비'라는 이름이 붙은 까닭을 생각하여 알맞은 말에 ○표 하세요.**

• 풀잎에 겨우 이슬이 맺힐 만큼 비가 (많이, 적게) 내려서 붙여진 이름입니다.

3 추론 **다음 비의 이름을 보고, 그 이름이 붙은 까닭으로 알맞은 것을 찾아 선으로 이으세요.**

(1) 잠비 • • ㉮ 꼭 필요할 때 알맞게 내리는 비여서

(2) 단비 • • ㉯ 여름에 일을 쉬고 낮잠을 잘 수 있게 하는 비여서

★ **4** 적용 **'비'로 시작하는 낱말을 떠올려 말놀이를 하려고 합니다. 알맞은 낱말을 한 가지 쓰세요.**

( )

소단원1

내 친구 몬덕이

• 정답 3쪽

가 끼토와 초롱이가 다섯 글자 말놀이를 하기 위해 말을 억지로 늘이거나 끊으며 이상하게 말했습니다. 그 모습을 본 몬덕이는 이상하다며 웃었고, 하니가 다섯 글자로 말하는 방법을 알려 주었습니다.

나 끼토와 초롱이는 다섯 글자로만 말하기가 너무 힘들어지자 말을 하지 않았습니다. 그 모습을 본 몬덕이는 친구들에게 평소에 잘 쓰는 말을 떠올려 보라고 말해 줍니다. 친구들은 우리가 자주 쓰는 '고맙습니다, 사랑합니다, 감사합니다' 같은 다섯 글자의 말을 떠올려 **대화**를 하였습니다.

- **글의 종류**: 인형극
- **글의 특징**: 몬덕이와 친구들이 다섯 글자 말놀이를 하며 겪는 일을 통해 말의 재미를 느낄 수 있습니다.

우리가 자주 쓰는 다섯 글자로 된 말 예
- 고맙습니다
- 사랑합니다
- 친구가 최고
- 신나는 하루

대화 마주 대하여 이야기를 주고받음.

5 이해 **끼토와 초롱이는 어떻게 대화를 나누었나요?** (　　)

① 귓속말로 대화하였습니다.
② 몸짓으로만 대화하였습니다.
③ 끝말잇기로 대화하였습니다.
④ 네 글자로 된 말로 대화하였습니다.
⑤ 다섯 글자로 된 말로 대화하였습니다.

6 이해 **몬덕이가 친구들의 말을 듣고 이상하다고 한 까닭으로 알맞은 것에 ○표 하세요.**

(1) 상대방이 한 말과 관계없는 내용으로 말을 해서 (　　)
(2) 다섯 글자로 말을 하기 위해서 말을 억지로 늘이거나 끊으며 말을 해서 (　　)

서술형

7 적용 **몬덕이와 친구들처럼 다섯 글자 말놀이를 하려고 합니다. 친구의 말에 할 알맞은 대답을 쓰세요.**

- "친구야 안녕."
- "　　　　　　　　　　".

도움말 친구의 말에 할 수 있는 알맞은 대답을 다섯 글자로 떠올려 보아요.

★

8 이해 **말놀이를 할 때 지켜야 할 규칙으로 알맞은 것을 두 가지 고르세요.** (　　　　)

① 말이 되는 말로 이어 갑니다.
② 자기가 좋아하는 말만 합니다.
③ 친구의 말만 그대로 따라 합니다.
④ 생각나는 대로 말을 이어 갑니다.
⑤ 말을 억지로 늘이거나 끊지 않습니다.

소단원1

친구들과 함께 말놀이 하기

• 정답 3쪽

2 단원 1회

| 9~10 | 다음 노랫말을 읽고, 물음에 답하세요.

사과는 빨개

사과는 빨개
빨가면 딸기
딸기는 작아
작으면 아기
아기는 귀여워
귀여우면 곰 인형
곰 인형은 포근해
포근하면 봄

살에 닿는 느낌이 보드랍고 따뜻해.

★
9 특징 **이 노랫말에 대한 설명으로 알맞은 것은 무엇인가요? (　　　)**

① 묻고 답하며 말을 이어 갑니다.
② 비슷한 것을 떠올려 말을 이어 갑니다.
③ 끝말이 같은 낱말로 말을 이어 갑니다.
④ 두 글자로 된 낱말로 말을 이어 갑니다.
⑤ 앞 친구가 한 말을 그다음 친구에게 전달하며 말을 이어 갑니다.

10 이해 **이 노랫말 뒤에 이어 갈 말을 알맞게 말한 것은 무엇인가요? (　　　)**

① 봄은 따뜻해
② 봄은 포근해
③ 포근하면 이불
④ 곰 인형은 귀여워
⑤ 봄은 언제쯤 올까

11 적용 **주고받는 말놀이를 할 때 빈칸에 들어갈 말로 알맞은 것은 무엇인가요? (　　　)**

하나는 뭐니?
숟가락 하나

둘은 뭐니?
젓가락 둘

셋은 뭐니?
[　　　　] 셋

① 발가락　　② 공기 알
③ 소의 다리　　④ 책상 다리
⑤ 세발자전거 바퀴

12 적용 **말 덧붙이기 놀이를 하는 방법을 생각하여 이어질 말을 알맞게 말한 친구의 이름을 쓰세요.**

지유: 과일 가게에 가면 사과도 있고, 바나나도 있고, 딸기도 있고, 포도도 있고,
연우: 과일 가게에 가면 사과도 있고, 딸기도 있고, 포도도 있고, 바나나도 있고,

(　　　　　　　　)

나의 실력에 색칠하세요.

2회 교과서 학습

학습일 : 월 일

• 정답 4쪽

개념 주변에서 여러 낱말을 찾아 이야기 만들기

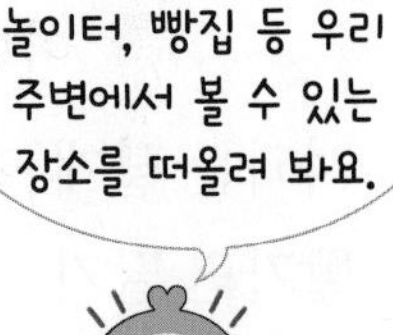

• 우리 주변에 있거나 가고 싶은 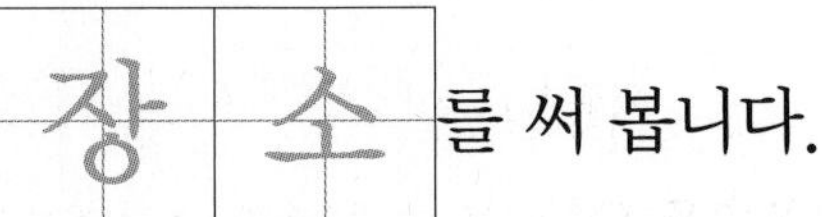 를 써 봅니다.

• 그 장소에서 볼 수 있는 대상을 떠올려 씁니다.

• 자신이 쓴 낱말 가운데 마음에 드는 낱말을 고릅니다.

• 서로 관련이 없는 두 개의 낱말을 연결해 문장을 만듭니다.

개념 확인 **알맞은 것을 고르며 오늘의 개념을 확인해 보세요.**

(1) '슈퍼마켓, 학교' 등이 우리 주변에서 볼 수 있는 장소입니다. (○ , ×)

(2) 자신이 쓴 낱말 가운데 마음에 드는 낱말을 골라 말이 되지 않아도 문장으로 만듭니다. (○ , ×)

문해력을 높이는 어휘

• **오늘 배울 중요 어휘를 따라 쓰며 익혀 보세요.**

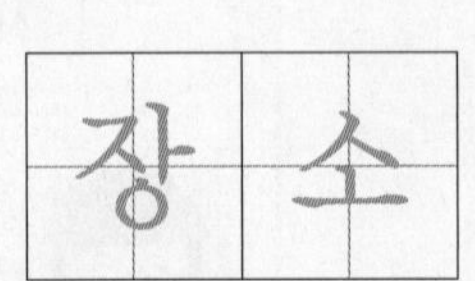

뜻 어떤 일이 일어나는 곳.

예 약속 장소에 사람이 많아요.

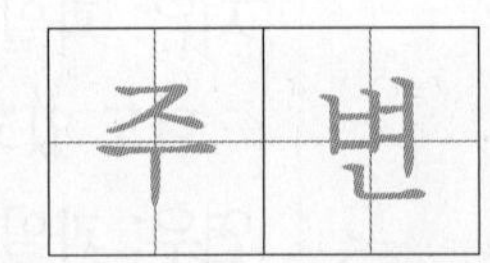

뜻 어떤 대상을 싸고 있는 둘레.

예 우리 집 주변에는 영화관이 있습니다.

소단원1

어디까지 왔니 _ 엮음: 편해문

내용 듣기

• 정답 4쪽

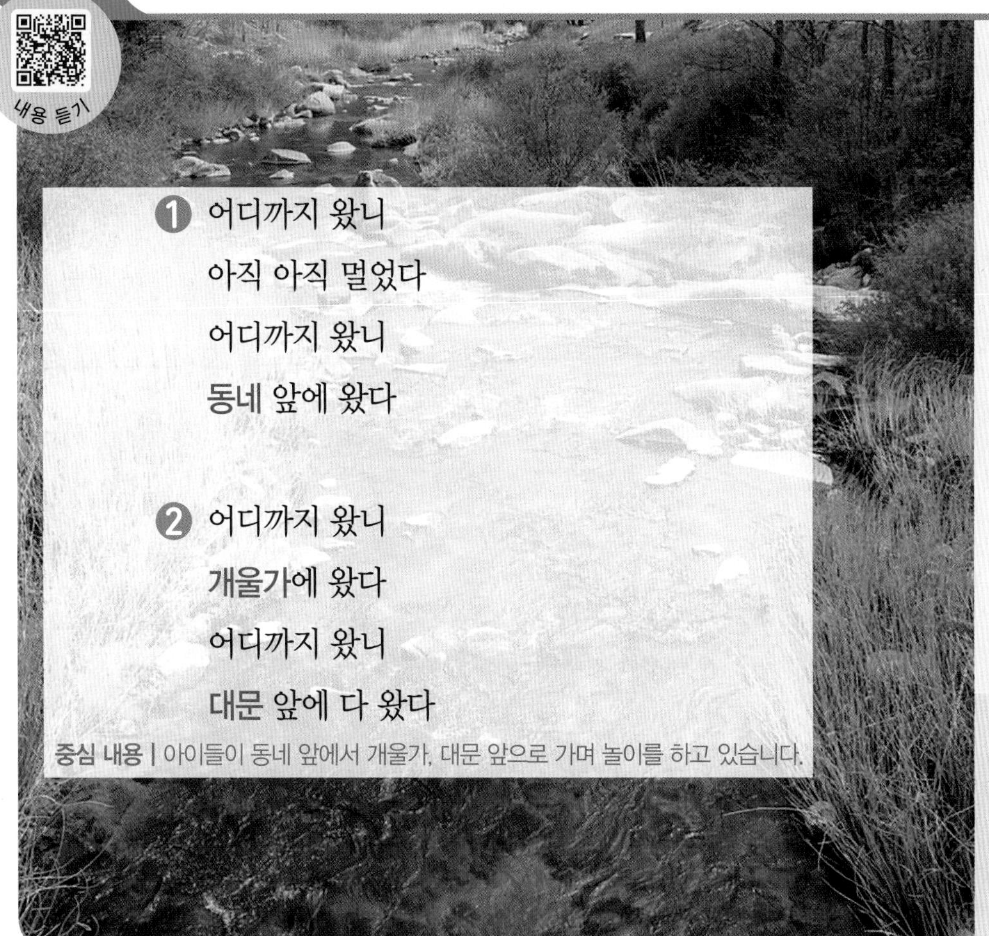

❶ 어디까지 왔니
아직 아직 멀었다
어디까지 왔니
동네 앞에 왔다

❷ 어디까지 왔니
개울가에 왔다
어디까지 왔니
대문 앞에 다 왔다

중심 내용 | 아이들이 동네 앞에서 개울가, 대문 앞으로 가며 놀이를 하고 있습니다.

- **글의 종류**: 전래 동요
- **글의 특징**: 우리 주변의 여러 장소를 떠올려 볼 수 있는 노랫말입니다.

반복해서 쓰인 말
- 어디까지 왔니
- ~에 왔다

장소를 나타내는 말
- 동네 앞
- 개울가
- 대문 앞

동네 여러 집이 모여 있는 곳.
개울가 개울물이 흐르는 곳의 옆에 있는 땅.
대문(大 큰 대, 門 문 문) 집 앞쪽의 담이나 벽에 나 있는 큰 문.

2 단원 2회

★
1 특징 **이 노랫말의 특징으로 알맞은 것을 두 가지 고르세요. (　　　　)**

① 마음을 나타내는 말이 나옵니다.
② 어디까지 왔는지 묻고 대답합니다.
③ 다섯 글자로 된 말로만 묻고 대답합니다.
④ 앞에 나온 말을 반복하고 새로운 말을 덧붙이며 이어 갑니다.
⑤ 동네 앞, 개울가, 대문 앞처럼 장소를 나타내는 말이 나옵니다.

2 이해 **이 노랫말에서 반복해서 쓰인 말을 두 가지 고르세요. (　　　　)**

① 개울가에　　② ~에 왔다
③ 대문 앞에　　④ 아직 멀었다
⑤ 어디까지 왔니

3 이해 **아이들은 노래를 부르며 어디로 움직였는지 빈칸에 알맞은 말을 쓰세요.**

• 동네 앞 → (　　　　　　　　) → 대문 앞

서술형
4 적용 **자신이 좋아하는 장소를 떠올려 이 노랫말을 바꾸어 쓰세요.**

어디까지 왔니
개울가에 왔다
어디까지 왔니
[　　　　　　] 앞에 다 왔다

도움말 학교, 도서관, 놀이터, 마트 등 주변에서 만날 수 있는 장소 중 마음에 드는 곳을 떠올려 보아요.

소단원1 주변에서 낱말을 찾아 이야기 만들기

• 정답 4쪽

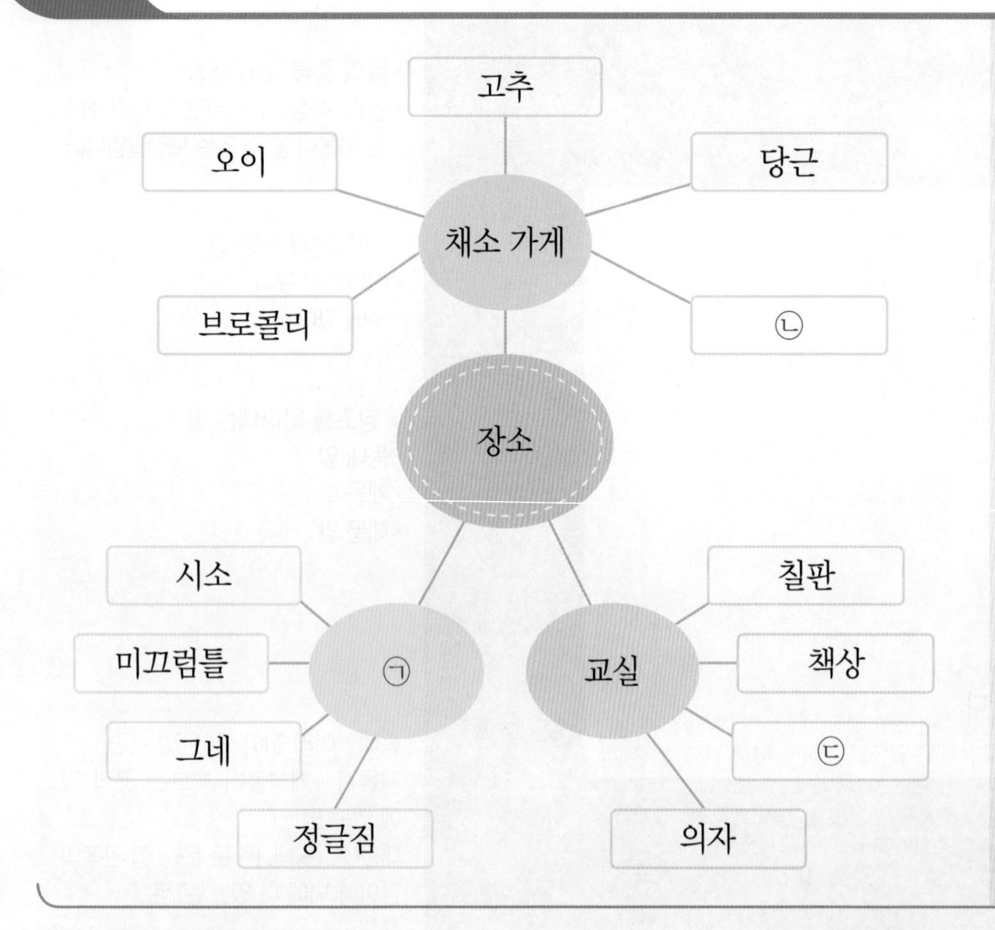

> 여러 장소 떠올리기

우리 주변에 있는 장소	예 슈퍼마켓, 학교, 놀이터, 빵집 등
가고 싶은 장소	예 놀이공원, 편의점, 분식점 등

> 장소마다 볼 수 있는 대상 떠올리기

- 우리 주변에 있거나 자신이 가고 싶은 장소를 씁니다.
- 여러 장소에서 볼 수 있는 대상에는 어떤 것들이 있는지 생각해 봅니다.
- 자신이 쓴 장소에서 무엇을 볼 수 있는지 떠올리며 써 봅니다.

5 이해 ㉠에 들어가기에 알맞은 장소는 어디인가요? ( )

① 빵집 ② 시장
③ 놀이터 ④ 바닷가
⑤ 과일 가게

6 추론 ㉡과 ㉢에 들어갈 말을 떠올려 알맞게 짝 지은 것은 무엇인가요? ( )

	㉡	㉢
①	상추	시소
②	연어	딸기
③	물감	연필
④	가지	사물함
⑤	지우개	상추

★ 디지털 문해력

7 적용 친구들이 떠올린 낱말 중 두 개를 골라 문장을 만들었습니다. 알맞은 문장을 만들지 못한 친구의 이름을 쓰세요.

2학년 1반 학급 게시판

우리들의 이야기 > 2학년 1반

두 개의 낱말을 골라 문장을 만들어 보세요.

작성자 선생님 | 작성일 20○○. ○○. ○○ | 조회수 35

이름	낱말	만든 문장
하율	놀이터, 오이	놀이터에 오이가 하나 떨어져 있다.
민하	당근, 칠판	당근으로 요리를 해서 먹었다.
재이	시소, 학교	우리 학교에는 시소가 없어서 슬프다.

( )

말의 재미 느끼기

• 정답 4쪽

8 추론 다음은 꼬리 따기 말놀이를 한 것입니다. 알맞게 말하지 못한 것은 무엇인가요? ( )

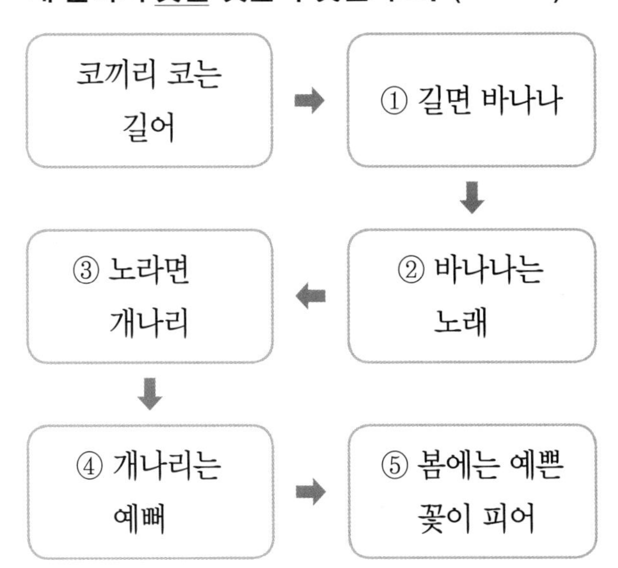

서술형

9 추론 말 덧붙이기 놀이 방법을 생각하여 빈칸에 알맞은 말을 쓰세요.

시장에 가면 과일 가게도 있고,

시장에 가면 과일 가게도 있고, 채소 가게도 있고,

시장에 가면 과일 가게도 있고, 채소 가게도 있고, 생선 가게도 있고,

시장에 가면 과일 가게도 있고, 채소 가게도 있고, 생선 가게도 있고, ___________ ___________,

도움말 말 덧붙이기 놀이를 하는 방법을 생각해 보고, 시장에서 볼 수 있는 가게에는 무엇이 있는지 떠올려 봐요.

10 적용 보기 처럼 첫소리가 같은 낱말을 떠올려 말놀이를 하려고 합니다. 빈칸에 들어갈 말을 한 가지 더 떠올려 쓰세요.

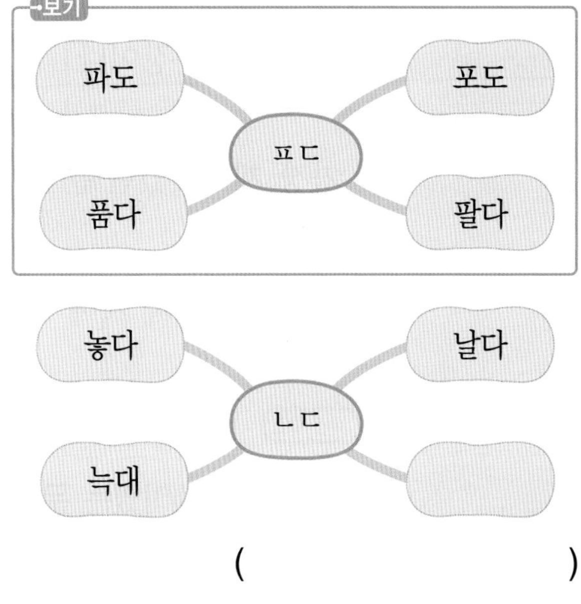

( )

11 적용 다음 말놀이 문장을 친구들과 함께 읽으려고 합니다. 문장을 정확하게 읽는 방법으로 알맞지 않은 것에 ×표 하세요.

간장 공장 공장장은 강 공장장이고 된장 공장 공장장은 공 공장장이다.

(1) 친구와 한 번씩 번갈아 가며 읽어 봅니다. ( )

(2) '장' 소리가 날 때 박수를 치며 읽어 봅니다. ( )

(3) 다른 사람에게 들리지 않도록 소리 내지 않고 속으로만 여러 번 읽어 봅니다. ( )

2 단원 2회

나의 실력에 색칠하세요.

학습일 : 월 일

• 정답 4쪽

개념 책에 대한 생각이나 느낌 나누기

• 재미있는 문장이나 장면을 찾으며 글을 읽습니다.

• 가장 재미있었던 문장이나 장면을 떠올려 보고 그렇게 생각한 까닭을 정리합니다.

• 친구들과 함께 책에 대한 느낌, 관련 있는 경험을 나누어 봅니다.

개념 확인 알맞은 것을 고르며 오늘의 개념을 확인해 보세요.

(1) 재미있는 문장이나 장면을 떠올리며 글을 읽으면 생각이나 느낌을 나누는 데 도움이 됩니다. (○ , ×)

(2) 책을 읽고 나서 책에 쓰인 문장 전체를 떠올려 보고, 생각한 점을 친구들과 나눕니다. (○ , ×)

문해력을 높이는 어휘

• 오늘 배울 중요 어휘를 따라 쓰며 익혀 보세요.

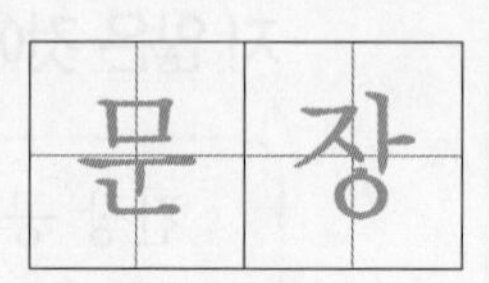

뜻 생각을 말로 표현할 때 정리된 뜻을 나타내는 단위.

예 한 문장으로 생각을 나타내요.

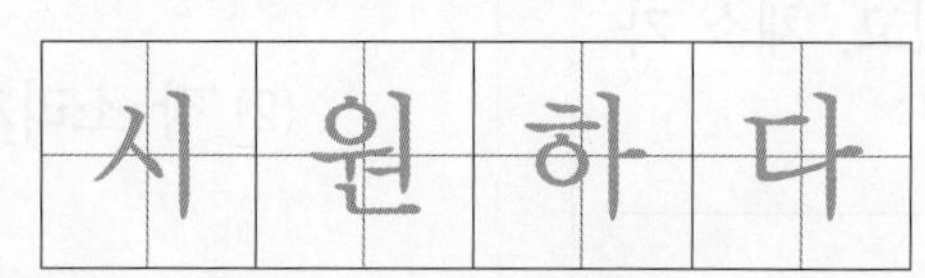

뜻 더위가 사라질 정도로 기분 좋게 차갑다.

예 선풍기 바람을 쐬니 시원해요.

소단원2

시원한 책 _ 글: 이수연, 그림: 민승지

• 정답 4쪽

캬하, 시원하다!

중심 내용 | 차가운 물을 마시며 시원하다고 말하였습니다.

이야, 시원–하다.

중심 내용 | 뜨거운 국을 먹으며 시원하다고 말하였습니다.

- **글의 종류**: 그림책
- **글의 특징**: '시원하다'라는 말이 쓰이는 여러 가지 상황을 그림과 함께 재미있게 보여 주는 글입니다.

이 글을 읽고 재미있는 문장이나 장면 말하기 ㉔

- 캬하, 시원하다!: 여름에 시원한 물을 마셨을 때가 떠올랐습니다.
- 이야, 시원–하다.: 뜨거운 국밥을 먹으며 시원하다고 말씀하시던 할아버지가 떠올랐습니다.

이야 놀라거나 갑자기 힘을 쓸 때, 또는 기쁘거나 화가 날 때 외치는 소리.

1 이해 **❶과 ❷의 내용으로 알맞은 것을 찾아 선으로 이으세요.**

(1) ❶ •　　　• ㉮ 뜨거운 국을 먹으며 시원하다고 말함.

(2) ❷ •　　　• ㉯ 차가운 물을 마시며 시원하다고 말함.

2 어휘 **❶과 ❷ 중 다음 상황과 어울리는 것의 번호를 쓰세요.**

더위를 식힐 정도로 서늘할 때

(　　　　)

3 어휘 **❷와 같은 상황에서 시원하다고 말한 까닭은 무엇인가요? (　　　)**

① 바람을 쐬었더니 시원해서
② 길이 뻥 뚫려 있어 시원해서
③ 펑펑 울었더니 속이 시원해서
④ 가려운 곳을 긁으니 시원해서
⑤ 뜨거운 국물을 마셨더니 속이 시원해서

★ **4** 적용 **❶과 ❷를 보고 알 수 있는 내용으로 알맞은 것에 ○표 하세요.**

(1) 하나의 낱말은 한 가지 상황에만 쓰일 수 있습니다. (　　)
(2) 하나의 낱말이 여러 가지 상황에 쓰일 수 있습니다. (　　)

목소리가 아주 시원시원하네!

중심 내용 | 폭포 아래에서 내는 소리를 들으며 시원하다고 말하였습니다.

아, 시원해!

중심 내용 | 칫솔로 양치질을 하며 시원하다고 말하였습니다.

• 작품 정리

그림	'시원하다'고 느끼는 상황
❶	더위를 식힐 정도로 서늘할 때
❷	속이 후련할 만큼 음식이 뜨겁고 얼큰할 때
❸	막힌 데가 없이 활짝 트여 마음이 후련할 때
❹	지저분하던 것이 깨끗하고 말끔해져 기분이 좋아질 때

시원시원하네 말이나 행동이 활발하고 서글서글하네.

5 이해 **❸과 ❹의 내용으로 알맞은 것을 보기에서 찾아 기호를 쓰세요.**

보기
㉮ 양치질을 하며 시원하다고 말함.
㉯ 폭포 아래에서 내는 소리를 들으며 시원시원하다고 말함.

(1) ❸: (　　　　　　)
(2) ❹: (　　　　　　)

6 어휘 **❹와 어울리는 시원하다고 느끼는 상황에 ○표 하세요.**

(1) 막힌 데가 없이 활짝 트여 마음이 후련할 때 (　　)
(2) 지저분하던 것이 깨끗하고 말끔해져 기분이 좋아질 때 (　　)

★
7 감상 **이 글을 읽고 가장 재미있었던 부분에 대해 알맞게 말한 친구의 이름을 쓰세요.**

지호: '시원하다'는 말에 다른 재미있는 뜻이 더 있는지 알아보고 싶어.
선우: 목소리가 계곡에 크게 울리는 모습을 쩌렁!쩌렁!이라는 글자로 표현한 게 재미있었어.

(　　　　　　)

서술형
8 적용 **이 글의 내용처럼 시원하다고 느꼈던 때를 떠올려 쓰세요.**

• [　　　　　　　　　　] 때 시원하다고 느꼈습니다.

도움말 글을 읽으며 알게 된 '시원하다'고 느끼는 상황을 생각하며 자신이 어떤 때에 시원하다고 느꼈는지 떠올려 써 보아요.

소단원2 책에서 좋아하는 문장 찾아 소개하기

• 정답 4쪽

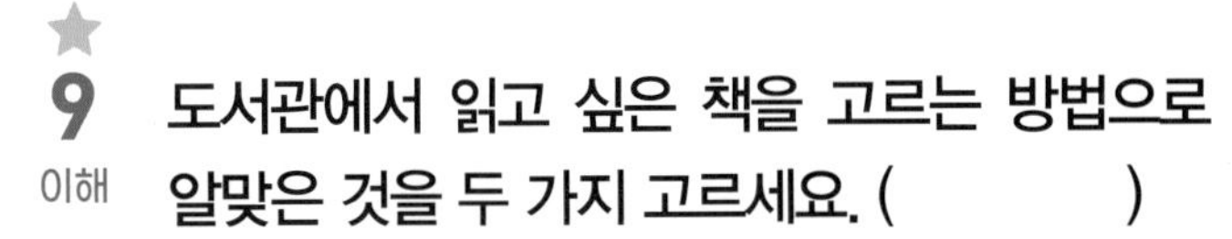

★
9 이해
도서관에서 읽고 싶은 책을 고르는 방법으로 알맞은 것을 두 가지 고르세요. (　　　　)

① 내용이 어려운 책을 고릅니다.
② 제목이 재미있는 책을 고릅니다.
③ 친구에게 소개하고 싶은 책을 고릅니다.
④ 친구들이 좋아하지 않을 만한 책을 고릅니다.
⑤ 예전에 읽어서 내용을 알고 있는 책을 고릅니다.

서술형
10 적용
도서관에서 친구들에게 소개하고 싶은 책을 두 권 찾고, 책의 제목을 쓰세요.

(1) 제목이 재미있는 책
(　　　　　　　　　　)
(2) 친구에게 소개하고 싶은 책
(　　　　　　　　　　)

도움말 도서관에서 제목에 눈길이 가서 읽고 싶은 책, 내용을 살펴보고 재미있어서 친구에게 소개하고 싶은 책을 찾아보아요.

11 적용
다음 사진을 보고 친구들은 소개하고 싶은 책의 제목과 문장을 어떻게 소개하였는지 알맞은 것에 ○표 하세요.

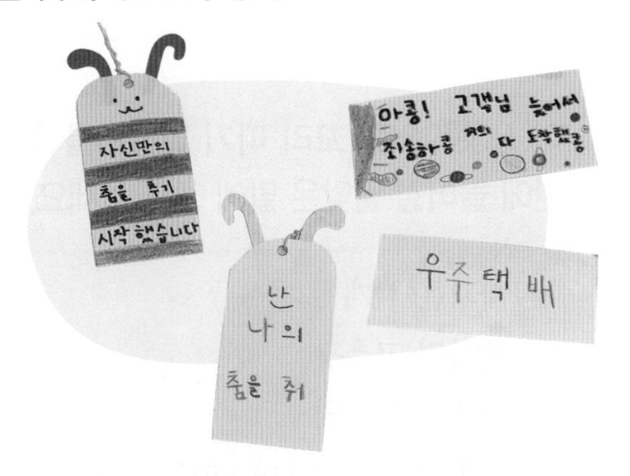

• (책갈피, 시집)(으)로 만들어 소개하였습니다.

국어 활동

12~13 다음 글을 읽고, 물음에 답하세요.

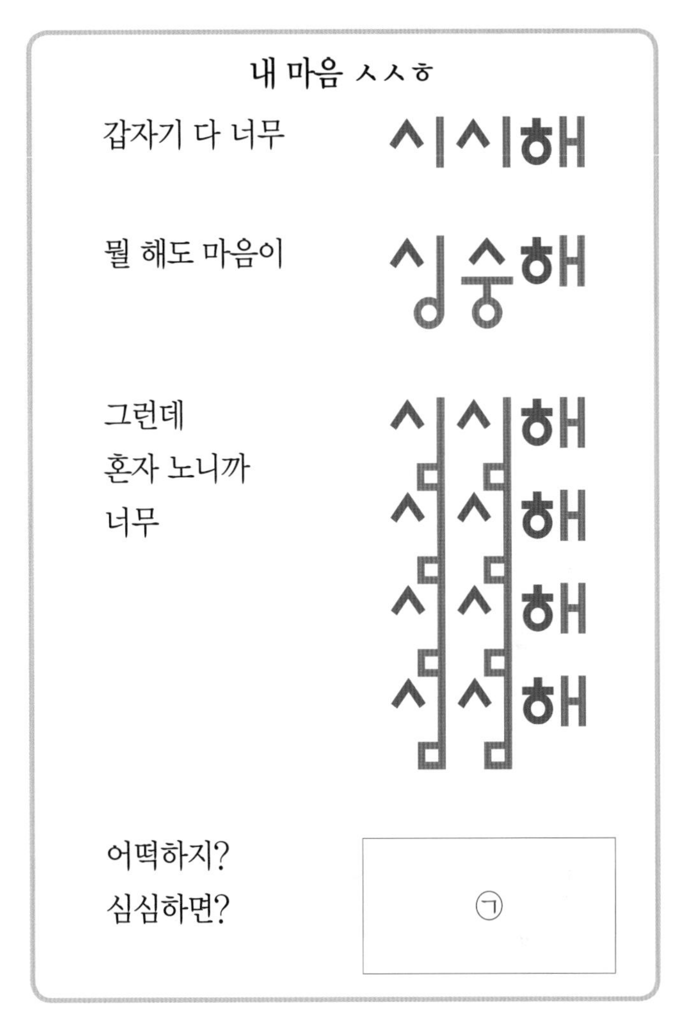
내 마음 ㅅㅅㅎ

갑자기 다 너무 시시해

뭘 해도 마음이 싱숭해

그런데
혼자 노니까
너무 심심해 심심해 심심해 심심해

어떡하지?
심심하면? ㉠

12 적용
이 글의 내용으로 보아 ㉠에 들어갈 말로 가장 알맞은 것은 무엇인가요? (　　　)

① 함께해　② 신선해　③ 지루해
④ 싱싱해　⑤ 상상해

13 어휘
다음 첫소리를 넣어 이 글을 읽은 뒤의 느낌을 표현하여 쓰세요.

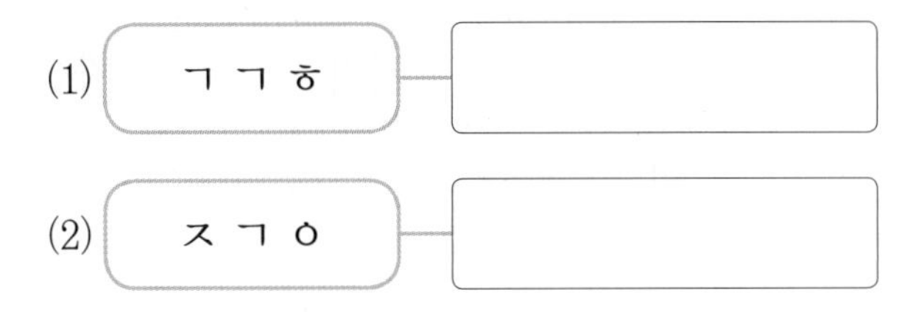
(1) ㄱㄱㅎ —
(2) ㅈㄱㅇ —

나의 실력에 색칠하세요.

1~2 | 다음 글을 읽고, 물음에 답하세요.

가늘게 내리는 비는 [㉠].
국숫발같이 가늘다고 가랑비.
가랑비보다 더 가는 비는 [㉡].
풀잎에 겨우 이슬이 맺힐 만큼 내려서 이슬비.

1 ㉠과 ㉡에 들어갈 비의 이름으로 알맞은 것을 찾아 선으로 이으세요.

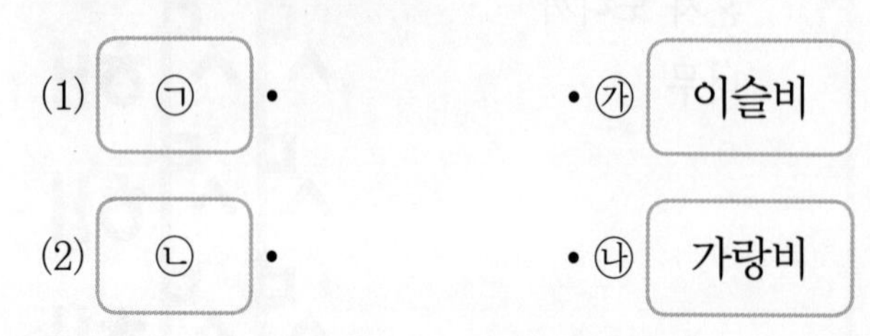

2 이 글의 내용으로 보아 다음에서 설명하는 비에 붙일 이름으로 알맞은 것은 무엇인가요? ( )

여름에 일을 쉬고 낮잠을 잘 수 있게 하는 비.

① 단비 ② 잠비 ③ 찬비
④ 장대비 ⑤ 보슬비

3 다음 말 잇기 놀이의 규칙을 생각하며 빈칸에 알맞은 낱말을 쓰세요.

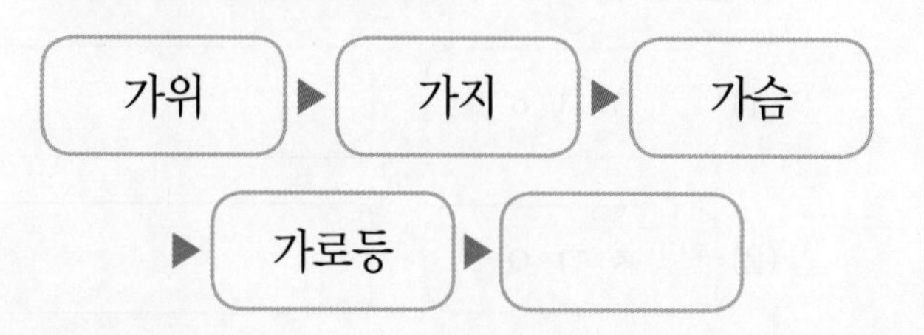

서술형

4 다섯 글자 말놀이를 하는 방법을 생각하며 친구에게 해 주고 싶은 말을 쓰세요.

도움말 친구에게 해 주고 싶은 말을 다섯 글자로 써요.

5~6 | 다음 노랫말을 읽고, 물음에 답하세요.

사과는 빨개
빨가면 딸기
딸기는 작아
작으면 [㉠]
아기는 귀여워
귀여우면 곰 인형
곰 인형은 포근해
포근하면 봄

5 ㉠에 들어갈 낱말로 알맞은 것은 무엇인가요? ( )

① 사과 ② 호두 ③ 아기
④ 고추 ⑤ 곰 인형

6 이 노랫말처럼 꼬리 따기 말놀이를 할 때, 빈칸에 들어갈 알맞은 말에 ○표 하세요.

사과는 빨개
빨가면 고추장
고추장은 매워
(매우면, 맛있으면) 떡볶이

7 다음 말놀이의 [ ]에 들어갈 말로 알맞지 않은 것은 무엇인가요? (　　　)

> 과일 가게에 가면 사과도 있고,
> 과일 가게에 가면 사과도 있고, 바나나도 있고,
> 과일 가게에 가면 사과도 있고, 바나나도 있고, [　　　]

① 배도 있고,　② 감도 있고,
③ 포도도 있고,　④ 소고기도 있고,
⑤ 복숭아도 있고,

8 말놀이를 잘하려면 어떤 점에 주의해야 하는지 알맞은 것을 두 가지 골라 기호를 쓰세요.

> ㉮ 규칙이나 방법을 생각하며 놀이합니다.
> ㉯ 앞사람이 하는 말을 귀 기울여 듣습니다.
> ㉰ 자신의 차례가 아니라도 할 말이 생각나면 바로 합니다.

(　　　　　　　　)

9~10 다음 노랫말을 읽고, 물음에 답하세요.

> 어디까지 왔니
> 아직 아직 멀었다
> 어디까지 왔니
> 동네 앞에 왔다
>
> 어디까지 왔니
> 개울가에 왔다
> [　㉠　]
> 대문 앞에 다 왔다

9 이 노랫말에 대한 설명으로 알맞은 것에 ○표 하세요.

(1) 말놀이를 함께 하는 친구들의 이름이 나옵니다. (　　)

(2) 어디까지 왔는지 묻고, 장소로 대답하며 말을 이어 가고 있습니다. (　　)

10 ㉠에 들어갈 알맞은 말을 찾아 쓰세요.

• [　　　　] 왔니

11 다음 장소에서 볼 수 있는 물건의 이름을 한 가지씩 쓰세요.

채소 가게	(1)
교실	(2)

서술형

12 문제 11번에 쓴 두 낱말을 이용해 보기 처럼 문장을 만들어 쓰세요.

> 보기
> 의자 밑에 오이 한 개가 떨어져 있습니다.

도움말 자신이 고른 두 낱말이 자연스럽게 연결되도록 문장을 만들어 써요.

2 단원 4회

| 13~14 | 다음 글을 읽고, 물음에 답하세요.

13 가와 나에 어울리는 시원하다고 느끼는 상황을 찾아 선으로 이으세요.

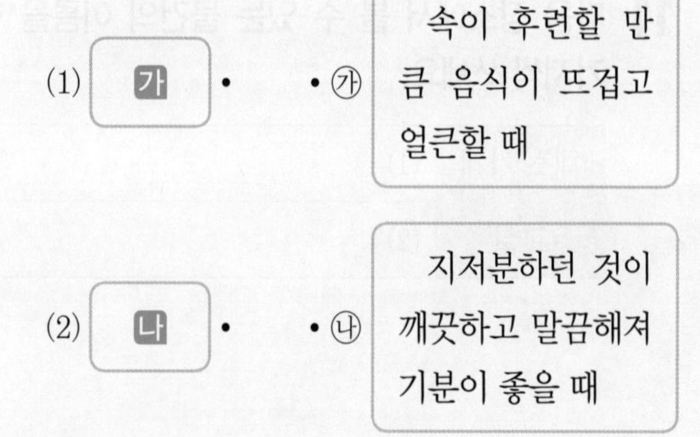

14 나와 같은 상황에서 시원하다고 느낀 경험을 말한 친구의 이름을 쓰세요.

> 현우: 추운 날 따뜻한 코코아를 마셨더니 아주 시원했어.
> 소이: 물건이 늘어져 있던 방을 깨끗하게 치웠더니 아주 시원했어.

( )

수행 평가

15 다음 노랫말을 읽고, 물음에 답하세요.

> 하나는 뭐니?
> 숟가락 하나
>
> 둘은 뭐니?
> 젓가락 둘
>
> ㉠ 은 뭐니?
> 세발자전거 바퀴 셋

1단계 ㉠에 들어갈 말은 무엇인지 쓰세요.

( )

도움말 앞의 내용을 통해 어떤 방법으로 말을 주고받는 말놀이인지 살펴보아요.

2단계 빈칸에 알맞은 말을 넣어 이어질 말놀이의 내용을 완성하세요.

> 넷은 뭐니?
> (1) ________ 넷
>
> 다섯은 뭐니?
> (2) ________ 다섯

도움말 넷, 다섯을 나타내는 것에 무엇이 있는지 떠올려 말놀이의 내용을 완성해 보아요.

바르게 쓴 문장을 찾아라!

게시판에 붙인 메모 중 밑줄 그은 낱말을 바르게 쓴 문장을 찾아 ○표 하세요.

나의 실력에 색칠하세요.

3 겪은 일을 나타내요

학습 진도표

회차	백점 쪽수	오늘 학습할 내용	학습 주제
1	46~49쪽	개념+어휘+교과서 지문	「그림일기」 / 꾸며 주는 말을 넣어 문장 쓰고 읽기
2	50~53쪽	개념+어휘+교과서 지문	「식물은 어떻게 자랄까?」 / 꾸며 주는 말을 넣어 문장 쓰고 읽기
3	54~57쪽	개념+어휘+교과서 지문	「소율이의 하루 생활」 / 겪은 일이 잘 드러나게 일기 쓰기 / 마무리하기
4	58~61쪽	대단원 평가+낱말 놀이터	

단원 미리 보기

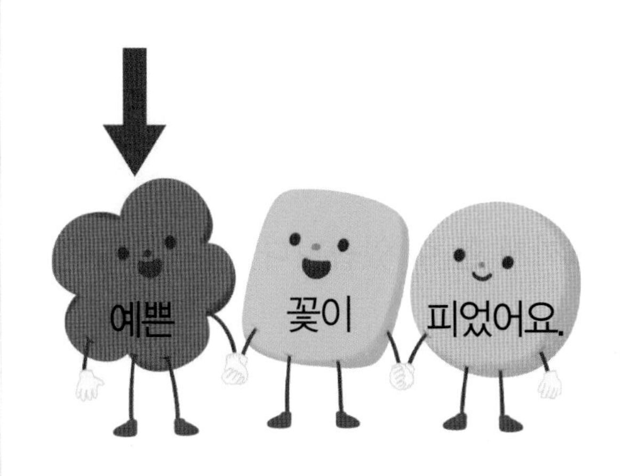

꾸며 주는 말을 넣어
문장을 쓰고 읽어요.

겪은 일에서 일기의
글감을 정해요.

겪은 일이 잘 드러나게
일기를 써요.

3
단원

학습일 : 월 일

• 정답 6쪽

개념 꾸며 주는 말을 사용하면 좋은 점

- 글의 내용을 더 실감 나게 표현할 수 있습니다.
- 글의 내용을 더 자세하게 나타낼 수 있습니다.
- 읽는 사람이 재미를 느끼게 할 수 있습니다.

개념 확인 **알맞은 것을 고르며 오늘의 개념을 확인해 보세요.**

(1) 꾸며 주는 말을 사용하면 글을 읽는 것이 지루해집니다. (○ , ×)

(2) 꾸며 주는 말을 사용하면 글의 내용을 자세하게 나타낼 수 있습니다. (○ , ×)

문해력을 높이는 어휘

- **오늘 배울 중요 어휘를 따라 쓰며 익혀 보세요.**

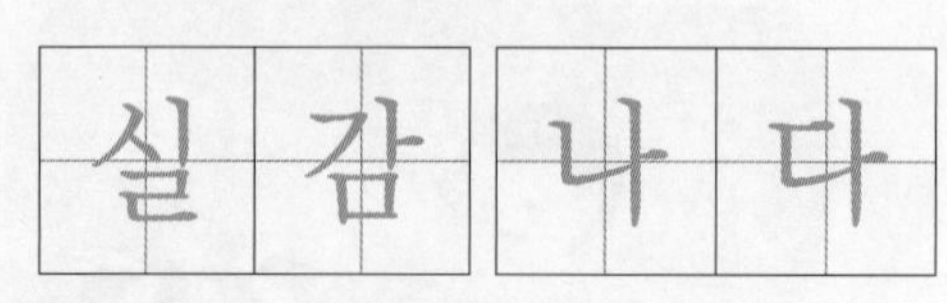

뜻 진짜인 것처럼 느껴지다.

예 사과를 실감 나게 그린 그림이에요.

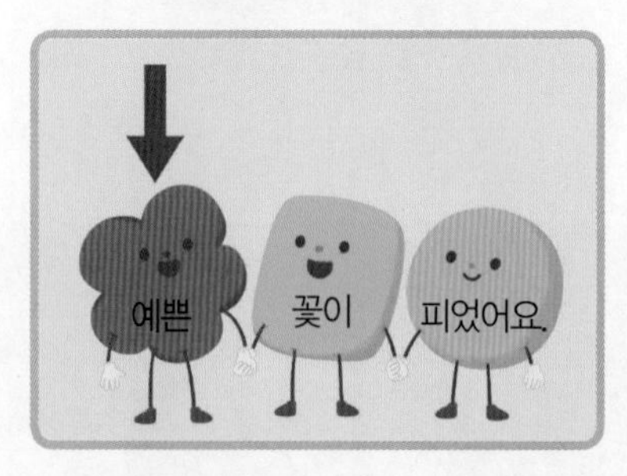

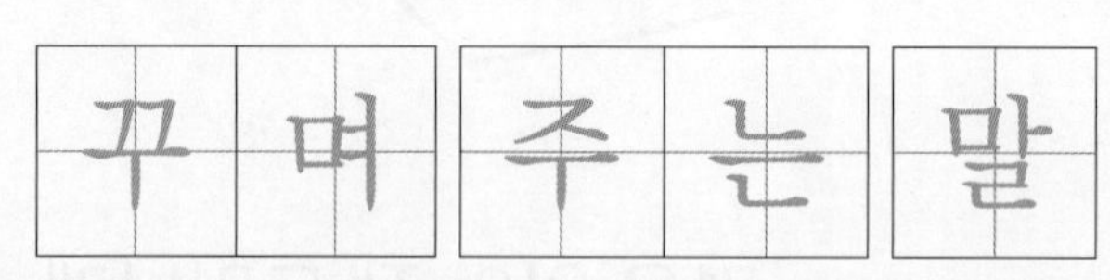

뜻 뒤에 오는 말을 꾸며 주어 그 뜻을 자세하게 해 주는 말.

예 '예쁜'은 '꽃'을 꾸며 주는 말이에요.

준비

그림일기

• 정답 6쪽

가 오늘 할머니, 할아버지와 옥수수밭에 갔다.
할아버지께서 나를 보고 웃으셨다.

나 오늘 할머니, 할아버지와 넓은 옥수수밭에 갔다.
할아버지께서 나를 보고 활짝 웃으셨다.
얼굴이 밝거나 가득히 웃음을 띤 모양.

- **글의 종류**: 만화 영화
- **글의 특징**: 학교에서 발표할 그림일기를 쓰기 위해 특별한 일을 찾던 홍시가 일기에 꼭 특별한 내용을 써야 하는 것이 아님을 배운다는 내용입니다.

글 나에 쓰인 꾸며 주는 말
- 넓은
- 활짝

옥수수밭 옥수수를 심은 밭.

3 단원 1회

1 이해 '내'가 오늘 한 일은 무엇인가요? ( )

① 놀이공원에 놀러 갔습니다.
② 친구와 옥수수밭에 갔습니다.
③ 할머니, 할아버지 댁에 갔습니다.
④ 옥수수밭에 옥수수를 심었습니다.
⑤ 할머니, 할아버지와 옥수수밭에 갔습니다.

2 특징 글 나에 대한 설명으로 알맞은 것을 두 가지 고르세요. ( )

① 소리를 나타내는 말을 썼습니다.
② 기분을 나타내는 말을 썼습니다.
③ 옥수수밭의 크기를 나타내는 말을 썼습니다.
④ 할머니와 나눈 대화 내용을 자세하게 썼습니다.
⑤ 할아버지께서 어떻게 웃으셨는지 나타내는 말을 썼습니다.

★ **3** 감상 글 나를 읽을 때의 느낌을 알맞게 말한 친구의 이름을 쓰세요.

다온: 꾸며 주는 말을 사용해서 지루한 느낌을 줘.
지원: 꾸며 주는 말을 사용해서 내용이 더 실감 나게 느껴져.

( )

4 특징 일기에 쓸 내용으로 알맞은 것에 모두 ○표 하세요.

(1) 다른 사람이 겪은 일을 씁니다. ( )
(2) 겪은 일에 대한 생각이나 느낌을 씁니다. ( )
(3) 그날 겪은 일 가운데에서 기억하고 싶은 일을 씁니다. ( )

소단원1

꾸며 주는 말을 넣어 문장 쓰고 읽기

• 정답 6쪽

| 5~6 | 다음을 보고, 물음에 답하세요.

❶

(노란, 예쁜) 우산을 쓰고 학교에 간다.

❷

(튼튼한, 멋진) 거북선이 바다에 나간다.

5 이해 다음 꾸며 주는 말이 ❶의 그림에 어울리는 까닭을 찾아 선으로 이으세요.

(1) 노란 우산을 쓰고 학교에 간다. • • ㉮ 우산 모양을 보고

(2) 예쁜 우산을 쓰고 학교에 간다. • • ㉯ 우산 색깔을 보고

서술형

6 어휘 ❷의 그림에 더 어울린다고 생각하는 꾸며 주는 말을 골라 ○표 하고, 그 까닭을 쓰세요.

더 어울린다고 생각하는 말	(1) (튼튼한, 멋진)
그렇게 생각한 까닭	(2) 바다 위에 떠 있는 거북선의 모습이 ______

도움말 거북선 그림과 더 어울린다고 생각하는 꾸며 주는 말을 고르고, 왜 그런 느낌이 들었는지 생각해 보아요.

7 어휘 다음 문장의 빈칸에 들어갈 꾸며 주는 말로 알맞은 것은 무엇인가요? (　　　)

• [　　　] 꽃이 피었다.

① 쭉　② 예쁜
③ 후루룩　④ 데굴데굴
⑤ 바들바들

8 어휘 다음 그림을 보고 꾸며 주는 말을 알맞게 넣어 만든 문장을 두 가지 고르세요. (　　　)

① 딸기를 먹었습니다.
② 파란 딸기를 먹었습니다.
③ 빨간 딸기를 먹었습니다.
④ 딸기를 맛있게 먹었습니다.
⑤ 딸기를 후후 불며 먹었습니다.

9 어휘 다음 사진을 보고 빈칸에 꾸며 주는 말을 알맞게 써서 문장을 완성하세요.

• (　　　　　　　　　) 강아지가 달립니다.

10 어휘 다음 사진에 어울리는 꾸며 주는 말을 넣어 만든 문장으로 알맞지 않은 것은 무엇인가요? ( )

말이 달려온다.

① 커다란 말이 달려온다.
② 멋있는 말이 달려온다.
③ 말이 힘차게 달려온다.
④ 말이 살금살금 달려온다.
⑤ 말이 씩씩하게 달려온다.

11 어휘 다음 그림에 어울리는 꾸며 주는 말로 알맞은 것에 ○표 하세요.

• 아이들이 비행기를 (힘껏, 냠냠) 날린다.

12 어휘 다음 사진을 보고 ㉠과 ㉡에 어울리는 꾸며 주는 말이 알맞게 짝 지어진 것에 ○표 하세요.

(㉠) 파도가 모래밭으로 (㉡) 몰려온다.

(1) ㉠ – 노란, ㉡ – 활짝 ( )
(2) ㉠ – 거센, ㉡ – 끝없이 ( )
(3) ㉠ – 통통한, ㉡ – 뒤뚱뒤뚱 ( )

13 어휘 다음 사진에 어울리는 문장을 만들려고 합니다. 보기 에서 알맞은 꾸며 주는 말을 찾아 빈칸에 쓰세요.

보기
커다란 넓은 시커먼

(1) ☐ 누리호가 하늘로 날아갑니다.
(2) 누리호가 ☐ 연기를 내뿜습니다.
(3) 누리호가 ☐ 하늘로 날아가고 있습니다.

★ **14** 적용 꾸며 주는 말을 사용하여 문장을 쓰면 좋은 점으로 알맞은 것에 모두 ○표 하세요.

(1) 글을 쓰는 사람만 재미를 느낄 수 있습니다. ( )
(2) 글의 내용을 더 자세하게 나타낼 수 있습니다. ( )
(3) 글의 내용을 더 실감 나게 표현할 수 있습니다. ( )

3 단원 1회

나의 실력에 색칠하세요.

● 정답 6쪽

개념 꾸며 주는 말을 넣어 문장 쓰고 읽기

- 글에 나오는 

을 찾아보고, 어떤 말을 꾸며 주는지 살펴봅니다.
- 꾸며 주는 말이 있을 때와 없을 때의 느낌이 어떻게 다른지 생각해 봅니다.
- 꾸며 주는 말을 사용해 문장을 만들고, 소리 내어 읽어 봅니다.

개념 확인 알맞은 것을 고르며 오늘의 개념을 확인해 보세요.

(1) 한 문장에는 꾸며 주는 말을 하나만 쓸 수 있습니다. (○, ×)

(2) 꾸며 주는 말이 어떤 말을 꾸며 주는지 살펴보며 글을 읽습니다. (○, ×)

문해력을 높이는 어휘

- 오늘 배울 중요 어휘를 따라 쓰며 익혀 보세요.

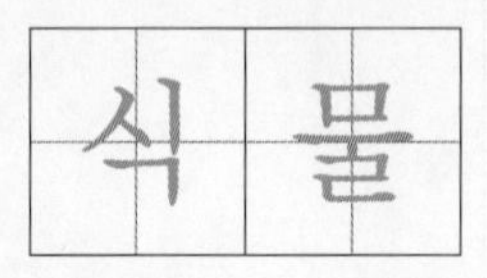

뜻 나무, 풀처럼 한곳에서 살아가는 생물.

예 할머니께서는 여러 가지 식물을 키우세요.

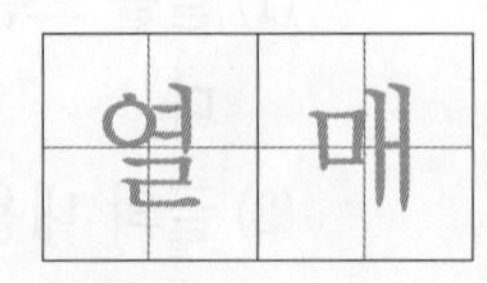

뜻 나무의 꽃이 수정한 뒤 그 씨가 들어 있는 부분이 자라서 맺힌 것.

예 방울토마토 열매를 바구니에 담아요.

소단원1

식물은 어떻게 자랄까? _ 유다정

• 정답 6쪽

❶ 조그만 새싹이 쑥쑥 자라더니 노랑
꽃을 ㉠활짝 피웠어.
꽃이 지면 열매가 열리겠지?
그런데 기다리고 기다려도 안 열려.
열매는 어디에 있을까?
어머, 어머!
몰래 땅속에서 ㉡조롱조롱 열매를 맺었구나.
올록볼록 껍데기 속에는 ㉢고소한 땅콩이 들어 있어.

중심 내용 | 새싹이 쑥쑥 자라서 노랑 꽃을 피웠고, 땅속에서 땅콩 열매를 맺었습니다.

• **글의 종류**: 설명하는 글
• **글의 특징**: 땅콩과 포도, 개구리밥이 자라는 모습을 통해 식물마다 자라는 모습이 다양하다는 것을 알려 줍니다.

▸ 글 ❶에 쓰인 꾸며 주는 말

• 노랑 꽃을 활짝 피웠어.
• 땅속에서 조롱조롱 열매를 맺었구나.
• 올록볼록 껍데기 속에는 고소한 땅콩이 들어 있어.

조롱조롱 작은 열매 따위가 많이 매달려 있는 모양.
올록볼록 물체의 겉면이 고르지 않게 높고 낮은 모양.

3 단원 2회

1 이해 **땅콩이 열리는 식물의 꽃 색은 무엇인가요?** (   )

① 흰색 ② 빨간색
③ 노란색 ④ 초록색
⑤ 보라색

2 이해 **땅콩의 열매가 맺히고 자라는 곳은 어디인가요?** (   )

① 잎 ② 땅속
③ 줄기 ④ 가지
⑤ 꽃 안

3 어휘 **㉠과 ㉡의 뜻으로 알맞은 것을 찾아 선으로 이으세요.**

(1) ㉠ • • ㉮ 꽃잎 따위가 한껏 핀 모양.

(2) ㉡ • • ㉯ 작은 열매 따위가 많이 매달려 있는 모양.

서술형

4 어휘 **꾸며 주는 말로 ㉢을 사용하여 문장을 완성하세요.**

• 아버지께서 사 주신 ________________

____

도움말 이 글에서 '고소한'이 어떤 뜻으로 쓰였는지 살펴보며 문장을 완성해 보아요.

❷ 덩굴손이 꼬불꼬불 쭈욱,

버팀대를 돌돌 감고 뻗어 가.

빙글빙글 따라가면 무엇이 있을까?

우아, 탐스러운 포도가 열렸어!

알맹이가 송알송알, 보랏빛 포도야.

새콤달콤 아주 맛나.

중심 내용 | 덩굴손이 버팀대를 감고 뻗어 가며 자라는 나무에서 포도가 열립니다.

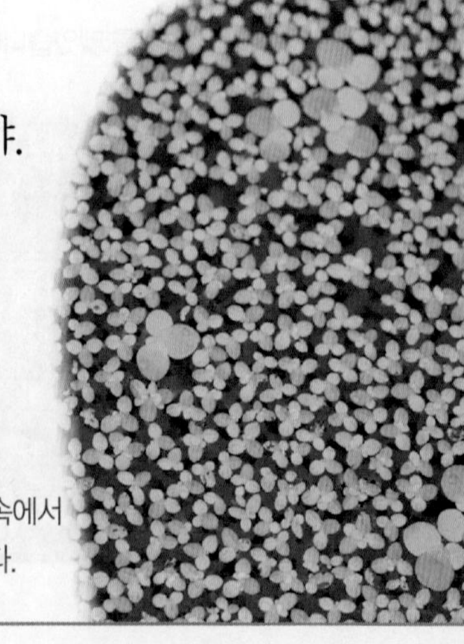

❸ 동글동글 잎이 연못 위에 동동.

나뭇잎이 우수수 떨어진 걸까?

바람에 나뭇잎 따위가 많이 떨어지는 소리나 모양.

아니, 물 위에 떠서 자라는 개구리밥이야.

개구리가 먹는 밥이냐고?

아니, 아니.

개구리가 물속에서 나올 때 입가에

밥풀처럼 붙는다고 개구리밥이라 부른대.

중심 내용 | 물 위에 떠서 자라는 개구리밥은 개구리가 물속에서 나올 때 입가에 밥풀처럼 붙는다고 해서 붙여진 이름입니다.

• 글의 구조

글	대상	식물이 자라는 모습
❶	땅콩	새싹이 노랑 꽃을 피우고 땅속에 열매가 맺힘.
❷	포도	덩굴손이 버팀대를 감으며 자라나고 포도가 열림.
❸	개구리밥	물 위에 떠서 자람.

덩굴손 가지나 잎이 실처럼 변하여 다른 물체를 감아 줄기를 지탱하는 가는 덩굴.
버팀대 쓰러지지 않도록 받치어 대는 물건.
탐스러운 보기가 좋고 끌리는 데가 있는.
입가 입의 주변.

5 이해 **글 ❷에서 덩굴손이 꼬불꼬불 뻗어 가며 자라는 나무에서 열리는 과일은 무엇인지 찾아 쓰세요.**

( )

6 이해 **글 ❸에서 '개구리밥'이라고 부르는 까닭은 무엇인가요? ( )**

① 개구리가 먹는 밥이어서
② 개구리가 키우는 풀이어서
③ 개구리가 먹는 밥을 닮아서
④ 개구리가 좋아하는 풀이어서
⑤ 개구리가 물속에서 나올 때 입가에 밥풀처럼 붙는다고 해서

7 어휘 **다음에서 설명하는 꾸며 주는 말은 무엇인가요? ( )**

> 땀방울이나 물방울, 열매 등이 작게 많이 맺힌 모양.

① 꼬불꼬불 ② 빙글빙글 ③ 송알송알
④ 새콤달콤 ⑤ 동글동글

★
8 어휘 **글 ❸에 쓰인 꾸며 주는 말을 사용하여 문장을 알맞게 만든 것에 ○표 하세요.**

(1) 찬 바람에 몸이 우수수 떨렸습니다. ( )

(2) 노랗게 물든 나뭇잎이 우수수 떨어집니다. ( )

꾸며 주는 말을 넣어 문장 쓰고 읽기

• 정답 6쪽

9 어휘 ㉮~㉲에 들어갈 말로 알맞지 않은 것은 무엇인가요? (　　　)

지난주에 친구들과 고구마 농장에 갔습니다. 농장에는 [㉮] 밭과 [㉯] 연못이 있었습니다. 오리들은 뒤뚱뒤뚱 걸으며 우리를 반겨 주었습니다. 우리는 밭에 조르르 앉아서 고구마를 [㉰] 캐었습니다. [㉱] 고구마가 주렁주렁 열렸습니다. 찐 고구마는 새콤한 김치와 먹으면 [㉲] 맛있습니다. 나는 군침을 닦으며 바구니에 고구마를 차곡차곡 담았습니다.

① ㉮ – 넓은　② ㉯ – 예쁜
③ ㉰ – 열심히　④ ㉱ – 푸른
⑤ ㉲ – 엄청

10 어휘 다음 문장에 어울리는 꾸며 주는 말에 ○표 하세요.

(1) (커다란, 방긋방긋) 부엉이가 (다소곳이, 예쁜) 앉아 있다.
(2) 밥에서 (새콤한, 뜨거운) 김이 (옹기종기, 모락모락) 난다.

★
11 어휘 보기의 꾸며 주는 말을 사용하여 만든 문장이 알맞지 못한 것은 무엇인가요? (　　　)

보기
차가운　시원한　아름다운　힘차게
조심조심　콸콸　훨훨　퐁퐁　솔솔

	꾸며 주는 말	문장
①	차가운, 퐁퐁	차가운 물이 옹달샘에서 퐁퐁 솟아오른다.
②	시원한, 콸콸	수도꼭지에서 시원한 물이 콸콸 쏟아진다.
③	힘차게, 시원한	산을 힘차게 올랐더니 정상에서 시원한 바람을 만났다.
④	아름다운, 훨훨	아름다운 새가 하늘을 훨훨 날아간다.
⑤	조심조심, 솔솔	길을 건널 때에는 조심조심 손을 솔솔 들고 가야 한다.

12 어휘 독도에 사는 괭이갈매기의 모습을 나타낸 글을 읽고 빈칸에 알맞은 꾸며 주는 말을 쓰세요.

우리나라 독도에는 멋진 괭이갈매기가 삽니다. 귀여운 아기 괭이갈매기는 멋진 어미 괭이갈매기를 부릅니다. 어미 괭이갈매기는 먹이를 물고 (　　　　　　) 아기 괭이갈매기에게 갑니다. 아기 괭이갈매기가 반갑게 맞이합니다.

나의 실력에 색칠하세요.

학습일 : 월 일

● 정답 7쪽

개념 일기의 글감을 정하는 방법

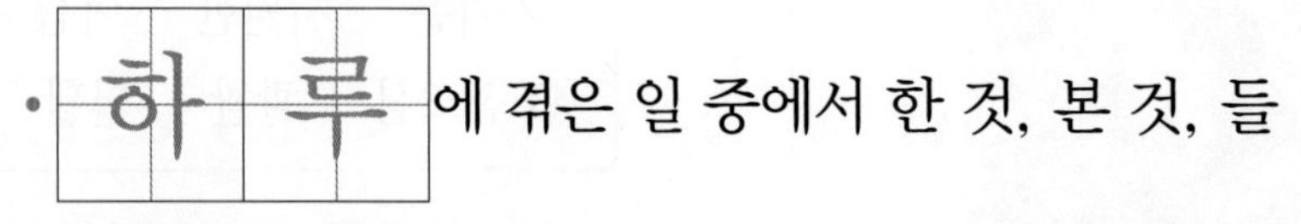

• 하루에 겪은 일 중에서 한 것, 본 것, 들은 것을 떠올려 봅니다.

• 떠올린 것 중에서 기뻤던 일, 슬펐던 일, 화났던 일은 무엇인지 생각해 봅니다.

• 가장 인상 깊었던 일을 골라 일기로 씁니다.

자신이 겪은 일 가운데에서 가장 기억에 남는 일을 인상 깊은 일이라고 하고, 글의 내용이 되는 이야깃거리를 글감이라고 해요.

개념 확인 **알맞은 것을 고르며 오늘의 개념을 확인해 보세요.**

(1) 일기의 글감을 정할 때에는 며칠 동안 한 일을 떠올립니다. (○ , ×)

(2) 겪은 일 중에서 가장 인상 깊었던 일을 골라 일기로 씁니다. (○ , ×)

문해력을 높이는 어휘

• 오늘 배울 중요 어휘를 따라 쓰며 익혀 보세요.

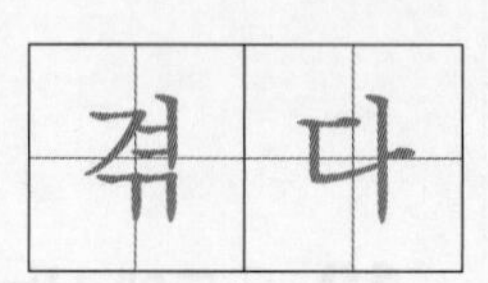

겪다

뜻 어떤 일을 당하거나 경험하다.

예 오늘 겪은 일 중에서 모래성을 쌓은 일이 기억에 남아요.

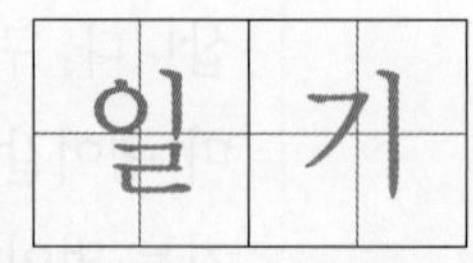

일기

뜻 하루 동안 자기가 겪은 일과 그 일에 대한 생각, 느낌을 쓴 글.

예 바닷가에 놀러 가서 겪은 일을 떠올려 일기를 써요.

소단원2

소율이의 하루 생활

• 정답 7쪽

가 소율이의 하루 생활

나 소율이의 일기

20○○년 4월 23일 수요일 날씨: 화창하게 맑은 날

제목: ( )

오늘 수업 시간에 달리기를 했다. 선생님께서 출발하는 방법과 빠르게 달리는 방법을 가르쳐 주셨다. 나는 달리기를 좋아해서 열심히 연습했다. 연습이 끝나고 세 명씩 달리기를 했다. **출발선**에 서 있는데 너무 긴장되고 떨렸다. 그래도 용기를 내서 끝까지 달렸다. 반 친구들이 박수를 치며 달리기를 잘한다고 칭찬해 주었다. 기분이 참 좋았다.

▶ 소율이가 겪은 일

	그림	내용
아침	❶	날씨가 맑아서 기분이 좋음.
아침	❷	학교 가는 길에 교통 봉사를 해 주시는 분께 인사를 함.
낮	❸	화단에서 봄철 식물을 관찰함.
낮	❹	운동장에서 달리기를 함.
낮	❺	수업을 마치고 집으로 돌아옴.
저녁	❻	저녁을 먹고 도서관에 가서 동생과 그림책을 읽음.

출발선 시합할 때 출발점으로 그어 놓은 선.

1 이해 **가에서 소율이가 하루 동안 겪은 일을 순서대로 정리하여 기호를 쓰세요.**

㉮ 운동장에서 달리기를 함.
㉯ 날씨가 맑아서 기분이 좋음.
㉰ 수업을 마치고 집으로 돌아옴.
㉱ 화단에서 봄철 식물을 관찰함.
㉲ 저녁을 먹고 도서관에 가서 동생과 그림책을 읽음.
㉳ 학교 가는 길에 교통 봉사를 해 주시는 분께 인사를 함.

㉯ → ( ) → ( ) → ( ) → ( ) → ㉲

★ **2** 이해 **소율이가 일기로 쓴 일은 무엇인가요? ( )**

① 아침에 일어나서 한 일
② 학교 가는 길에 있었던 일
③ 저녁에 동생과 도서관에 갔던 일
④ 화단에서 봄철 식물을 관찰한 일
⑤ 수업 시간에 운동장에서 있었던 일

서술형 **3** 제목 **소율이의 일기에 붙일 알맞은 제목을 쓰세요.**

( )

도움말 소율이가 쓴 일기의 내용을 잘 나타낼 수 있는 제목을 떠올려 써 보아요.

3 단원 3회

겪은 일이 잘 드러나게 일기 쓰기

• 정답 7쪽

★

4 이해 **하루 동안 겪은 일을 떠올려 정리하였습니다. 빈칸에 들어갈 알맞은 말을 보기에서 찾아 기호를 쓰세요.**

보기
㉠ 한 것　㉡ 들은 것
㉢ 본 것　㉣ 생각이나 느낌

글감	집에서	학교에서	다른 곳에서
(1) ☐	우산을 가지고 나옴.	반 친구들 앞에서 노래를 부름.	물고기를 봄.
(2) ☐	구름 가득 한 하늘을 봄.	기대하는 반 친구들을 봄.	여러 가지 물고기를 봄.
(3) ☐	"우산 가지고 가렴."	"소율이 노래 잘한다!"	"우리 수족관에서 가장 예쁜 물고기예요."
(4) ☐	걱정됨.	긴장됨, 기뻤음.	행복했음.

서술형

5 적용 **자신이 하루 동안 겪은 일 가운데 인상 깊은 일을 떠올려 쓰세요.**

기뻤던 일	(1)
슬펐던 일	(2)

도움말 하루 동안 겪은 일을 정리한 뒤에 그 일을 겪었을 때 어떤 기분이 들었는지 생각해 보아요.

디지털 문해력

6 이해 **자신이 겪은 일 가운데 글감을 골라 일기로 쓸 내용을 정리하려고 합니다. 친구가 한 질문에 알맞게 대답하지 못한 것은 무엇인가요?** ( )

우리 반 이야기방

언제 있었던 일이야?

① 오늘 오후에 있었던 일이야.

어디에서 있었던 일이야?

② 집에서 있었던 일이야.

누구와 있었던 일이야?

③ 가족과 있었던 일이야.

무슨 일이 있었어?

④ 학교가 끝나고 집에 갔는데 할머니께서 와 계셨어.

어떤 생각이나 느낌이 들었어?

⑤ 할머니께 인사를 드렸어.

7 특징 **자신이 쓴 일기를 읽고 스스로 확인할 내용으로 알맞지 않은 것은 무엇인가요?** ( )

① 날씨를 생생하게 나타냈나요?
② 날짜와 요일을 정확하게 썼나요?
③ 하루 동안 겪은 일을 모두 빠짐없이 썼나요?
④ 겪은 일에 대한 자신의 생각이나 느낌을 솔직하게 썼나요?
⑤ 언제, 어디에서, 누구와 무슨 일이 있었는지 자세하게 썼나요?

실천

마무리하기

• 정답 7쪽

8 이해 **빈칸에 들어갈 내용으로 알맞은 것은 무엇인가요? (　　　)**

하고 싶은 활동	[　　　　] 일기 쓰기

❶ 관찰할 식물 정하기
❷ 식물 관찰하기
❸ 관찰한 내용으로 일기 쓰기

날짜와 날씨 쓰기	일기를 쓰는 날짜와 날씨를 쓴다.
제목 정하기	관찰한 식물의 이름이나 특징을 넣어 제목을 정한다.
자세히 표현하기	관찰한 식물의 모습을 그림과 글로 자세히 표현한다.
생각이나 느낌 쓰기	식물을 관찰하면서 들었던 생각이나 느낌을 자세하게 쓴다.

① 미래　② 만화　③ 요리
④ 성장　⑤ 식물 관찰

9 어휘 **다음 그림에 어울리는 꾸며 주는 말에 ○표 하세요.**

(1) 
(시원한, 톡톡) 바람이 불어옵니다.

(2) 
바람개비가 (귀여운, 빙글빙글) 돌아갑니다.

10 특징 **일기를 쓸 때 생각해야 할 점으로 알맞지 <u>않은</u> 것은 무엇인가요? (　　　)**

① 누구와 무엇을 했는지 떠올려 씁니다.
② 꾸며 주는 말을 넣어 생생하게 씁니다.
③ 날짜와 날씨 가운데 한 가지만 씁니다.
④ 언제 어디에서 있었던 일인지 떠올려 씁니다.
⑤ 겪은 일에 대한 자신의 생각이나 느낌을 씁니다.

어법 더하기

11 어휘 **밑줄 그은 낱말의 뜻으로 알맞은 것을 찾아 선으로 이으세요.**

(1) 동생의 볼이 <u>보드레하다</u>. • 　　• ㉮ 꽤 보드라운 느낌이 있다.

(2) 찰흙이 잘 <u>바닥잘바닥하다</u>. • 　　• ㉯ 진흙이나 반죽 따위가 물기가 많아 매우 보드랍게 질다.

어법 더하기⊕ 느낌을 나타내는 우리말

우리말에는 느낌을 나타내는 말이 많습니다. 이런 말들은 꾸며 주는 말로, 앞이나 뒤에 오는 말의 뜻을 자세하게 하고 생생한 느낌을 줍니다.

'보드레하다'는 꽤 보드라운 느낌이 있다는 뜻입니다.

'잘바닥잘바닥하다'는 진흙이나 반죽 따위가 물기가 많아 매우 보드랍게 질다는 뜻입니다.

3 단원 3회

나의 실력에 색칠하세요.

1 ㉠과 ㉡ 중 읽을 때 더 실감 나게 느껴지는 것의 기호를 쓰세요.

> ㉠ 오늘 할머니, 할아버지와 옥수수밭에 갔다.
> ㉡ 오늘 할머니, 할아버지와 넓은 옥수수밭에 갔다.

( )

2 다음 그림에 어울리는 꾸며 주는 말로 알맞은 것을 두 가지 고르세요. ( )

( ) 거북선이 바다에 나간다.

① 멋진 ② 빨간 ③ 많이
④ 튼튼한 ⑤ 바들바들

3 다음 그림에 어울리는 꾸며 주는 말에 ○표 하세요.

(1)(싱싱한, 조용한) 딸기를 (2)(빨간, 맛있게) 먹었습니다.

4 다음 사진을 보고 꾸며 주는 말을 알맞게 사용하여 만든 문장은 무엇인가요? ( )

강아지가 ________.

① 풍덩 달립니다
② 빠르게 달립니다
③ 맛있게 달립니다
④ 데굴데굴 달립니다
⑤ 엉금엉금 달립니다

5 꾸며 주는 말을 사용하지 않은 문장은 무엇인가요? ( )

① 할머니가 덜덜 떨며 말했습니다.
② 멋있는 말이 힘차게 달려옵니다.
③ 아이들이 운동장에서 뛰어놉니다.
④ 아이들이 비행기를 힘껏 날립니다.
⑤ 거센 파도가 모래밭으로 몰려옵니다.

서술형

6 다음 사진에 어울리는 꾸며 주는 말을 넣어 문장을 완성하세요.

황새가 날갯짓을 한다.

• (1)( ) 황새가 날갯짓을
(2)( ) 한다.

도움말 황새의 모습과 황새가 날갯짓을 하는 모습이 어떠할지 생각하여 써 보아요.

| 7~9 | 다음 글을 읽고, 물음에 답하세요.

가 덩굴손이 꼬불꼬불 쭈욱,
버팀대를 돌돌 감고 뻗어 가.
[㉠] 따라가면 무엇이 있을까?
우아, 탐스러운 포도가 열렸어!
나 동글동글 잎이 연못 위에 동동.
나뭇잎이 [㉡] 떨어진 걸까?
아니, 물 위에 떠서 자라는 개구리밥이야.
개구리가 먹는 밥이냐고?
아니, 아니.
개구리가 물속에서 나올 때 입가에 밥풀처럼 붙는다고 개구리밥이라 부른대.

7 글 가는 어떤 식물이 자라는 모습을 설명하였는지 알맞은 것에 ○표 하세요.

(포도, 땅콩)

8 '개구리밥'에 대한 설명으로 알맞은 것은 무엇인가요? (   )

① 물 위에 떠서 자랍니다.
② 버팀대를 감고 자랍니다.
③ 잎이 뾰족하게 생겼습니다.
④ 덩굴손이 뻗어 가며 자랍니다.
⑤ 개구리가 먹는 밥이라서 개구리밥이라고 부릅니다.

9 ㉠과 ㉡에 들어갈 꾸며 주는 말로 알맞은 것을 찾아 선으로 이으세요.

(1) ㉠ •　　　• ㉮ 우수수
(2) ㉡ •　　　• ㉯ 빙글빙글

| 10~11 | 다음 소율이가 쓴 글을 읽고, 물음에 답하세요.

20○○년 4월 23일 수요일　　날씨: 화창하게 맑은 날

제목: 끝까지 달리기를 한 날

오늘 수업 시간에 달리기를 했다. 선생님께서 출발하는 방법과 빠르게 달리는 방법을 가르쳐 주셨다. 나는 달리기를 좋아해서 열심히 연습했다. 연습이 끝나고 세 명씩 달리기를 했다. 출발선에 서 있는데 너무 긴장되고 떨렸다. 그래도 용기를 내서 끝까지 달렸다. 반 친구들이 박수를 치며 달리기를 잘한다고 칭찬해 주었다. 기분이 참 좋았다.

10 소율이는 어떤 일에 대해 일기를 썼는지 빈칸에 알맞은 말을 쓰세요.

• 수업 시간에 운동장에서 (   )을/를 한 일

11 소율이는 겪은 일에 대해 어떤 생각이나 느낌이 들었는지 알맞게 말한 친구의 이름을 쓰세요.

지우: 달리기를 하기 전에 긴장되고 떨렸고, 달리기를 끝내고 나서도 계속 불안하고 걱정스러웠어.
도윤: 달리기를 하기 전에는 긴장되고 떨렸지만 친구들이 달리기를 잘했다고 칭찬해 줘서 기분이 좋아졌어.

(   )

3 단원 4회

정답 7쪽

12 겪은 일을 일기로 쓰는 방법으로 알맞지 않은 것은 무엇인가요? (　　　)

① 자신이 겪은 일을 떠올려 봅니다.

↓

② 인상 깊은 일을 중심으로 글감을 찾습니다.

↓

③ 인상 깊었던 일을 정리합니다.

↓

④ 날짜와 날씨-제목-겪은 일-생각이나 느낌의 순서로 일기를 씁니다.

↓

⑤ 다 쓰고 나면 친구와 바꾸어 읽으며 고쳐 쓸 부분을 찾습니다.

13 자신이 쓴 일기에 붙일 제목을 정하는 방법으로 알맞은 것에 ○표 하세요.

(1) 겪은 일을 잘 나타내는 것으로 정합니다. (　　)

(2) 일기를 쓴 날짜와 요일이 잘 나타나도록 정합니다. (　　)

서술형

14 오늘 하루 동안 겪은 일 중 일기로 쓰고 싶은 일을 한 가지 골라 쓰세요.

____

____

도움말 자신이 겪은 일을 기쁜 일, 슬픈 일 등으로 나누어 정리하고 그중에서 인상 깊었던 일을 골라 써 보아요.

수행 평가

15 다음 사진을 보고, 물음에 답하세요.

멋있는 말이 힘차게 달려온다.

1단계 문장에 쓰인 꾸며 주는 말을 두 가지 찾아 쓰세요.

(　　　　　　　), (　　　　　　　)

도움말 뒤에 오는 말을 자세하게 설명해 주는 말을 찾아 보아요.

2단계 사진에 어울리는 다른 꾸며 주는 말을 사용하여 밑줄 그은 부분을 바꾸어 쓰세요.

<u>멋있는</u> 말이 <u>힘차게</u> 달려온다.

____

____

도움말 '멋있는', '힘차게'처럼 꾸며 주는 말을 떠올려 사진에 어울리게 써 보아요.

누가 날린 연일까?

연에 쓰인 낱말의 뜻을 보고, 알맞은 낱말을 보기에서 찾아 연과 이어지도록 ㉠~㉣에 쓰세요.

보기

식물 열매 겪다 실감 나다

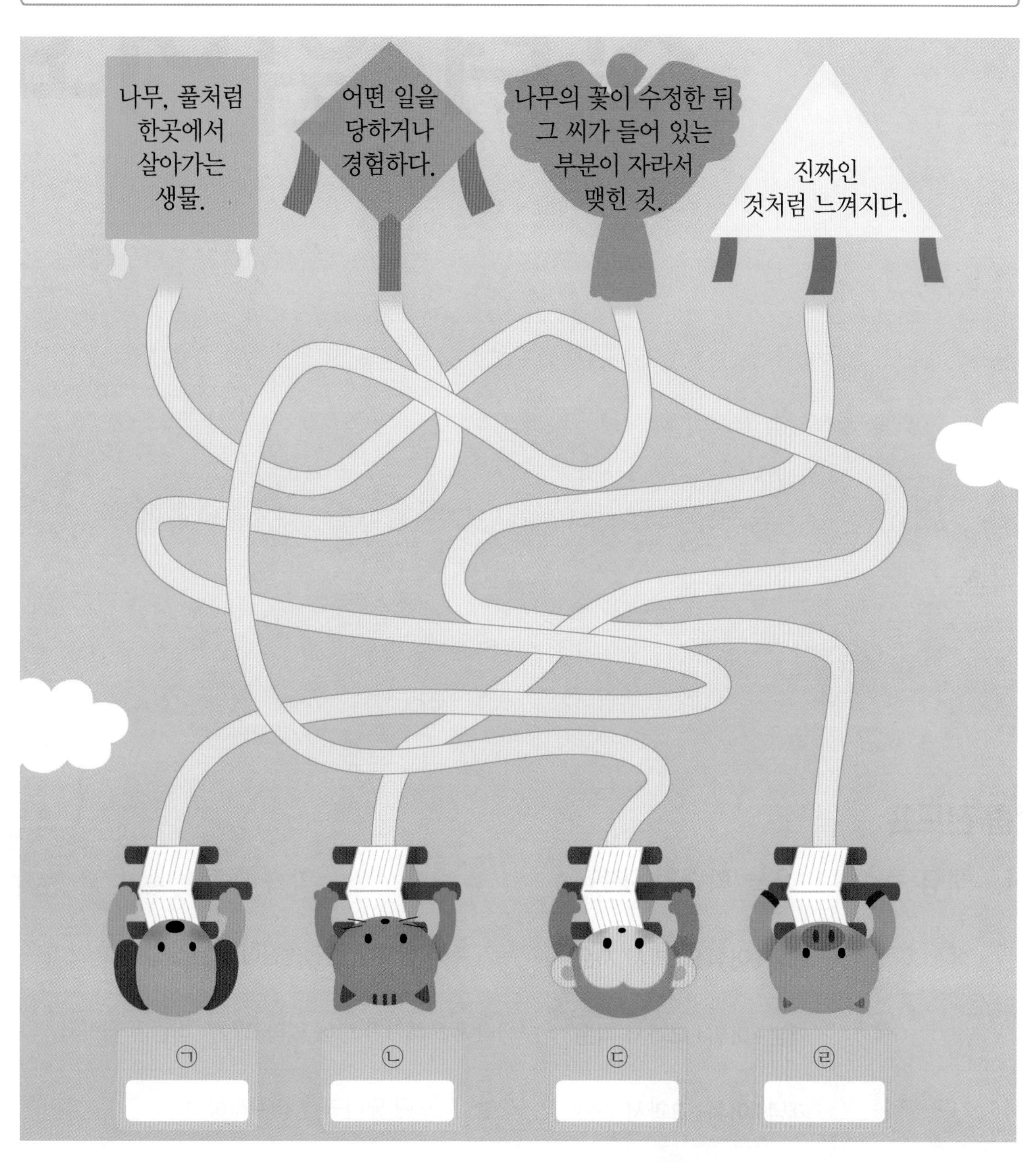

거꾸로 정답 ㉡ 겪다, ㉠ 식물, ㉢ 열매, ㉣ 실감 나다

4 분위기를 살려 읽어요

학습 진도표

회차	백점 쪽수	오늘 학습할 내용	학습 주제
1	64~67쪽	개념+어휘+교과서 지문	「누가 누가 잠자나」 / 겹받침이 있는 낱말 읽고 쓰기
2	68~71쪽	개념+어휘+교과서 지문	「바다에 쓰레기가 모여 있다고?」 / 「바람은 착하지」
3	72~75쪽	개념+어휘+교과서 지문	「오늘」 / 「노란 당나귀」 / 마무리하기
4	76~79쪽	대단원 평가+낱말 놀이터	

단원 미리 보기

시를 읽는 **여러 가지 방법**을 배워요.

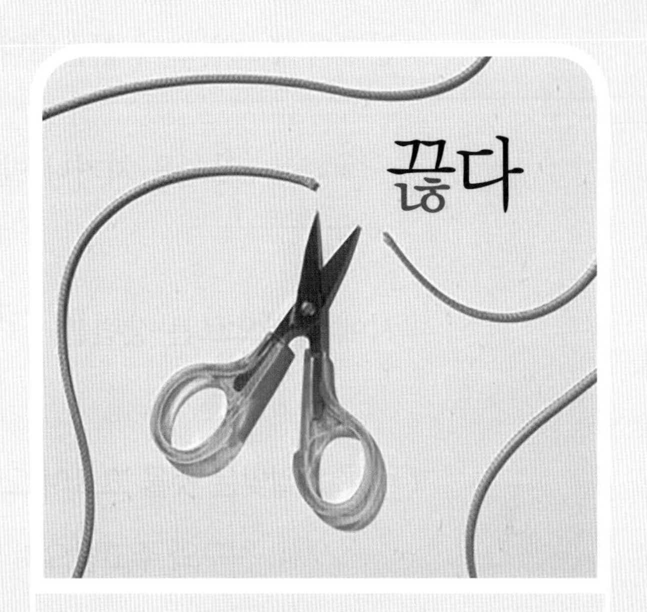

겹받침이 있는 낱말을 배워요.

환경 단체들은 해안가에 있는 플라스틱 쓰레기를 줍거나 바다에 떠다니는 쓰레기를 모아 없애기도 해요.

일상생활에서 우리가 해야 할 몫을 찾아 함께 실천해요.

겹받침이 있는 낱말에 주의하며 글을 읽어요.

시 낭송 대회

시의 분위기를 생각하며 소리 내어 읽어요.

1회 교과서 학습

학습일 : 월 일

• 정답 8쪽

개념 시를 읽는 여러 가지 방법

• 친구와 주고받으며 읽습니다.

• 손뼉을 치거나 발을 구르며 읽습니다.

• 시에서 떠오르는 장면을 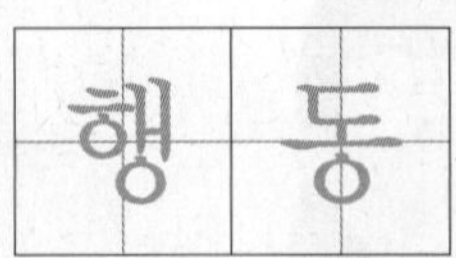

으로 표현하며 읽습니다.

개념 확인 **알맞은 것을 고르며 오늘의 개념을 확인해 보세요.**

(1) 친구와 주고받으며 시를 읽을 수 있습니다. (○ , ×)

(2) 손뼉을 치거나 발을 구르며 시를 읽으면 노래를 부르는 느낌이 듭니다. (○ , ×)

문해력을 높이는 어휘

• **오늘 배울 중요 어휘를 따라 쓰며 익혀 보세요.**

구름

하늘에 흰 구름이
모여 있어요

아빠 구름 둥둥
엄마 구름 동동
아기 구름 통통

뜻 글을 쓰는 사람의 느낌, 생각을 리듬이 있게 쓴 글.

예 재미있는 시를 읽어요.

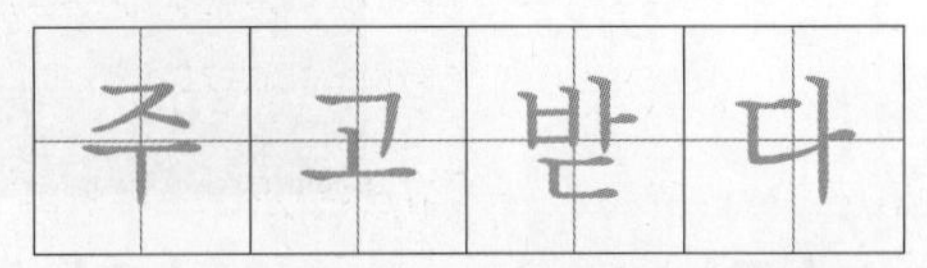

뜻 서로 주기도 하고 받기도 하다.

예 친구와 편지를 주고받았어요.

준비 누가 누가 잠자나 _ 목일신

• 정답 8쪽

❶ 넓고 넓은 밤하늘엔
누가 누가 잠자나.
하늘 나라 아기별이
깜박깜박 잠자지.

1연 넓고 넓은 밤하늘에는 하늘 나라 아기별이 잠잡니다.

❷ 깊고 깊은 숲속에선
누가 누가 잠자나.
산새 들새 모여 앉아
꼬박꼬박 잠자지.

2연 깊고 깊은 숲속에서는 산새 들새가 잠잡니다.

❸ 포근포근 엄마 품엔
누가 누가 잠자나.
우리 아기 예쁜 아기
새근새근 잠자지.

3연 포근포근 엄마 품에는 아기가 잠잡니다.

• 글의 종류: 시
• 글의 특징: 자장가를 듣다가 잠든 경험을 떠오르게 하는 시로, 반복되는 문장과 흉내 내는 말을 사용했습니다.
• 내용 정리

잠자는 것	잠자는 모습
하늘 나라 아기별	깜박깜박
산새 들새	꼬박꼬박
우리 아기 예쁜 아기	새근새근

밤하늘 밤 동안의 하늘.
새근새근 잠든 아기가 조용히 숨을 쉬는 모양이나 소리를 흉내 내는 말.

4 단원 1회

1 특징 **이 시에 대한 설명으로 알맞지 않은 것은 무엇인가요? (　　　)**

① 반복되는 말이 쓰였습니다.
② 흉내 내는 말이 쓰였습니다.
③ 별을 사람처럼 표현하였습니다.
④ 묻고 답하는 방식으로 쓰였습니다.
⑤ 색깔을 나타내는 말이 쓰였습니다.

2 어휘 **이 시에 쓰인 흉내 내는 말이 아닌 것은 무엇인가요? (　　　)**

① 깜박깜박　② 꼬박꼬박
③ 포근포근　④ 새근새근
⑤ 누가 누가

★ **3** 감상 **이 시를 읽고 떠오르는 생각이나 느낌을 알맞게 말한 친구의 이름을 쓰세요.**

세영: 친구와 시를 주고받으며 읽으니 장면을 잘 떠올릴 수 있었어.
지우: 움직이지 않고 똑바로 서서 읽으니 시의 내용을 더 잘 이해할 수 있었어.
은호: 행동으로 표현하며 시를 읽으니 시에 나오는 인물의 마음을 느끼기 어려웠어.

(　　　　　　　　　)

4 어휘 **이 시에 쓰인 '넓고 넓은'을 바르게 읽은 것에 ○표 하세요.**

(1) [널꼬 널븐] (　　)
(2) [넙꼬 널븐] (　　)

소단원1

겹받침이 있는 낱말 읽고 쓰기

• 정답 8쪽

| 5~8 | 다음 낱말들을 보고, 물음에 답하세요.

5 어휘 **다음은 낱말을 어떻게 나눈 것인지 알맞은 것에 ○표 하세요.**

가위, 오리, 나라, 쉬다	많다, 여덟, 몫, 학교, 낚시, 사랑, 강물, 앉다, 없다, 있다, 걷다, 흙

(1) 받침이 있는 낱말과 받침이 없는 낱말로 나누었습니다. ( )

(2) 겹받침이 있는 낱말과 겹받침이 없는 낱말로 나누었습니다. ( )

★

6 어휘 **문제 5번의 오른쪽 낱말들을 다시 나누었습니다. 빈칸에 들어갈 알맞은 낱말을 쓰세요.**

많다, 여덟, 몫, 학교, 낚시, 사랑, 강물, 앉다, 없다, 있다, 걷다, 흙

↓

자음자 한 개를 받침으로 사용	자음자 두 개를 받침으로 사용
학교, 사랑, 강물, 걷다	많다, 여덟, 몫, 낚시, 앉다, 없다, 있다, □

디지털 문해력

7 적용 **다음 게시판의 빈칸에 들어갈 알맞은 말을 쓰세요.**

Q&A 게시판 >>> 궁금해요

Q 낱말을 어떻게 나눈 것인지 알려 주세요!

낱말을 다음과 같이 나누었습니다. 어떻게 나눈 것인지 알 수 있을까요?

낚시, 있다
많다, 여덟, 몫, 앉다, 없다, 흙

A 받침의 종류에 따라 나눈 것입니다. '낚시, 있다'는 받침에 'ㄲ, ㅆ'과 같은 (㉠)이 쓰인 낱말이고, '많다, 여덟, 몫, 앉다, 없다, 흙'은 받침에 'ㄶ, ㄼ, ㄳ, ㄵ, ㅄ, ㄺ'과 같은 (㉡)이 쓰인 낱말입니다.

(1) ㉠: ( )

(2) ㉡: ( )

8 어휘 **쌍받침이나 겹받침이 있는 낱말끼리 묶인 것은 어느 것인가요? ( )**

① 몫, 학교

② 가위, 낚시

③ 사랑, 쉬다

④ 있다, 앉다

⑤ 나라, 걷다

겹받침이 있는 낱말 읽고 쓰기

| 9~11 | 다음 낱말들을 보고, 물음에 답하세요.

보기

맑다	밟다	몫
얹다	끊다	값

9 보기에 있는 낱말의 뜻을 생각하며 알맞은 그림을 찾아 선으로 이으세요.
어휘

(1)  • • ㉮ 몫

(2)  • • ㉯ 끊다

(3) 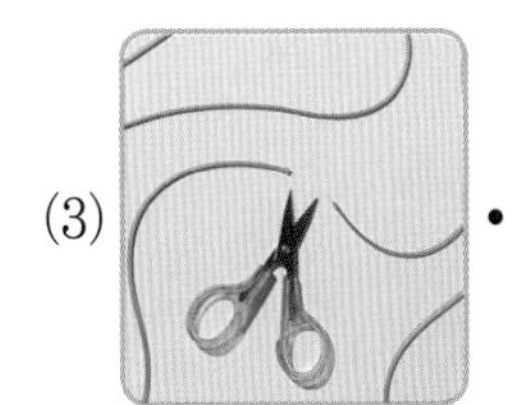 • • ㉰ 값

(4) 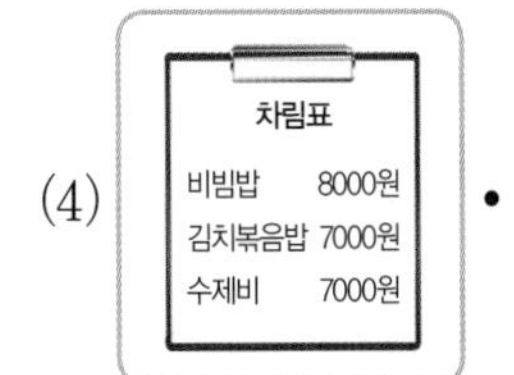 • • ㉱ 밟다

10 그림에 알맞은 낱말을 보기에서 찾아 쓰세요.
어휘

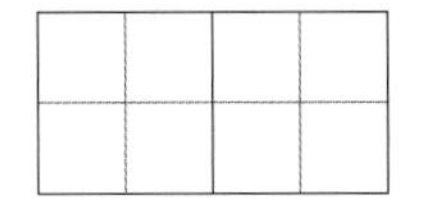

11 겹받침이 있는 보기의 낱말을 잘못 읽은 것은 무엇인가요? (   )
적용

① 몫[목] ② 값[갑]
③ 밟다[밥따] ④ 맑다[말따]
⑤ 얹다[언따]

12 겹받침이 있는 낱말을 읽으며 알게 된 것을 바르게 말한 친구의 이름을 쓰세요.
적용

혜지: '몫', '넋'을 읽고 'ㄳ' 받침은 'ㄱ'으로 발음된다는 것을 알았어.
민석: '앉다', '얹다'를 읽고 'ㄵ' 받침은 'ㅈ'으로 발음된다는 것을 알았어.
준오: '앉다', '끊다'와 같이 '다'로 끝나는 낱말은 [-따]로만 발음한다는 것을 알았어.

(   )

서술형
13 겹받침이 있는 낱말로 보기처럼 문장을 만들어 쓰세요.
적용

보기

밟다	눈이 와서 눈을 밟다.

겹받침이 있는 낱말	문장
없다	

도움말 '없다' 외에도 '없고', '없어서', '없는데' 등으로 활용하여 쓸 수 있어요.

나의 실력에 색칠하세요.

• 정답 9쪽

개념 겹받침이 있는 낱말에 주의하며 글 읽기

• 글을 읽으며 내용을 파악합니다.

• 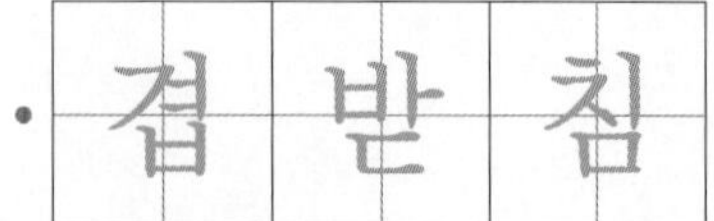

이 있는 낱말을 바르게 소리 내어 읽습니다.

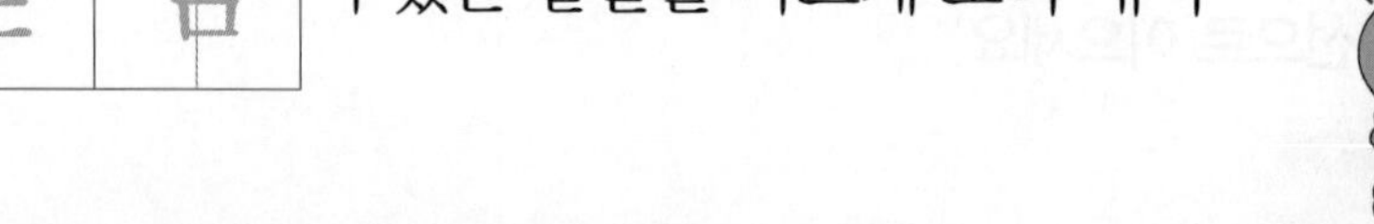

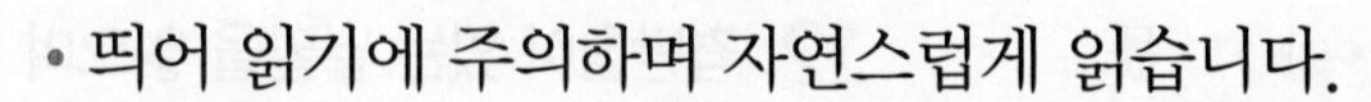

• 띄어 읽기에 주의하며 자연스럽게 읽습니다.

낱말에 사용하는 받침 가운데에서 'ㄲ, ㅆ' 등은 쌍받침이라고 하고, 'ㄳ, ㄵ, ㄶ, ㄼ' 등은 겹받침이라고 해요.

개념 확인 **알맞은 것을 고르며 오늘의 개념을 확인해 보세요.**

(1) 겹받침이 있는 낱말은 발음에 주의하며 읽어야 합니다. (○ , ×)

(2) 'ㄳ, ㄵ, ㄶ, ㄼ'처럼 서로 다른 두 개의 자음으로 이루어진 받침을 쌍받침이라고 합니다. (○ , ×)

문해력을 높이는 어휘

• **오늘 배울 중요 어휘를 따라 쓰며 익혀 보세요.**

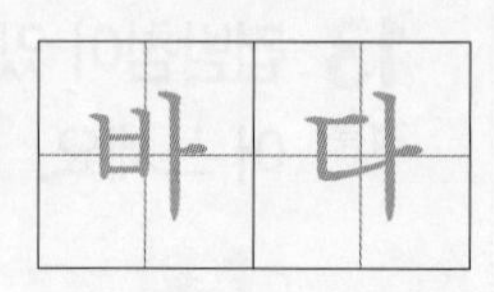

뜻 지구에서 땅이 아닌 부분에 있는 짠물이 차 있는 곳.

예 바다 너머로 큰 섬이 보여요.

뜻 쓰지 못하게 되어 버려야 할 물건.

예 바닥에 떨어진 쓰레기를 주워요.

소단원1

바다에 쓰레기가 모여 있다고?

• 정답 9쪽

❶ 플라스틱 쓰레기가 많은 바다가 있다는 말을 들어 본 적이 있나요? 플라스틱 쓰레기 ㉠**더미**는 1997년에 요트 경기를 하던 사람이 **발견했어요**. 그 뒤 다른 바다에서도 플라스틱 쓰레기 더미가 있다는 것을 알았어요.

중심 내용 | 1997년에 플라스틱 쓰레기 더미가 처음 발견된 이후, 다른 바다에서도 플라스틱 쓰레기 더미가 있다는 것을 알게 되었습니다.

❷ 바다에 있는 플라스틱 쓰레기 더미는 바다에서 물고기를 잡거나 기를 때 사용한 그물, ㉡**부표** 따위가 모여서 만들어져요. 그리고 이 더미는 우리가 함부로 버리는 페트병, **물휴지**, 과자 봉지 따위가 강을 거쳐 바다로 흘러들어 가서 점점 더 커진다고 해요.

중심 내용 | 그물, 부표, 그리고 우리가 함부로 버린 쓰레기가 바다로 흘러들어 가서 플라스틱 쓰레기 더미가 점점 더 커집니다.

• **글의 종류**: 설명하는 글
• **글의 특징**: 바다에 모인 플라스틱 쓰레기 더미와 그것을 막기 위한 우리의 노력에 대해 설명하는 글입니다.

더미 많은 물건이 한데 모여 쌓인 큰 덩어리.
발견(發 필 발, 見 볼 견)했어요 지금까지 찾아내지 못했거나 세상에 알려지지 않은 것을 처음으로 찾아내거나 알아냈어요.
부표 물 위에 띄워 위치를 알려 주는 물건.
물휴지 물기가 있는 축축한 휴지.

4 단원 2회

1 설명 **이 글에서 설명하고 있는 것은 무엇인가요?** ( )

① 우리가 함부로 버리는 음식물
② 바다에서 물고기를 잡는 방법
③ 물고기를 잡는 데 필요한 물건
④ 요트 경기를 처음으로 한 사람
⑤ 바다에 있는 플라스틱 쓰레기 더미

2 이해 **문제 1번의 답에 대한 설명으로 알맞은 것은 무엇인가요?** ( )

① 전 세계에 한 군데만 있습니다.
② 1995년에 처음 발견되었습니다.
③ 크기가 점점 작아지고 있습니다.
④ 요트 경기를 하던 사람이 발견했습니다.
⑤ 사람들이 바다에 버린 쓰레기가 땅에 모여 만들어졌습니다.

3 이해 **바다에서 플라스틱 쓰레기 더미는 어떻게 만들어지는지 두 가지 고르세요.** ( )

① 조개껍데기가 한데 모여서
② 바다 생물이 플라스틱 조각을 만들어 내서
③ 바다에 살다가 죽은 물고기가 한데 쌓여서
④ 물고기를 잡거나 기를 때 사용한 그물, 부표 따위가 모여서
⑤ 우리가 함부로 버린 페트병, 물휴지 따위가 바다로 흘러들어 가서

4 어휘 **㉠과 ㉡의 뜻으로 알맞은 것을 선으로 이으세요.**

(1) ㉠ • • ㉮ 물 위에 띄워 위치를 알려 주는 물건.

(2) ㉡ • • ㉯ 많은 물건이 한데 모여 쌓인 큰 덩어리.

❸ 플라스틱 쓰레기가 바다에 모이는 것을 막으려고 많은 사람이 노력하고 있어요. 환경 단체들은 **해안가**에 있는 플라스틱 쓰레기를 줍거나 바다에 떠다니는 쓰레기를 모아 없애기도 해요. 우리도 함께 노력할 수 있어요. 평소에 일회용 플라스틱을 덜 사용하거나 플라스틱 제품을 재활용할 수 있도록 **분류**해서 버려요. ㉠일상생활에서 우리가 해야 할 몫을 찾아 함께 실천해요.

중심 내용 | 플라스틱 쓰레기가 바다에 모이는 것을 막으려고 많은 사람이 노력하고 있으며, 우리도 일상생활에서 할 수 있는 일을 찾아 함께 노력할 수 있습니다.

• 내용 정리

❶ 바다에 있는 플라스틱 쓰레기 더미가 처음 발견된 때와 다른 바다에서도 발견된 쓰레기 더미

⬇

❷ 바다에 있는 플라스틱 쓰레기 더미가 만들어지는 과정

⬇

❸ 플라스틱 쓰레기가 바다에 모이는 것을 막기 위한 노력과 우리가 할 수 있는 일

해안가 바닷물과 땅이 서로 닿은 곳이나 그 근처.
분류 종류에 따라서 나눔.

5 이해 **이 글에서 중심이 되는 내용을 알맞게 말한 친구의 이름을 쓰세요.**

> 유진: 플라스틱 쓰레기를 어떻게 재활용할 수 있는지에 대해 설명하고 있어.
> 하늘: 바다에 플라스틱 쓰레기가 모이는 것을 막기 위한 여러 노력을 설명하고 있어.

( )

6 이해 **환경 단체들은 플라스틱 쓰레기가 바다에 모이는 것을 막기 위해 어떤 노력을 하는지 두 가지 고르세요. ( )**

① 바다에 쓰레기를 버리지 못하게 합니다.
② 사람들이 플라스틱을 사용하도록 합니다.
③ 바다에 떠다니는 쓰레기를 모아 없앱니다.
④ 해안가에 있는 플라스틱 쓰레기를 줍습니다.
⑤ 사람들이 버린 쓰레기를 모아 땅에 묻습니다.

7 적용 **㉠의 예로 알맞지 않은 것은 무엇인가요?** ( )

① 물휴지 대신 수건을 사용합니다.
② 종이컵 대신 유리컵을 사용합니다.
③ 비닐봉지 대신 장바구니를 사용합니다.
④ 바다에 떠다니는 쓰레기를 매일 줍습니다.
⑤ 플라스틱 제품을 재활용할 수 있도록 분류해서 버립니다.

★
8 어휘 **이 글에 쓰인 겹받침이 있는 낱말을 바르게 읽은 것에 ○표 하세요.**

(1) 많은[마는] ( )
(2) 없애기도[업애기도] ( )
(3) 몫을[모글] ( )

소단원2

바람은 착하지 _ 권영상

• 정답 9쪽

❶ 바람이 마루 위에 놓인
신문지 한 장을 끌고
슬그머니 골목으로 나간다.

1연 바람이 신문지 한 장을 끌고 골목으로 나갑니다.

❷ 훌훌훌,
공중에 집어 던져서는
데굴데굴 길거리에 굴려서는
구깃구깃 구겨서는

2연 바람이 신문지를 집어 던지고, 굴리고, 구깁니다.

❸ 골목,
구석진 응달로 찾아가
달달달 떠는
어린 민들레꽃에게
쓱, 목도리를 해 준다.

3연 바람이 신문지로 목도리를 만들어 어린 민들레꽃에게 해 줍니다.

❹ 그러고는
힘내렴!
딱 그 말만 하고
골목을 걸어 나간다, 뚜벅뚜벅.

4연 바람이 어린 민들레꽃에게 힘내라고 말한 뒤 골목을 걸어 나갑니다.

• 글의 종류: 시
• 글의 특징: 신문지를 날려 어린 민들레꽃을 덮어 주고 아껴 주는 바람의 따뜻한 마음이 드러난 시입니다.

마루 안방과 건넌방 사이에 나무판을 깔아 놓은 곳.
슬그머니 남이 잘 알지 못하게 몰래.
공중 하늘과 땅 사이의 빈 곳으로, 땅과 땅에 붙어 있는 모든 것의 위.
응달 햇빛이 잘 들지 아니하는 그늘진 곳.

9 이해 바람이 신문지 한 장을 끌고 간 곳은 어디인가요? (   )

① 집
② 골목
③ 가게
④ 강가
⑤ 학교 앞

10 이해 바람이 신문지로 만든 것은 무엇인가요? (   )

① 장갑을 만들었습니다.
② 꽃밭을 만들었습니다.
③ 목도리를 만들었습니다.
④ 길거리에 굴려서 아이들의 장난감을 만들었습니다.
⑤ 공중에 집어 던져서 하늘을 나는 새를 만들었습니다.

서술형

11 감상 이 시에 나오는 바람에 대한 자신의 생각이나 느낌을 쓰세요.

• 바람이 신문지로 어린 민들레꽃에게 목도리를 해 주는 모습에서 ________________

____

도움말 바람이 민들레꽃을 위해 한 행동을 살펴보고, 그 행동에 대한 자신의 생각을 문장으로 완성해 써요.

12 적용 이 시의 분위기를 살려 읽는 방법을 알맞게 말한 친구의 이름을 쓰세요.

준서: 바람이 골목을 뚜벅뚜벅 걸어 나가는 장면에서 느껴진 당당한 분위기가 잘 나타나게 소리 내어 읽을 거야.
예원: 신문지가 바람에 이끌려 던져지고 굴려지는 장면에서 느껴진 무서운 분위기를 행동으로 표현하며 읽을 거야.

(   )

나의 실력에 색칠하세요.

학습일 : 월 일

• 정답 9쪽

개념 시의 분위기를 생각하며 소리 내어 읽기

• 시 속 인물의 마음을 생각하며 읽습니다.

• 시 속 인물에게 하고 싶은 말을 생각하며 읽습니다.

• 자신의 경험과 관련지어 시를 바꾸어 쓰고, 소리 내어 읽습니다.

개념 확인 알맞은 것을 고르며 오늘의 개념을 확인해 보세요.

(1) 시의 분위기를 생각하며 소리 내어 읽을 때는 시 속 인물의 마음을 생각하며 읽습니다. (○ , ×)

(2) 시를 바꾸어 쓸 때에는 자신의 경험과 관련짓지 않아야 합니다. (○ , ×)

문해력을 높이는 어휘

• 오늘 배울 중요 어휘를 따라 쓰며 익혀 보세요.

뜻 목구멍에서 나는 소리.

예 회장 선거에 나온 친구가 큰 목소리로 말해요.

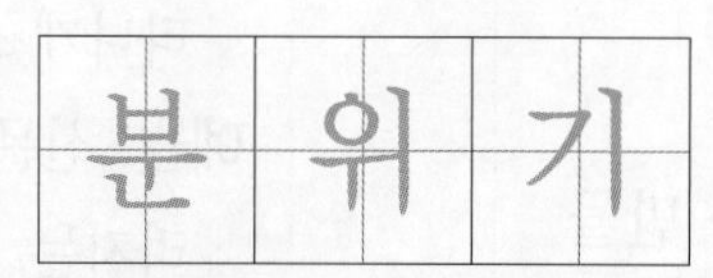

뜻 어떤 자리나 장면에서 느껴지는 기분.

예 축구 시합에서 이기자 교실은 들뜬 분위기였어요.

소단원2

오늘 _ 이준관

• 정답 9쪽

❶ 나는 오늘이 좋아.

1연 나는 오늘이 좋습니다.

❷ 오늘 아침 일찍 새들이
나를 깨워 주었고,
저것 봐!
㉠오늘은 좋은 일이 많을 거야.
해가 **함빡** 웃잖아.

2연 오늘은 좋은 일이 많을 것입니다.

❸ 오늘 학교에서는
선생님 질문에
자신 있게
대답할 수 있을 거야.

3연 오늘 선생님 질문에 자신 있게 대답할 수 있을 것입니다.

❹ 입에서 **절로** 휘파람이 나오는
즐거운 오늘.

4연 오늘은 휘파람이 저절로 나오는 즐거운 날입니다.

❺ 안녕! 즐겁게 만날 친구도 많고
야호! 신나게 할 일도 많은

5연 즐겁게 만날 친구도, 신나게 할 일도 많은 오늘입니다.

❻ 나는 오늘이 좋아.

6연 나는 오늘이 좋습니다.

• 글의 종류: 시
• 글의 특징: 기분 좋게 하루를 시작하는 '나'의 마음이 잘 나타나 있는 시입니다.
• 내용 정리

'내'가 오늘 좋은 일이 많을 거라고 생각한 까닭	• 아침 일찍 새들이 깨워 줌. • 해가 함빡 웃음.
오늘 '나'의 기분	즐거운 기분, 신나는 기분

함빡 남을 정도로 넉넉한 모양.
절로 '저절로'의 준말. 노력하거나 힘을 들이지 않고.

4 단원 3회

1 이해 **'내'가 ㉠과 같이 생각한 까닭으로 알맞은 것을 두 가지 고르세요. (　　　　)**

① 해가 함빡 웃어서
② 선생님이 질문을 하셔서
③ 학교 가는 길에 친구를 만나서
④ 아침 일찍 새들이 깨워 주어서
⑤ 휘파람 부는 방법을 알게 되어서

서술형

2 적용 **❸을 자신의 경험을 떠올려 이 시의 분위기와 어울리게 바꾸어 쓰세요.**

• 오늘 학교에서는

____

____

도움말 시 속 인물의 마음과 시의 분위기를 생각하고, 비슷한 자신의 경험을 떠올려 시를 바꾸어 써요.

3 이해 **❺의 "안녕!", "야호!"를 읽을 때 알맞은 목소리에 ○표 하세요.**

(1) 밝고 힘찬 목소리 (　　)
(2) 지치고 슬픈 목소리 (　　)
(3) 어둡고 조용한 목소리 (　　)

★

4 추론 **오늘 '나'의 기분으로 알맞은 것의 기호를 두 가지 쓰세요.**

㉮ 즐거운 기분
㉯ 신나는 기분
㉰ 속상한 기분

(　　　　　　　　)

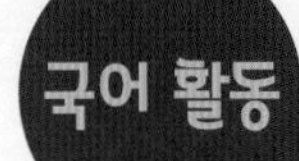

노란 당나귀 _ 김개미

● 정답 9쪽

❶ 당나귀가 좋아.
당나귀를 그려.
큰 당나귀도 작은 당나귀도 보통 당나귀도 그려.
뛰는 당나귀도 웃는 당나귀도 먹는 당나귀도 그려.

1연 나는 당나귀가 좋아서 당나귀를 그립니다.

❷ 그런데 오늘 선생님이 나더러
이제부터 당나귀는 그리지 말래.
이 세상에 노란 당나귀는 없대.
괴물이래.

2연 선생님이 나더러 당나귀를 그리지 말라고 합니다.

❸ 흥, / 그렇다고 내가 안 그릴 줄 알아.
선생님이 모르는 동물도 있는 거라구.
그리고 꼭 이 세상에 있는 동물만
그려야 하는 것도 아니잖아.

3연 이 세상에 있는 동물만 그려야 하는 것은 아니므로 나는 당나귀를 그릴 것입니다.

❹ 당나귀를 그릴 거야.
나만의 당나귀를.

4연 나는 나만의 당나귀를 그릴 것입니다.

- **글의 종류**: 시
- **글의 특징**: 당나귀를 좋아하는 '내'가 세상에 없는 나만의 당나귀를 그리겠다고 다짐하는 내용의 시입니다.
- **내용 정리**

당나귀를 좋아하는 '나'는 여러 가지 모습의 당나귀를 그림.

⬇

선생님이 이 세상에 노란 당나귀는 없다며 이제부터 당나귀를 그리지 말라고 함.

⬇

'나'는 세상에 있는 동물이 아니더라도 나만의 당나귀를 그리겠다고 다짐함.

당나귀 말과 비슷한 몸이 작고 귀가 긴 동물.
괴물 보통과 다르게 이상하게 생긴 물체.

5 이해 **'나'는 무엇을 좋아한다고 하였는지 쓰세요.**

( )

6 이해 **선생님께서 '나'가 그린 당나귀를 보고 하신 말씀은 무엇인가요? ( )**

① 당나귀를 진짜처럼 잘 그렸다.
② 이 세상에 노란 당나귀는 없다.
③ 세상에 없는 동물을 그려야 한다.
④ 당나귀 그리는 방법을 배워야 한다.
⑤ 나만의 당나귀를 그리는 것이 중요하다.

★ 디지털 문해력

7 적용 **이 시의 분위기에 어울리게 읽는 방법을 바르게 말한 친구의 이름을 쓰세요.**

세아: '내'가 세상에 없는 당나귀를 그린 장면이 슬퍼. '나'의 속상한 마음이 잘 나타나도록 조용한 목소리로 천천히 읽을 거야.

지우: '나'에게 세상에 없는 특별한 당나귀를 꼭 그려 보라고 말하고 싶어. 그런 마음이 잘 나타나도록 밝고 힘 있는 목소리로 읽을 거야.

( )

실천 마무리하기

• 정답 9쪽

8 이해 **친구들 앞에서 시를 낭송하는 방법으로 알맞지 않은 것은 무엇인가요? (　　　)**

① 시의 분위기를 살려 읽습니다.
② 시의 장면을 떠올리며 읽습니다.
③ 인물의 마음이 잘 드러나게 읽습니다.
④ 처음부터 끝까지 아주 큰 목소리로 읽습니다.
⑤ 떠오르는 장면을 행동으로 표현하며 읽습니다.

9 어휘 **다음 낱말을 소리 내어 바르게 읽은 것을 찾아 선으로 이으세요.**

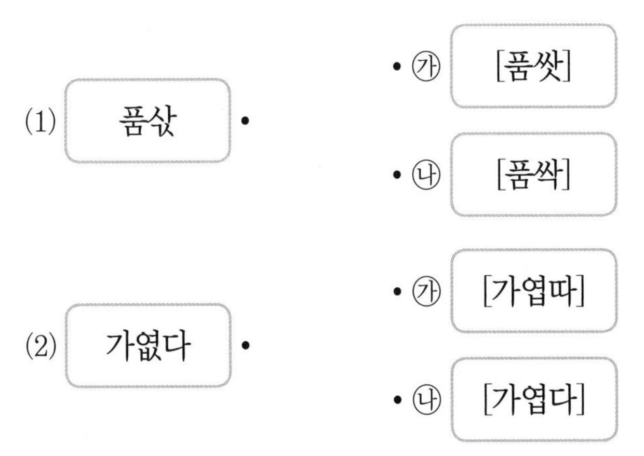

10 어휘 **다음 낱말의 발음으로 알맞은 것에 ○표 하세요.**

(1) 몫 [목, 못]
(2) 귀찮다 [귀찬타, 귀찬따]

어법 더하기

11 어휘 **다음 토박이말과 그 뜻이 잘못 짝 지어진 것을 찾아 기호를 쓰세요.**

> ㉮ **해거름** – 해가 뜨는 것. 또는 그런 때.
> ㉯ **마루** – 긴 등줄기가 있는 산이나 지붕의 꼭대기.
> ㉰ **볼가심** – 물 등을 입에 넣고 볼 안을 깨끗이 씻음.
> ㉱ **나들목** – 도로나 철도에 사고가 일어나거나 교통이 막히지 않도록 신호 없이 다닐 수 있게 만든 시설.

(　　　　　　　　　)

어법 더하기 ⊕ **토박이말**

'토박이말'은 우리말에 원래부터 있던 낱말이나 그것을 활용해 새로 만든 낱말을 뜻합니다. 다음 토박이말의 뜻을 생각해 봅니다.

볼가심

아이가 이를 닦고 난 뒤에 볼가심을 하고 있다.

나들목

나들목에 차가 원활하게 다닌다.

마루

구름이 뒷산 마루에 걸려 있다.

해거름

밖에서 놀더라도 해거름 안에는 집에 와야 한다.

4 단원 3회

나의 실력에 색칠하세요.

| 1~2 | 다음 시를 읽고, 물음에 답하세요.

넓고 넓은 밤하늘엔
누가 누가 잠자나.
하늘 나라 아기별이
깜박깜박 잠자지.

깊고 깊은 숲속에선
누가 누가 잠자나.
산새 들새 모여 앉아
꼬박꼬박 잠자지.

1 이 시에서 누가 어디에서 잠을 잔다고 하였는지 선으로 이으세요.

(1) 산새 들새 • • ㉮ 밤하늘

(2) 하늘 나라 아기별 • • ㉯ 숲속

2 이 시를 읽는 여러 가지 방법에 대해 잘못 말한 친구의 이름을 쓰세요.

영민: 손뼉을 치거나 발을 구르며 노래하듯이 읽을래.
다미: 아침에 일어나 기지개를 켜는 행동을 하며 읽을래.
지수: 시에서 친구와 주고받으며 읽을 부분과 같이 읽을 부분을 정하여 읽을래.

( )

| 3~4 | 보기 의 낱말들을 보고, 물음에 답하세요.

보기

많다	낚시	강물	앉다

3 다음은 보기 의 낱말을 어떻게 나눈 것인지 알맞은 것에 ○표 하세요.

강물 — 많다, 낚시, 앉다

(1) 받침이 있는지 없는지에 따라 ( )
(2) 받침에 사용한 자음자의 개수에 따라 ( )

4 보기 의 낱말 중 겹받침이 쓰인 낱말을 모두 찾아 쓰세요.

( )

5 다음 겹받침이 쓰인 낱말을 바르게 읽은 것에 ○표 하세요.

(1) 밟다 [발따, 밥따]
(2) 끓다 [끈타, 끈따]

서술형

6 다음 겹받침이 있는 낱말을 넣어 문장을 만들어 쓰세요.

겹받침이 있는 낱말	문장
몫	이 사과는 ______

도움말 먼저 낱말의 뜻을 생각해 보고, 제시된 문장이 자연스럽게 이어질 수 있도록 낱말을 사용해서 문장을 완성해요.

| 7~9 | 다음 글을 읽고, 물음에 답하세요.

가 바다에 있는 플라스틱 쓰레기 더미는 바다에서 물고기를 잡거나 기를 때 사용한 그물, ㉠부표 따위가 모여서 만들어져요. 그리고 이 더미는 우리가 함부로 버리는 페트병, 물휴지, 과자 봉지 따위가 강을 거쳐 바다로 흘러들어 가서 점점 더 커진다고 해요.

나 환경 단체들은 해안가에 있는 플라스틱 쓰레기를 줍거나 바다에 떠다니는 쓰레기를 모아 ㉡없애기도 해요. 우리도 함께 노력할 수 있어요. 평소에 일회용 플라스틱을 덜 사용하거나 플라스틱 제품을 재활용할 수 있도록 분류해서 버려요.

7 글 나에서 알 수 있는 내용으로 알맞은 것에 ○표 하세요.

(1) 환경 단체가 바다에 있는 플라스틱 쓰레기 더미를 찾기 위해 하는 일 (　　)

(2) 우리가 바다에 있는 플라스틱 쓰레기 더미를 줄이기 위해 할 수 있는 일 (　　)

8 ㉠의 뜻으로 알맞은 것을 찾아 기호를 쓰세요.

㉮ 종류에 따라서 나눔.
㉯ 물 위에 띄워 위치를 알려 주는 물건.

(　　　　　　)

9 ㉡을 바르게 소리 내어 읽은 것에 ○표 하세요.

[업쌔기도 / 업새기도]

| 10~11 | 다음 시를 읽고, 물음에 답하세요.

바람이 마루 위에 놓인
신문지 한 장을 끌고
슬그머니 골목으로 나간다.

훌훌훌,
공중에 집어 던져서는
데굴데굴 길거리에 굴려서는
구깃구깃 구겨서는

골목,
구석진 응달로 찾아가
달달달 떠는
어린 민들레꽃에게
쓱, 목도리를 해 준다.

그러고는
힘내렴!
딱 그 말만 하고
골목을 걸어 나간다, 뚜벅뚜벅.

10 바람이 골목으로 끌고 나간 것은 무엇인지 쓰세요.

• (　　　　　　　　) 한 장

서술형

11 "힘내렴!"이라고 말할 때 바람은 어떤 마음이었을지 생각하여 쓰세요.

• 민들레꽃을 [　　　　　　] 마음

도움말 바람이 어린 민들레꽃에게 한 행동을 살펴보고 어떤 마음이었을지 생각해 보아요.

정답 10쪽

| 12~14 | 다음 시를 읽고, 물음에 답하세요.

> 나는 오늘이 좋아.
>
> 오늘 아침 일찍 새들이
> 나를 깨워 주었고,
> 저것 봐!
> 오늘은 좋은 일이 많을 거야.
> 해가 함빡 웃잖아.
>
> 오늘 학교에서는
> 선생님 질문에
> 자신 있게
> 대답할 수 있을 거야.

12 '나'는 무엇이 좋다고 하였는지 찾아 쓰세요.

( )

13 이 시와 비슷한 자신의 경험을 떠올린 것으로 알맞은 것은 무엇인가요? ( )

① 무서운 꿈을 꾼 경험
② 늦잠을 자서 학교에 지각한 경험
③ 갑자기 비가 와서 옷이 젖은 경험
④ 선생님 질문에 대답하지 못한 경험
⑤ 친구가 기분 좋게 먼저 인사를 해 준 경험

14 이 시에서 느껴지는 분위기로 알맞은 것은 무엇인가요? ( )

① 밝고 즐겁습니다.
② 차갑고 무섭습니다.
③ 어둡고 우울합니다.
④ 조용하고 지루합니다.
⑤ 행복하지만 긴장됩니다.

수행 평가

15 다음 시를 읽고, 물음에 답하세요.

> 바람이 마루 위에 놓인
> 신문지 한 장을 끌고
> 슬그머니 골목으로 나간다.
>
> 훌훌훌, / 공중에 집어 던져서는
> 데굴데굴 길거리에 굴려서는
> 구깃구깃 구겨서는
>
> 골목, / 구석진 응달로 찾아가
> 달달달 떠는 / 어린 민들레꽃에게
> 쓱, 목도리를 해 준다.
>
> 그러고는 / 힘내렴! / 딱 그 말만 하고
> 골목을 걸어 나간다, 뚜벅뚜벅.

1단계 이 시에서 느껴지는 분위기는 어떠한지 쓰세요.

[ ] 분위기가 느껴집니다.

도움말 시 속 인물의 마음을 떠올려 시의 분위기를 느껴 보아요.

2단계 보기처럼 이 시의 분위기를 살려 읽는 방법을 쓰세요.

> 보기
> 바람이 골목을 뚜벅뚜벅 걸어 나가는 장면에서 느낀 당당한 분위기를 씩씩하게 걷는 행동으로 표현하며 읽습니다.

바람이 신문지로 어린 민들레꽃을 덮어 줄 때의 마음을 생각하며 ______________

____

도움말 시를 읽을 때 느껴지는 생각이나 마음을 잘 표현하려면 어떻게 해야 할지 생각해 보아요.

우산을 색칠해요!

우산에 쓰인 낱말의 뜻으로 알맞은 것을 ( )에서 찾아 낱말의 색깔과 같게 우산에 색칠하세요.

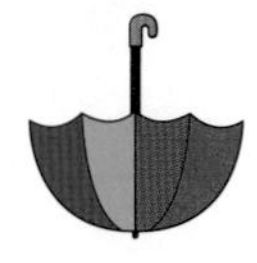

나의 실력에 색칠하세요.

5 마음을 짐작해요

• 학습 진도표

회차	백점 쪽수	오늘 학습할 내용	학습 주제
1	82~85쪽	개념+어휘+교과서 지문	오소리와 너구리의 대화 / 「자전거 타기, 성공!」
2	86~89쪽	개념+어휘+교과서 지문	「강아지 돌보기」
3	90~93쪽	개념+어휘+교과서 지문	예린이의 편지 / 「밤 다섯 개」
4	94~97쪽	대단원 평가+낱말 놀이터	

단원 미리 보기

인물의 **마음**을 짐작하며
글을 읽는 방법을 배워요.

헷갈리기 쉬운
낱말을 배워요.

의미를 생각하며 자연스럽게
띄어 읽는 방법을 배워요.

5
단원

학습일 : 월 일

• 정답 11쪽

개념 인물의 마음을 짐작하는 방법

• 이야기에서 일어난 일을 정리합니다.

• 마음이 드러나는 인물의 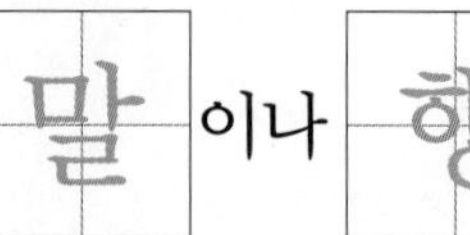 이나 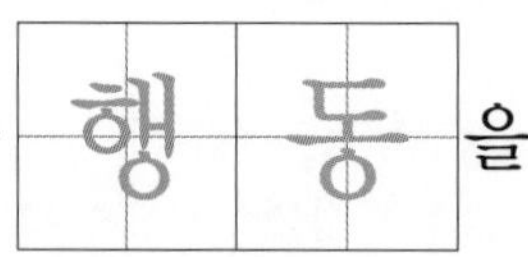 을 살펴봅니다.

개념 확인 **알맞은 것을 고르며 오늘의 개념을 확인해 보세요.**

(1) 인물의 마음을 짐작하려면 인물에게 일어난 일을 정리해야 합니다. (○ , ×)

(2) 인물의 마음을 짐작하려면 인물의 마음이 직접 드러나는 부분만 살펴봅니다. (○ , ×)

문해력을 높이는 어휘

• **오늘 배울 중요 어휘를 따라 쓰며 익혀 보세요.**

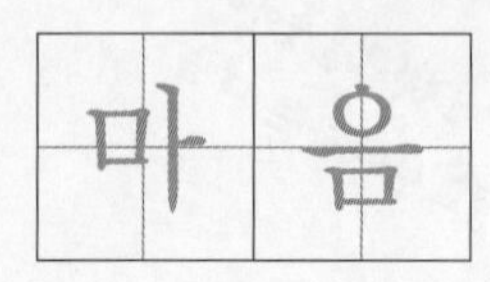

뜻 어떤 일에 대하여 속으로 가지고 있는 생각이나 느낌.

예 생일날에는 기쁘고 행복한 마음이 들어요.

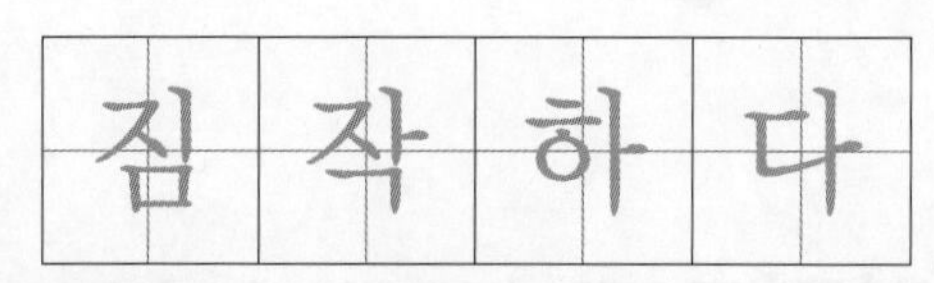

뜻 일이 되어가는 상황이나 상태 등을 어림잡아 알아차리다.

예 상자 안에 무엇이 들어 있는지 짐작해 보아요.

준비

오소리와 너구리의 대화

● 정답 11쪽

행복 요정이 오솔길을 가는데 시끌벅적한 소리가 들렸어요.

"오소리야! 이게 얼마 만이야! 반갑다, 반가워!"

"너구리야! 반갑다, 정말 반가워!"

- 글의 종류: 동화
- 글의 특징: 오랜만에 만난 오소리와 너구리가 나누는 대화 내용을 통해 오소리와 너구리의 마음을 짐작해 볼 수 있습니다.

반가운 마음을 표현하는 말

- 만나서 정말 기뻐.
- 보고 싶었어.
- 오랜만에 만나니까 좋아.

오솔길 폭이 좁은 조용한 길.

시끌벅적한 많은 사람들이 어수선하게 움직이며 시끄럽게 떠드는.

5 단원 1회

1 이해 **오소리와 너구리는 오솔길에서 무엇을 하고 있나요? (　　　)**

① 시끄럽게 다투고 있습니다.

② 같이 도시락을 먹고 있습니다.

③ 숨바꼭질 놀이를 하고 있습니다.

④ 땅에 떨어진 열매를 줍고 있습니다.

⑤ 오랜만에 만나 서로 반가워하고 있습니다.

★ **2** 추론 **오소리와 너구리의 마음을 알맞게 짐작하여 말한 것은 무엇인가요? (　　　)**

① 고마운 마음이 들었을 것입니다.

② 미안한 마음이 들었을 것입니다.

③ 반가운 마음이 들었을 것입니다.

④ 화나는 마음이 들었을 것입니다.

⑤ 지루한 마음이 들었을 것입니다.

3 적용 **반가운 마음을 표현하는 말로 알맞은 것에 ○표 하세요.**

(1) 정말 속상해. (　　　)

(2) 만나서 정말 기뻐. (　　　)

(3) 다시는 보지 말자. (　　　)

★ **4** 적용 **어떻게 읽는 것이 더 자연스러운지 생각하여 빈칸에 알맞은 기호를 쓰세요.**

㉠ 행복 요정이∨오솔길을 가는데∨시끌벅적한 소리가∨들렸어요.

㉡ 행복∨요정이∨오솔길을∨가는데∨시끌벅적한∨소리가∨들렸어요.

(1)(　　　　)처럼 읽으면 (2)(　　　　)처럼 읽을 때보다 문장의 내용을 더 쉽게 이해할 수 있습니다.

소단원1 자전거 타기, 성공!

• 정답 11쪽

20○○년 5월 10일 ○요일	날씨: 바람이 시원한 날

제목: 자전거 타기, 성공!

❶ 지난주부터 자전거 타는 **연습**을 하고 있다. 자전거를 혼자서 멋지게 타고 싶은데 마음처럼 잘 안된다.

오늘은 아빠와 자전거 타는 연습을 하기로 했다. 아빠와 나는 함께 놀이터로 나갔다. 힘차게 연습을 시작했지만 자꾸만 자전거가 쓰러지려고 했다. 그럴 때마다 아빠가 자전거 뒤를 잡아 주시며 다시 해 보자고 **격려해** 주셨다. 나는 너무 힘들었다. 그래도 자전거 타는 방법을 빨리 배우고 싶은 마음에 계속 열심히 연습했다.

중심 내용 | 소영이는 아빠와 함께 자전거 타는 연습을 했지만 잘되지 않았습니다.

- **글의 종류**: 일기
- **글의 특징**: 아빠와 함께 자전거 타기 연습을 하다가 혼자 자전거 타기에 성공하게 된 일을 쓴 소영이의 일기입니다.

연습 공부, 기술 등을 익숙하도록 되풀이하여 익힘.
격려해 무슨 일을 열심히 잘 하겠다는 마음이 생기도록 하여.

5 이해 **소영이가 놀이터에서 한 일은 무엇인지 빈칸에 알맞은 말을 쓰세요.**

• (   ) 타는 연습을 했습니다.

6 이해 **소영이가 힘들어도 자전거 타는 연습을 계속 한 까닭은 무엇인가요? (   )**

① 자전거 경주 대회에 나가야 해서
② 자전거 타는 방법을 빨리 배우고 싶어서
③ 자전거를 잘 타야 새 자전거를 살 수 있어서
④ 친구와 함께 자전거를 타고 놀러 가기로 해서
⑤ 친구에게 자전거 타는 방법을 알려 주기로 약속해서

7 이해 **소영이가 자전거를 잘 탈 수 있도록 도와준 사람은 누구인지 쓰세요.**

(   )

★ **8** 추론 **글 ❶에서 짐작할 수 있는 소영이의 마음으로 알맞은 것을 찾아 기호를 쓰세요.**

㉮ 즐거운 마음　㉯ 답답한 마음
㉰ 섭섭한 마음　㉱ 만족스러운 마음

(   )

자전거 타기, 성공!

• 정답 11쪽

❷ "어? 된다, 된다! 소영아, 잘하고 있어!"

아빠의 칭찬이 끝나자마자 나는 또 넘어지고 말았다. 아빠는 내가 다칠까 봐 걱정하시며 내일 다시 연습하자고 하셨다. 하지만 왠지 오늘은 꼭 성공할 것 같은 느낌이 들었다. 나는 다시 페달을 힘차게 밟았다.

한참을 **집중하며** 타다 보니 저 멀리서 아빠가 달려오는 모습이 보였다. (자전거를 혼자서 타게 됨.)

"우아, 제가 지금 혼자 타고 있는 거예요?"

"그럼. 아까부터 그랬단다."

아빠가 웃으며 말씀하셨다. 아빠와 나는 손뼉을 마주치며 소리를 질렀다. 자전거를 혼자 탈 수 있게 되어 참 뿌듯한 하루였다.

중심 내용 | 소영이는 자전거를 혼자 탈 수 있게 되어 뿌듯했습니다.

소영이의 마음 짐작하기

말	"우아, 제가 지금 혼자 타고 있는 거예요?"

⬇

소영이의 마음
신기하고 기쁜 마음

집중하며 한 가지 일에 모든 힘을 쏟아부으며.

9 이해 **아빠께서 내일 다시 연습하자고 하신 까닭으로 알맞은 것에 ○표 하세요.**

(1) 날이 어두워졌기 때문에 ( )

(2) 소영이가 다칠까 봐 걱정되었기 때문에 ( )

(3) 소영이가 학원에 갈 시간이 되었기 때문에 ( )

서술형

10 이해 **혼자 자전거를 탔다는 것을 알게 된 소영이는 어떤 행동을 하였는지 쓰세요.**

• 아빠와 (1)(　　　　　)을 마주치며 (2)(　　　　　)를 질렀습니다.

도움말 혼자 자전거를 탔다는 것을 알게 된 후 소영이와 아빠가 함께 한 행동을 찾아 보아요.

11 적용 **이 글에서 소영이의 마음이 직접 드러난 표현을 찾아 기호를 쓰세요.**

㉠ 나는 다시 페달을 힘차게 밟았다.
㉡ 저 멀리서 아빠가 달려오는 모습이 보였다.
㉢ 자전거를 혼자 탈 수 있게 되어 참 뿌듯한 하루였다.

( )

★

12 추론 **혼자 자전거 타기를 성공했을 때 소영이의 마음으로 알맞은 것에 ○표 하세요.**

(1) 신기하고 기쁜 마음 ( )

(2) 창피하고 속상한 마음 ( )

(3) 불안하고 초조한 마음 ( )

나의 실력에 색칠하세요.

학습일 : 월 일

• 정답 11쪽

개념 인물의 마음을 짐작하며 글을 읽으면 좋은 점

• 글의 내용을 더 잘 이해할 수 있습니다.

• 인물의 마음이 더 생생하게 느껴집니다.

개념 확인 **알맞은 것을 고르며 오늘의 개념을 확인해 보세요.**

(1) 인물의 마음을 짐작하며 글을 읽으면 인물의 마음을 알기 어렵습니다. (○, ×)

(2) 인물의 마음을 짐작하며 글을 읽으면 글의 내용을 더 잘 이해할 수 있습니다. (○, ×)

문해력을 높이는 어휘

• **오늘 배울 중요 어휘를 따라 쓰며 익혀 보세요.**

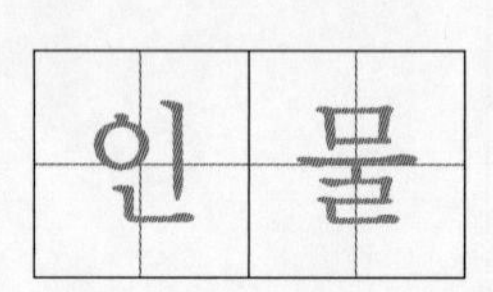

뜻 이야기나 연극에 나오는 사람.

예 책에 나오는 인물의 모습을 상상해요.

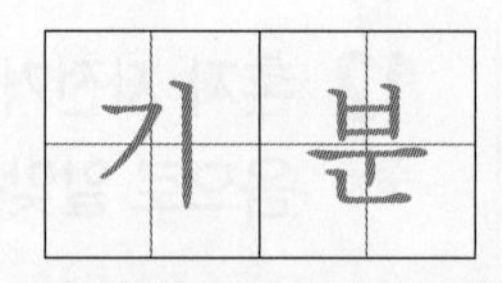

뜻 마음속에 생기는 좋음이나 나쁨과 같은 마음.

예 선물을 받아서 기분이 좋아요.

소단원1

강아지 돌보기

● 정답 11쪽

❶ "일주일만 우리 콩이 좀 잘 돌봐 줘."

휴대 전화 **너머로** 할머니 목소리가 들렸어요. 콩이는 할머니께서 키우시는 강아지예요. 할머니께서 일주일 동안 여행을 떠나시게 되어 그 동안 우리 집에서 콩이를 돌보기로 했어요.

'야호! 할머니 **댁**에서만 볼 수 있었던 콩이를 우리 집에서 돌보게 된다니!'

나는 가슴이 두근거렸어요.

"주영아, 할머니께서 돌아오실 때까지 우리가 잘 돌봐 주자."

엄마 말씀에 나는 [㉠] 마음으로 고개를 끄덕였어요. 그런데 한편으로는 콩이가 나를 잘 따라 줄지 걱정도 되었어요.

중심 내용 | 주영이는 할머니께서 키우시는 강아지 콩이를 일주일 동안 돌보게 되었습니다.

- **글의 종류**: 이야기
- **글의 특징**: 일주일 동안 할머니께서 키우시는 강아지 콩이를 돌보게 된 주영이의 이야기입니다.

너머로 가로막은 사물의 저쪽 건너편으로.
댁 남의 집이나 가정을 높이는 말.

1 이해 **주영이의 할머니께서 키우시는 강아지의 이름은 무엇인지 쓰세요.**

( )

2 이해 **주영이가 할머니께서 키우시는 강아지를 돌보게 된 까닭은 무엇인가요? ( )**

① 할머니께서 편찮으셔서
② 강아지가 새끼를 낳아서
③ 할머니께서 여행을 떠나시게 되어서
④ 주영이가 강아지를 키우고 싶어 해서
⑤ 주영이가 할머니 댁에서 지내게 되어서

3 이해 **주영이는 할머니께서 키우시는 강아지를 얼마 동안 돌보게 되었나요? ( )**

① 한 시간 ② 하루
③ 일주일 ④ 한 달
⑤ 일 년

★ **4** 적용 **㉠에 들어갈 주영이의 마음을 나타내는 알맞은 말을 찾아 기호를 쓰세요.**

㉮ 슬픈 ㉯ 미운
㉰ 창피한 ㉱ 설레는

( )

5 단원 2회

❷ 며칠 뒤, 콩이가 우리 집에 왔어요. 콩이는 조금 ㉠낯설어하는 눈치였어요. (자신이 살던 집이 아니어서)

나는 콩이와 친해질 수 있는 방법을 고민했어요. 가장 먼저 콩이가 좋아한다는 간식을 주기로 했어요. 간식을 내 손바닥에 올려놓고 ㉡내밀자 콩이가 내 앞으로 천천히 다가왔어요. 손바닥 냄새도 맡고 내 주변을 돌면서 살폈어요. 한참을 서성이던 콩이는 마음이 놓였는지 그제야 간식을 먹었어요. 그 뒤로 콩이는 밥도 잘 먹고 물도 잘 마셨어요.

㉮"엄마, 콩이가 우리 집에 적응한 것 같아요. 정말 다행이에요."

저녁이 되자 콩이는 장난감 공을 물고 나에게 다가왔어요. 나는 장난감 공을 콩이 앞으로 살짝 던져 주었어요. 콩이는 신났는지 점점 더 꼬리를 힘차게 흔들었어요. 서로 공을 주고받으면서 나는 콩이와 꽤 ㉢친해진 기분이 들었어요.

중심 내용 | 주영이는 낯설어하는 콩이와 친해지기 위해 노력하였습니다.

▶ 주영이의 마음 짐작하기

말	"엄마, 콩이가 우리 집에 적응한 것 같아요. 정말 다행이에요."

⬇

주영이의 마음
걱정을 내려놓고 안심하는 마음

낯설어하는 전에 본 기억이 없어 익숙하지 않아하는.
적응한 어떠한 상황이나 환경에 익숙해지거나 알맞게 변한.

5 이해 **콩이가 집에 온 날 주영이가 고민한 것은 무엇인가요? (　　)**

① 콩이와 친해질 수 있는 방법
② 콩이가 잠을 잘 자도록 돕는 방법
③ 반찬을 골고루 먹을 수 있는 방법
④ 학교 친구들과 친해질 수 있는 방법
⑤ 콩이가 밥을 잘 먹을 수 있게 하는 방법

6 이해 **콩이가 주영이에게 가져간 장난감은 무엇이었는지 쓰세요.**

장난감 (　　)

★ **7** 적용 **㉮에 드러난 주영이의 마음으로 알맞은 것은 무엇인가요? (　　)**

① 슬픈 마음
② 억울한 마음
③ 섭섭한 마음
④ 부끄러운 마음
⑤ 안심하는 마음

8 어휘 **㉠~㉢ 중에서 다음 뜻에 알맞은 낱말을 찾아 기호를 쓰세요.**

전에 본 기억이 없어 익숙하지 않아하는.

(　　)

❸ 다음 날 아침, 엄마와 함께 콩이를 데리고 집 근처 공원으로 **산책**을 나갔어요. 공원에 도착하자 콩이는 꼬리를 흔들었어요. 나는 콩이와 발을 맞추며 함께 걸었어요. 엄마는 나와 콩이의 모습을 사진으로 찍어 주셨지요. 나는 콩이와 정말로 친구가 된 것 같은 기분이 들었어요.

중심 내용 | 주영이는 콩이와 산책을 하며 콩이와 친구가 된 것 같은 기분이 들었습니다.

❹ 어느새 콩이가 우리 집에서 지내는 마지막 날이 되었어요. ㉠나는 아침부터 너무 슬펐어요.

"엄마, 일주일이 너무 짧은 것 같아요."

나는 눈물이 날 것만 같았어요.

"띵동!"

초인종 소리가 울리고 할머니께서 오셨어요. 콩이는 할머니를 보자 반갑게 꼬리를 흔들며 현관문 앞으로 달려갔어요. ㉡할머니께서는 그동안 콩이를 잘 돌봐 주어서 정말 고맙다고 말씀하셨어요. ㉢나는 무척 아쉬웠지만 콩이와 **작별 인사**를 나누었어요. 정말 특별한 일주일이었어요.

중심 내용 | 콩이와 헤어지며 주영이는 슬프고 아쉬운 마음이 들었습니다.

• 작품 정리

할머니께서 일주일 동안 강아지 콩이를 돌봐 달라고 하심.
↓
주영이는 콩이가 좋아하는 간식을 주고 함께 공놀이도 함.
↓
콩이를 데리고 집 근처 공원으로 산책을 감.
↓
할머니께서 돌아오셔서 콩이와 헤어짐.

산책 쉬기 위해서나 건강을 위해서 천천히 걷는 일.
작별 인사 헤어지기 전에 나누는 인사.

9 이해 **글 ❸에서 주영이가 엄마와 함께 콩이를 데려간 곳은 어디인가요? (　　　)**

① 병원　② 공원
③ 학교　④ 식당
⑤ 할머니 댁

★ **10** 이해 **㉠~㉢ 중에서 할머니의 마음을 짐작할 수 있는 말이나 행동을 찾아 기호를 쓰세요.**

(　　　　　　　　)

서술형 **11** 추론 **글 ❹에서 주영이의 마음은 어떠한지 짐작하여 쓰세요.**

• 강아지 콩이와 헤어지기 (　　　　　　　　) 마음일 것입니다.

도움말 시간이 짧게 느껴지는 마음은 어떤 마음일지 생각하며 써 보아요.

12 적용 **글 ❹에서 주영이와 같은 마음을 느꼈던 경험을 말한 친구를 찾아 이름을 쓰세요.**

명준: 달리기 시합에서 1등을 했었어.
현주: 친한 친구가 전학을 간 적이 있어.
희지: 갖고 싶었던 책을 선물로 받았던 적이 있어.

(　　　　　　　　)

나의 실력에 색칠하세요.

• 정답 12쪽

개념 글을 자연스럽게 띄어 읽는 방법

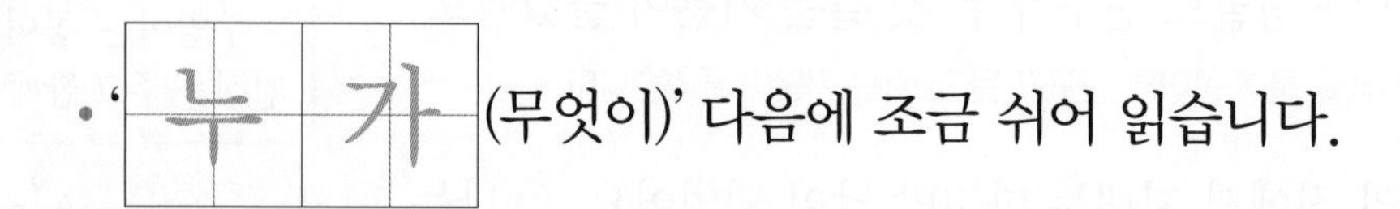

• '누가(무엇이)' 다음에 조금 쉬어 읽습니다.

• 문장이 너무 길면 문장의 뜻을 생각하며 한 번 더 쉬어 읽습니다.

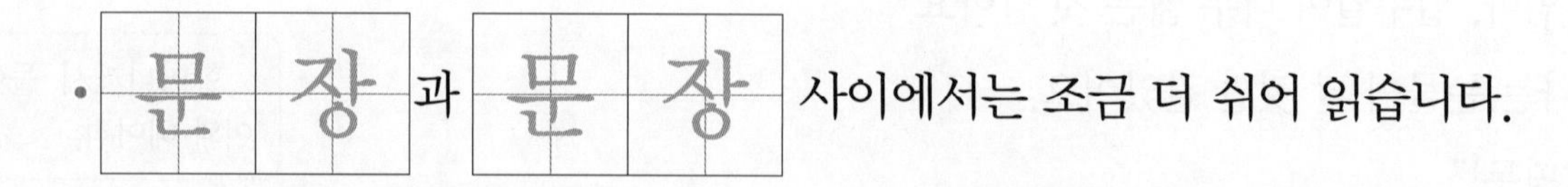

• 문장과 문장 사이에서는 조금 더 쉬어 읽습니다.

개념 확인 **알맞은 것을 고르며 오늘의 개념을 확인해 보세요.**

(1) 글을 읽을 때 문장과 문장 사이에서는 조금 더 쉬어 읽습니다. (○ , ×)

(2) 글을 읽을 때 문장이 길면 문장의 뜻을 생각하지 않고 한 번에 읽습니다. (○ , ×)

문해력을 높이는 어휘

• 오늘 배울 중요 어휘를 따라 쓰며 익혀 보세요.

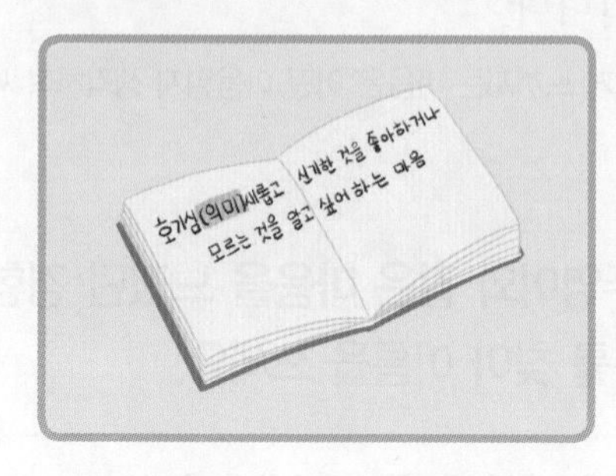

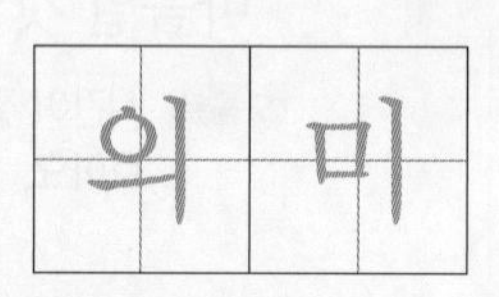

의미

뜻 말이나 글의 뜻.

예 사전에서 모르는 낱말의 의미를 찾아요.

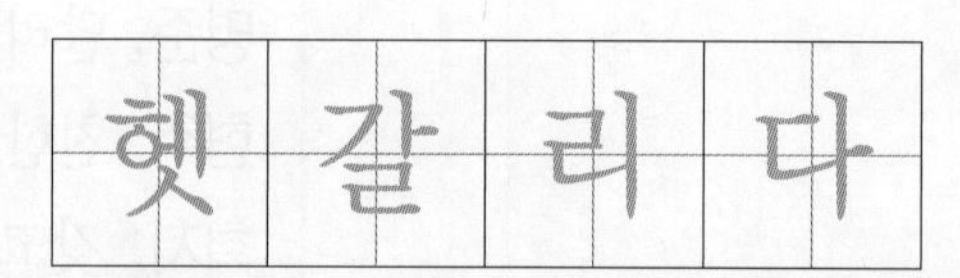

헷갈리다

뜻 이것인지 저것인지 쉽게 알아차리지 못하다.

예 무엇이 바른 낱말인지 헷갈려요.

소단원2

예린이의 편지

• 정답 12쪽

고마운 윤아에게
(편지를 받는 사람)

윤아야, 안녕? 난 2학년 1반 김예린이야.

어제 학교를 마치고(맞히고(×)) 집에 가는 길에 넘어진 나를 네가 도와주었잖아.

사실 어제는 삼촌이 오시기로 한 날이라 마음이 들떠 있었어. 그래서 자꾸만 걸음(거름(×))이 빨라졌지 뭐니? 그러다 꽈당, 넘어진 거야. 다친(닫힌(×)) 무릎이 아파서 눈물이 핑 돌았지.

그런데 갑자기 네가 나타나서 "괜찮니?" 하며 날 일으켜 주었잖아.

어제는 너무 당황해서 고맙다는 말을 제대로 못 했어.

윤아야, 그때 도와줘서 정말 고마워.

우리 앞으로 더 친하게 지내자.

20○○년 6월 ○○일

너의 친구, 예린이가
(편지를 쓴 사람)

• **글의 종류**: 편지
• **글의 특징**: 예린이가 윤아에게 고마운 마음을 전하기 위해 쓴 편지입니다.

▸ 이 글에 쓰인 헷갈리기 쉬운 낱말

마치다	맞히다
어떤 일을 끝내다.	목표를 겨냥한 지점에 맞게 하다.
걸음	**거름**
두 발을 번갈아 옮겨 놓는 동작.	식물이 잘 자라라고 흙에 넣어 주는 것.
다치다	**닫히다**
부딪치거나 넘어져 몸에 상처를 입다.	열린 문, 뚜껑, 서랍 등이 도로 제자리로 가다.

5 단원 3회

1 이해 **예린이의 걸음이 빨라진 까닭으로 알맞은 것에 ○표 하세요.**

(1) 강아지가 쫓아와서 ( )

(2) 화장실에 가고 싶어서 ( )

(3) 삼촌이 오시기로 한 날이라서 ( )

서술형

2 목적 **예린이가 윤아에게 편지를 쓴 까닭은 무엇인지 쓰세요.**

• 윤아에게 ( ) 마음을 전하기 위해서입니다.

도움말 윤아에게 도움을 받았을 때 예린이의 마음이 어떠했는지 생각해 보아요.

디지털 문해력

3 어휘 **다음 온라인 대화방에서 밑줄 친 낱말을 잘못 쓴 친구의 이름을 쓰세요.**

2반 삼총사

예린: 학교 마치고 공원에 달팽이 보러 갈래?

하윤: 우아! 좋아. 빠른 걸음으로 가자!

윤아: 그래. 공원 문이 다치기 전에 빠르게 걸어 가자.

( )

소단원2

밤 다섯 개 _ 권정생

● 정답 12쪽

❶ 또야네 엄마가 삶은 밤 다섯 개를 또야한테 주면서,

㉠"가지고 나가 동무들하고 나눠 먹어라." / 그랬어요.

또야 너구리는 좋아라 밤 다섯 개를 가지고 밖으로 나갔어요.

㉡"얘들아, 이리 와. 삶은 밤 줄게."

골목길 여기저기서 얘들이 모여들었어요.

아기 너구리 코야랑 후야랑 차야랑 찌야, 뽀야 모두 다섯이었어요.

얘들이 다투어 손바닥을 내밀자 또야는 밤 하나씩 나눠 줬어요.

코야 한 개, 후야 한 개, 차야 한 개, 찌야 한 개, 뽀야 한 개.

또야는 밤을 갖지 못함.

에계계, 그러고 나니 밤 다섯 개 다 줘 버렸어요.

또야 것이 안 남았네요.

얘들은 삶은 밤을 까먹기 시작했어요.

또야는 얘들이 맛있게 먹는 걸 바라보다가 그만,

㉢"으앙!" / 하고 울어 버렸어요.

얘들은 눈이 휘둥그레져서 또야를 봤어요. 알고 보니 삶은 밤 다섯 개 다 나눠 주고 또야는 **빈손**이었지요.

중심 내용 | 엄마가 주신 밤 다섯 개를 친구들에게 모두 나눠 주고 빈손이 된 또야는 울어 버렸습니다.

- **글의 종류:** 이야기
- **글의 특징:** 또야가 친구들과 밤을 나누어 먹으면서 일어나는 이야기입니다.

▶ 「밤 다섯 개」에서 쓰인 말

눈이 휘둥그레지다	놀라거나 무서워서 눈이 크고 둥그렇게 되다.
울상을 짓다	울려고 하는 얼굴 표정을 짓다.
입을 비쭉비쭉하다	기분이 나쁘거나 비웃거나 울려고 할 때 소리 없이 입을 내밀고 실룩거리다.

골목길 큰길에서 들어가 동네 안을 이리저리 통하는 좁은 길.
에계계 잘못이나 실수를 깨닫고 하는 말.
빈손 아무것도 가진 것이 없는 손.

4 이해 **또야네 엄마께서 또야에게 주신 것은 무엇인지 쓰세요.**

삶은 [ ] 다섯 개

5 이해 **또야가 빈손이 된 까닭은 무엇인가요? (　　)**

① 밤을 잃어버려서
② 요리하는데 밤을 다 써서
③ 또야가 밤을 다 먹어 버려서
④ 동생들이 밤을 다 먹어 버려서
⑤ 친구들에게 밤을 다 나누어 주어서

6 추론 **㉠~㉢ 중에서 인물의 속상한 마음을 짐작할 수 있는 부분을 찾아 기호를 쓰세요.**

(　　　　)

★ **7** 적용 **글을 더 자연스럽게 띄어 읽은 것에 ○표 하세요.**

(1) 또야 것이∨안 남았네요.⩔얘들은∨삶은 밤을∨까먹기 시작했어요. (　　)
(2) 또야∨것이∨안∨남았네요.∨얘들은∨삶은∨밤을∨까먹기∨시작했어요. (　　)

● 정답 12쪽

❷ 얘들도 갑자기 어쩔 줄 모르다가 그만 울상을 지었어요. 모두가 입을 비쭉비쭉하다가,

"으앙! 으앙!"

소리 내어 따라 울었어요.

골목길에서 우는 소리가 하도 크게 들려 또야네 엄마가 나와 봤어요.

"얘들아, 왜 우니?"

"또야 밤 우리가 다 먹었어요."

코야가 울음을 **그치고** 얼른 대답했어요.

또야네 엄마는 웃음이 나왔어요. 얼른 앞치마 주머니에서 삶은 밤 한 개를 꺼내었어요. (또야네 엄마께서 하신 일)

똥그란 삶은 밤 한 개가 또야 손에 쥐어졌어요.

또야는 울던 울음을 그쳤어요.

얘들 모두가 조용해졌어요. 함께 삶은 밤을 맛있게 먹었어요.

중심 내용 | 또야네 엄마께서 또야에게 밤 한 개를 더 주셔서 모두 맛있게 밤을 먹었습니다.

· 작품 정리

또야가 엄마께서 주신 삶은 밤 다섯 개를 다섯 친구들에게 나누어 줌.

↓

빈손이 된 또야는 울어 버렸고, 친구들도 따라 울.

↓

그 모습을 보신 또야네 엄마께서 또야에게 밤 한 개를 더 주셔서 모두 맛있게 밤을 먹음.

그치고 계속되던 일이나 움직임이 멈추거나 끝나고.

8 이해 **또야네 엄마께서는 또야와 친구들이 우는 모습을 보고 어떻게 하셨나요? (　　　)**

① 또야와 친구들을 달래 주셨습니다.
② 밤을 더 삶으러 집으로 가셨습니다.
③ 친구들에게 삶은 밤을 더 주셨습니다.
④ 또야에게 삶은 밤 한 개를 주셨습니다.
⑤ 앞치마로 또야의 눈물을 닦아 주셨습니다.

9 적용 **또야네 엄마께 하고 싶은 말로 알맞은 것에 ○표 하세요.**

(1) 남은 밤이 없어서 많이 속상하셨겠어요. (　　　)

(2) 골목길에서 우는 소리가 들렸을 때 놀라셨겠어요. (　　　)

★ **10** 어휘 **이 글에 쓰인 말과 어울리는 표정을 찾아 선으로 이으세요.**

(1) 울상을 짓다 • 　　• ㉮  

(2) 눈이 휘둥그레지다 • 　　• ㉯ 

(3) 입을 비쭉비쭉하다 • 　　• ㉰ 

나의 실력에 색칠하세요.

1 다음 빈칸에 들어갈 알맞은 말에 ○표 하세요.

인물의 말이나 (이름, 행동)을 살펴보면 인물의 마음을 짐작할 수 있습니다.

2 다음 말에서 알 수 있는 마음으로 알맞은 것에 ○표 하세요.

- 보고 싶었어.
- 만나서 정말 기뻐.
- 오랜만에 만나니까 좋아.

(1) 반가운 마음 ( )
(2) 고마운 마음 ( )
(3) 속상한 마음 ( )

| 3~5 | 다음 소영이의 일기를 읽고, 물음에 답하세요.

가 오늘은 아빠와 자전거 타는 연습을 하기로 했다. 아빠와 나는 함께 놀이터로 나갔다. 힘차게 연습을 시작했지만 자꾸만 자전거가 쓰러지려고 했다. 그럴 때마다 ㉠아빠가 자전거 뒤를 잡아 주시며 다시 해 보자고 격려해 주셨다. 나는 너무 힘들었다. 그래도 ㉡자전거 타는 방법을 빨리 배우고 싶은 마음에 계속 열심히 연습했다.

나 한참을 집중하며 타다 보니 저 멀리서 아빠가 달려오는 모습이 보였다.

㉢"우아, 제가 지금 혼자 타고 있는 거예요?"

㉣"그럼. 아까부터 그랬단다."

아빠가 웃으며 말씀하셨다.

3 소영이에게 있었던 일을 순서대로 정리하여 기호를 쓰세요.

㉮ 혼자서 자전거를 타게 되었습니다.
㉯ 놀이터에서 자전거 타는 연습을 했습니다.
㉰ 자전거 타는 연습을 하기 위해 아빠와 함께 놀이터로 나갔습니다.

( )–( )–( )

4 소영이의 마음을 짐작할 수 있는 말과 행동으로 알맞은 것을 찾아 기호를 쓰세요.

(1) 말: ( )
(2) 행동: ( )

서술형

5 이 글에서 소영이의 마음은 어떻게 바뀌었는지 짐작해 쓰세요.

글 가	포기하지 않고 노력하는 마음
↓	
글 나	

도움말 힘들지만 계속 노력하여 자전거 타기에 성공했을 때 소영이의 마음을 짐작해 보아요.

6~8 다음 글을 읽고, 물음에 답하세요.

가 콩이는 할머니께서 키우시는 강아지예요. 할머니께서 일주일 동안 여행을 떠나시게 되어 그동안 우리 집에서 콩이를 돌보기로 했어요.

나 ㉠"주영아, 할머니께서 돌아오실 때까지 우리가 잘 돌봐 주자."

㉡엄마 말씀에 나는 설레는 마음으로 고개를 끄덕였어요. ㉢그런데 한편으로는 콩이가 나를 잘 따라 줄지 걱정도 되었어요.

다 저녁이 되자 콩이는 장난감 공을 물고 나에게 다가왔어요. 나는 장난감 공을 콩이 앞으로 살짝 던져 주었어요. 콩이는 신났는지 점점 더 꼬리를 힘차게 흔들었어요. 서로 공을 주고받으면서 나는 콩이와 꽤 친해진 기분이 들었어요.

6 글 가에서 주영이에게 일어난 일은 무엇인지 빈칸에 알맞은 말을 쓰세요.

- 할머니께서 키우시는 (　　　　　　)인 콩이를 돌보게 되었습니다.

7 ㉠~㉢ 중에서 주영이의 마음을 짐작할 수 있는 부분이 아닌 것의 기호를 쓰세요.

(　　　　　　)

8 글 다에서 주영이의 마음은 어떠했을지 짐작하여 쓰세요.

- 콩이와 친해진 것 같아 (　　　　　　) 마음이 들었을 것입니다.

도움말 주영이의 마음을 짐작할 수 있는 부분을 찾아보아요.

9 다음 문장의 빈칸에 들어갈 알맞은 말에 ○표 하세요.

어제 학교를 (1)(맞히고, 마치고) 집에 가는 길에 넘어진 나를 네가 도와주었잖아.

사실 어제는 삼촌이 오시기로 한 날이라 마음이 들떠 있었어. 그래서 자꾸만 (2)(걸음, 거름)이 빨라졌지 뭐니? 그러다 꽈당, 넘어진 거야. (3)(다친, 닫힌) 무릎이 아파서 눈물이 핑 돌았지.

10 다음 문장의 빈칸에 들어갈 알맞은 낱말을 찾아 선으로 이으세요.

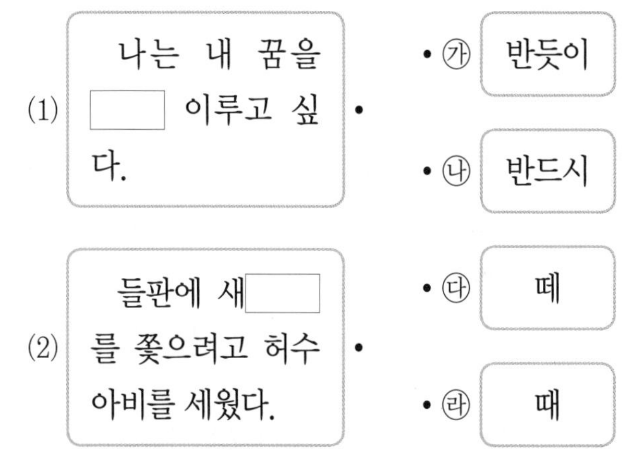

(1) 나는 내 꿈을 □ 이루고 싶다.

(2) 들판에 새□를 쫓으려고 허수아비를 세웠다.

㉮ 반듯이
㉯ 반드시
㉰ 떼
㉱ 때

11 그림에 어울리는 말을 보기에서 찾아 빈칸에 쓰세요.

보기
맞습니다　　맡습니다

동생이 꽃향기를 (　　　　　　).

5 단원 4회

정답 12쪽

| 12~14 | 다음 글을 읽고, 물음에 답하세요.

애들은 삶은 밤을 까먹기 시작했어요.
또야는 애들이 맛있게 먹는 걸 바라보다가 그만, / "으앙!" / 하고 울어 버렸어요.
㉠애들은 눈이 휘둥그레져서 또야를 봤어요. 알고 보니 삶은 밤 다섯 개 다 나눠 주고 또야는 빈손이었지요.
애들도 갑자기 어쩔 줄 모르다가 그만 울상을 지었어요.
모두가 입을 비쭉비쭉하다가,
"으앙! 으앙!"
소리 내어 따라 울었어요.

12 또야의 친구들은 우는 또야를 보고 어떻게 하였나요? (   )

① 또야를 달래 주었습니다.
② 또야의 엄마를 불렀습니다.
③ 울지 말라고 화를 내었습니다.
④ 또야에게 밤을 다시 주었습니다.
⑤ 어쩔 줄 모르다가 울상을 지었습니다.

13 이 글에서 알 수 있는 또야 친구들의 마음으로 알맞지 않은 것의 기호를 쓰세요.

㉮ 미안한 마음 ㉯ 기대되는 마음
㉰ 걱정되는 마음 ㉱ 당황스러운 마음

(   )

14 ㉠을 자연스럽게 띄어 읽은 것에 ○표 하세요.

(1) 애들은∨눈이 휘둥그레져서∨또야를 봤어요. (   )
(2) 애들은∨눈이∨휘둥그레져서∨또야를∨봤어요. (   )

수행 평가

15 다음 글을 읽고, 물음에 답하세요.

가 또야네 엄마가 삶은 밤 다섯 개를 또야한테 주면서,
"가지고 나가 동무들하고 나눠 먹어라."
그랬어요.
또야 너구리는 좋아라 밤 다섯 개를 가지고 밖으로 나갔어요.

나 코야 한 개, 후야 한 개, 차야 한 개, 찌야 한 개, 뽀야 한 개. / 에계계, 그러고 나니 밤 다섯 개 다 줘 버렸어요.
㉠또야 것이 안 남았네요.
애들은 삶은 밤을 까먹기 시작했어요.

1단계 글 가에서 또야의 마음이 어떠했을지 짐작하여 쓰세요.

• 또야는 [   ] 마음이 들었을 것입니다.

도움말 친구들에게 먹을 것을 나누어 줄 때의 마음을 생각해 보아요.

2단계 문장을 자연스럽게 띄어 읽는 방법을 생각하며 ㉠에 알맞은 띄어 읽기 표시를 하세요.

또야 것이 (1) [ ] 안 남았네요. (2) [ ] 애들은 (3) [ ] 삶은 밤을 (4) [ ] 까먹기 시작했어요.

도움말 문장을 자연스럽게 띄어 읽는 방법을 생각하며 알맞은 띄어 읽기 표시를 해요.

우체통은 어디에 있을까?

아기 곰이 편지를 보내러 우체통을 찾아 가고 있어요. 뜻에 알맞은 낱말에 ◯표 하여 길을 찾아가세요.

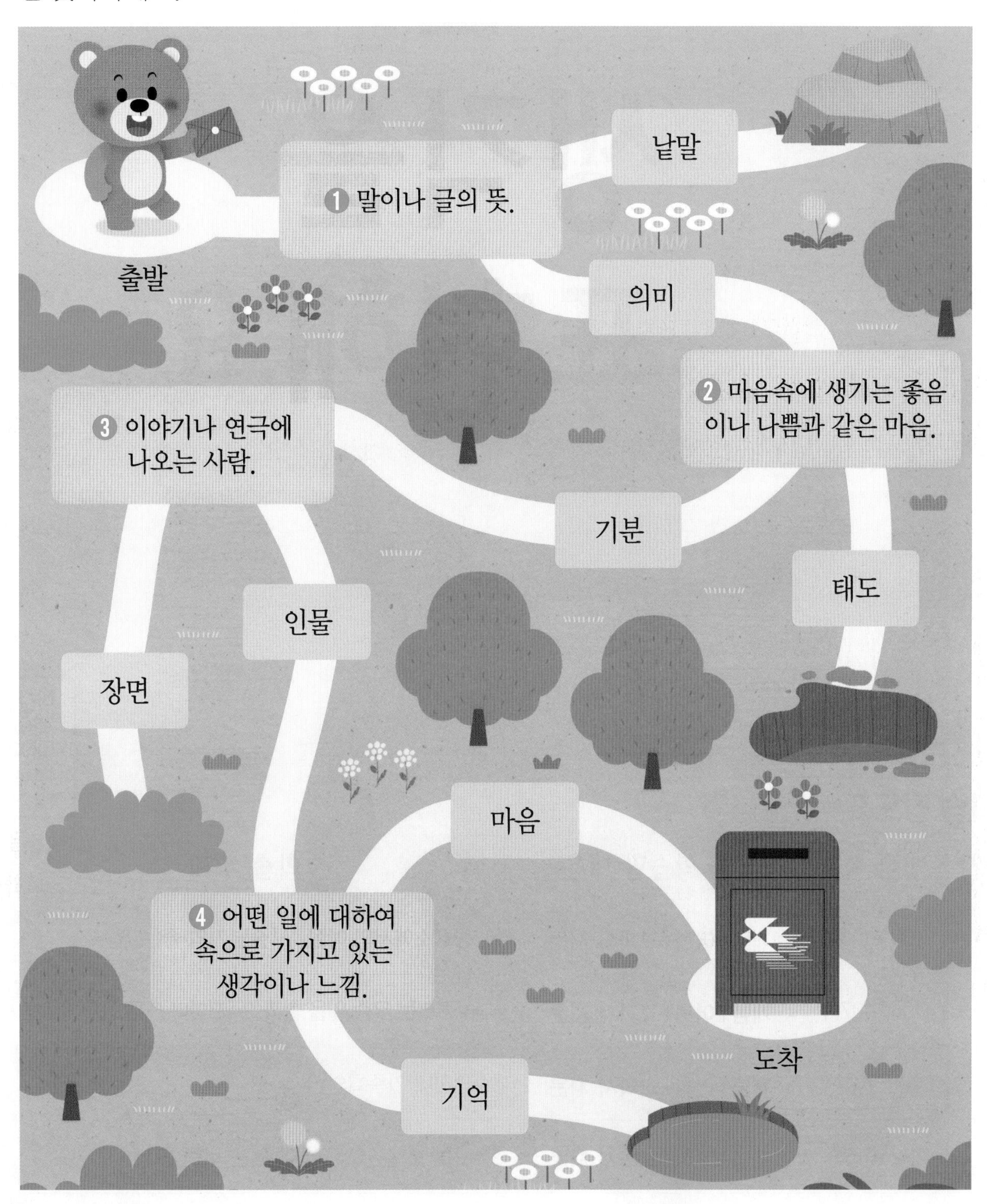

거꾸로 정답 1 의미 2 기분 3 인물 4 마음

나의 실력에 색칠하세요.

6 자신의 생각을 표현해요

학습 진도표

회차	백점 쪽수	오늘 학습할 내용	학습 주제
1	100~103쪽	개념+어휘+교과서 지문	「공공장소에서의 예절」 / 「줄넘기의 좋은 점」
2	104~107쪽	개념+어휘+교과서 지문	「나무뿌리는 무슨 일을 할까」 / 「저마다 다른 동물의 생김새」
3	108~111쪽	개념+어휘+교과서 지문	「수연이네 가족회의」
4	112~115쪽	개념+어휘+교과서 지문	「누구를 보낼까요」 / 「금덩이를 버린 형제」
5	116~119쪽	대단원 평가+낱말 놀이터	

단원 미리 보기

제목과 내용을 살펴보고 중요한 내용을 찾는 방법을 배워요.

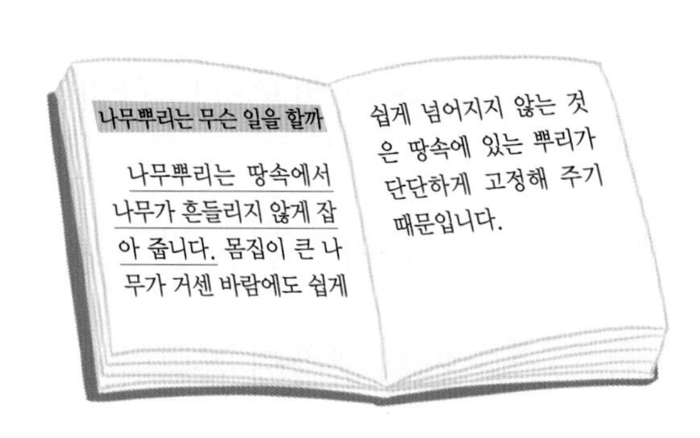

제목과 내용을 살펴보며 **중요한 내용**을 생각해 보아요.

6 단원

글을 읽고 인물의 **생각**과 그 까닭을 찾는 방법을 배워요.

글을 읽고 자신의 생각을 **표현**하는 방법을 배워요.

학습일 : 월 일

• 정답 13쪽

개념 글에서 중요한 내용을 찾는 방법

• 글의 제목을 살펴봅니다.

• 글에서 반복하는 낱말이 무엇인지 찾아봅니다.

• 글쓴이가 글을 쓴 까닭이나 글을 통해 알려 주고 싶은 것이 무엇인지 생각해 봅니다.

개념 확인 알맞은 것을 고르며 오늘의 개념을 확인해 보세요.

(1) 글에서 중요한 내용을 찾을 때에는 내용만 읽습니다. (○, ×)

(2) 글에서 반복하는 낱말을 알면 글의 중요한 내용을 찾을 수 있습니다. (○, ×)

문해력을 높이는 어휘

• 오늘 배울 중요 어휘를 따라 쓰며 익혀 보세요.

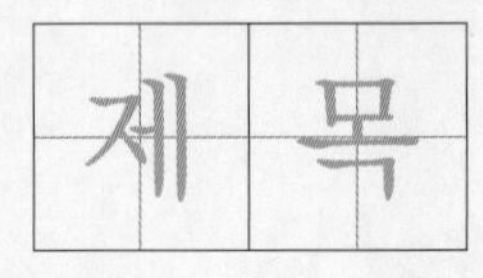

뜻 글의 전체 내용을 보이기 위하여 붙이는 이름.

예 이 책의 제목은 「선녀와 나무꾼」이에요.

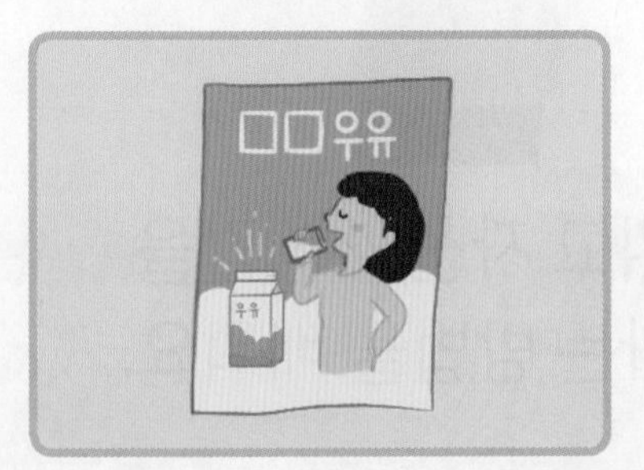

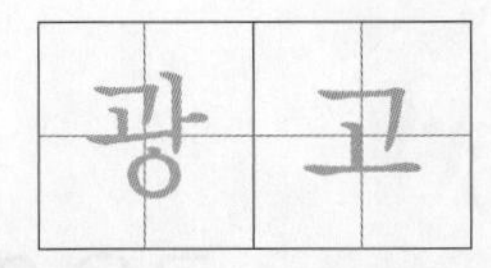

뜻 사람들에게 널리 알리는 것. 또는 그런 글이나 그림.

예 우유 광고가 새로 나왔어요.

준비

공공장소에서의 예절

• 정답 13쪽

조용한 배려

버스에서 조용히 통화함.

고마운 배려

승강기에 유모차와 함께 타는 아이 엄마를 위해 승강기 단추를 대신 눌러 줌.

깨끗한 배려

다른 사람이 버린 종이컵과 페트병을 주워서 쓰레기통에 넣음.

함께 배려하면 함께 행복해집니다.

• **종류**: 광고
• **특징**: 다른 사람을 배려하자는 내용을 담은 광고입니다.

▶ 장면 ❶~❸에서 배려하는 행동을 한 까닭

장면	배려한 까닭
❶	버스에서 통화하는 소리가 시끄러울 수 있기 때문에
❷	유모차와 함께 타는 아이 엄마가 편하게 타기를 바라기 때문에
❸	주변을 깨끗하게 하기 위해서

배려 도와주거나 보살펴 주려고 마음을 씀.

6 단원 1회

★

1 주제 **이 광고에서 반복하는 낱말은 무엇인지 쓰세요.**

( )

2 이해 **장면 ❶에서 다른 사람을 배려하여 한 행동은 무엇인가요? ( )**

① 버스에서 조용히 통화했습니다.
② 버스에서 전화를 받지 않았습니다.
③ 버스에서 음식을 먹지 않았습니다.
④ 어린아이에게 자리를 양보했습니다.
⑤ 서 있는 사람의 짐을 들어 주었습니다.

3 추론 **장면 ❷에서 승강기 단추를 대신 눌러 준 까닭은 무엇일지 알맞은 말에 ○표 하세요.**

• 유모차와 함께 타는 아이 엄마가 (편하게, 불편하게) 타기를 바랐기 때문입니다.

4 감상 **이 광고를 보고 생각이나 느낌을 알맞게 말한 친구의 이름을 쓰세요.**

예진: 친구를 만나면 밝게 인사할 거야.
준수: 앞으로 내 방 청소를 스스로 해야겠어.
수아: 나도 다른 사람을 배려하는 생활을 실천하고 싶어.

( )

소단원1

줄넘기의 좋은 점

• 정답 13쪽

❶ 여러분은 줄넘기를 해 본 적이 있나요? 줄넘기는 양손으로 줄의 끝을 잡고 크게 돌리면서 뛰어넘는 운동입니다. 줄넘기를 하면 좋은 점이 많습니다. 줄넘기의 좋은 점을 알아봅시다.

줄넘기의 뜻

중심 내용

중심 내용 | 줄넘기는 좋은 점이 많은 운동입니다.

❷ 먼저, 줄넘기를 하면 몸이 튼튼해집니다. 줄넘기는 몸 전체를 움직여서 하는 운동이기 때문입니다. 줄넘기를 하면 심장, 뼈 따위가 튼튼해지고 몸에 근육이 더 많아집니다.

하나하나 또는 부분을 더한 것.

동물이나 사람이 힘을 쓰고 운동하는 데에 쓰는 기관.

중심 내용 | 줄넘기를 하면 몸이 튼튼해집니다.

• **글의 종류:** 설명하는 글
• **글의 특징:** 줄넘기의 좋은 점에 대하여 세 가지를 들어 설명하는 글입니다.

▶ 제목을 통해 알 수 있는 점

제목	줄넘기의 좋은 점
알 수 있는 점	줄넘기의 좋은 점에 대해 알려 주는 글일 것입니다.

★
5 추론 **이 글의 제목을 보고 내용을 알맞게 짐작한 것을 찾아 ○표 하세요.**

(1) 줄넘기를 하면 좋은 점을 알려 줄 것 같습니다. ( )
(2) 줄넘기를 할 때 준비해야 할 것을 알려 줄 것 같습니다. ( )
(3) 줄넘기를 할 때에 조심해야 할 점을 알려 줄 것 같습니다. ( )

서술형
6 이해 **줄넘기는 어떤 방법으로 하는 운동인지 글 ❶에서 찾아 쓰세요.**

• 줄넘기는 양손으로 줄의 끝을 잡고 ________________

____

도움말 글에서 줄넘기의 뜻을 찾아 보아요.

7 이해 **줄넘기를 하면 몸이 튼튼해지는 까닭은 무엇인가요? ( )**

① 배우기 쉬운 운동이어서
② 손을 많이 쓰는 운동이어서
③ 하루종일 할 수 있는 운동이어서
④ 여러 사람과 함께 하는 운동이어서
⑤ 몸 전체를 움직여서 하는 운동이어서

8 주제 **글 ❷의 중요한 내용으로 알맞은 것에 ○표 하세요.**

(1) 줄넘기를 하면 몸이 튼튼해집니다. ( )
(2) 줄넘기를 하면 심장, 뼈 따위가 튼튼해지고 몸에 근육이 많아집니다. ( )

줄넘기의 좋은 점

● 정답 13쪽

❸ 다음으로, 줄넘기는 친구들과 재미있게 할 수 있습니다. 줄넘기는 동작을 바꿔 가며 뛸 수 있고 여러 명이 함께 모여 뛸 수도 있어서 지루하지 않게 운동할 수 있습니다.

동작: 몸이나 손발 따위를 움직임. 또는 그런 모양.

중심 내용 | 줄넘기는 친구들과 재미있게 할 수 있습니다.

❹ ㉠마지막으로, 줄넘기는 언제 어디서나 손쉽게 할 수 있습니다. ㉡줄넘기는 간단한 도구인 줄과 줄넘기를 할 수 있는 작은 공간만 있으면 언제든지 할 수 있기 때문입니다.

중심 내용 | 줄넘기는 언제 어디서나 손쉽게 할 수 있습니다.

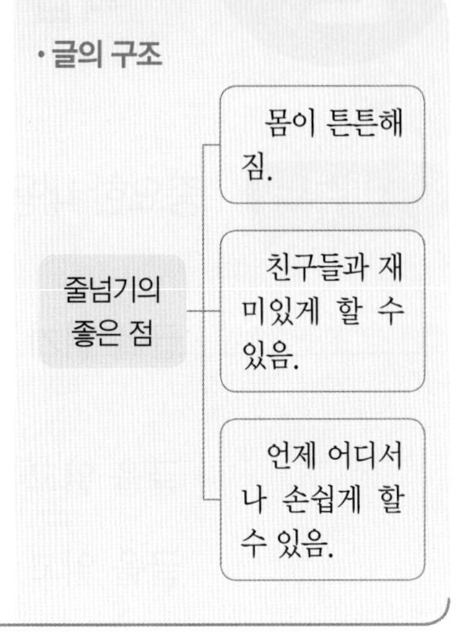

9 이해 **글 ❸에서 줄넘기에 대해 설명한 내용으로 알맞지 않은 것은 무엇인가요? (　　　)**

① 혼자서만 할 수 있습니다.
② 여러 명이 모여 뛸 수 있습니다.
③ 동작을 바꿔 가며 뛸 수 있습니다.
④ 친구들과 재미있게 할 수 있습니다.
⑤ 지루하지 않게 운동할 수 있습니다.

10 이해 **줄넘기를 하기 위해 필요한 것은 무엇인지 두 가지 고르세요. (　　　)**

① 줄넘기를 함께 할 사람
② 줄넘기를 할 수 있는 줄
③ 줄넘기를 할 수 있는 작은 공간
④ 줄넘기를 할 수 있는 넓은 공간
⑤ 여러 명이 함께 잡을 수 있는 튼튼한 줄

11 주제 **글 ❹에서 ㉠과 ㉡ 중 더 중요한 내용의 기호를 쓰세요.**

(　　　　　　)

12 감상 **이 글에 대하여 알맞게 말한 친구의 이름을 쓰세요.**

재민: 이 글은 제목을 읽어도 중요한 내용을 알 수 없어.
혜수: 글쓴이는 줄넘기를 하는 친구를 보고 이 글을 썼어.
지원: 글쓴이는 줄넘기의 좋은 점을 알려 주려고 이 글을 썼어.

(　　　　　　)

나의 실력에 색칠하세요.

● 정답 14쪽

개념 중요한 내용을 생각하며 글 읽기

- 글을 읽기 전에 제목 을 보고 글의 내용을 생각해 봅니다.
- 글을 읽고 글의 짜임에 맞게 내용을 정리해 봅니다.
- 글을 읽고 새롭게 안 내용과 더 알아보고 싶은 내용을 정리해 봅니다.

개념 확인 **알맞은 것을 고르며 오늘의 개념을 확인해 보세요.**

(1) 글을 읽기 전에 새롭게 안 내용을 먼저 정리하면 중요한 내용을 알 수 있습니다. (○ , ×)

(2) 글을 읽은 후에 글의 내용을 짜임에 맞게 정리하면 중요한 내용을 찾기 쉽습니다. (○ , ×)

문해력을 높이는 어휘

- 오늘 배울 중요 어휘를 따라 쓰며 익혀 보세요.

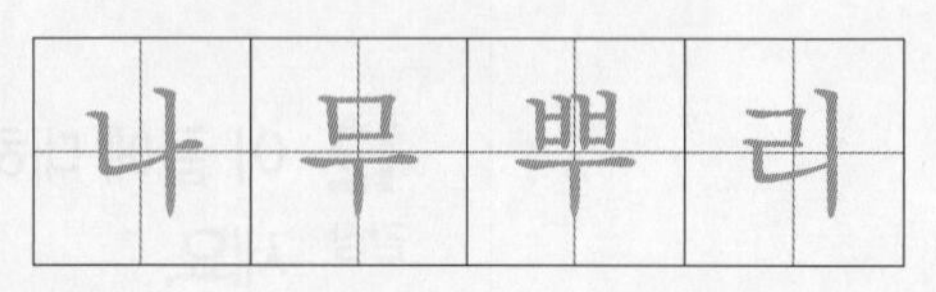

뜻 땅속에 있는 나무의 아랫부분으로 줄기가 쓰러지지 않도록 잡아 줌.

예 나무뿌리는 나무가 흔들리지 않게 잡아 줘요.

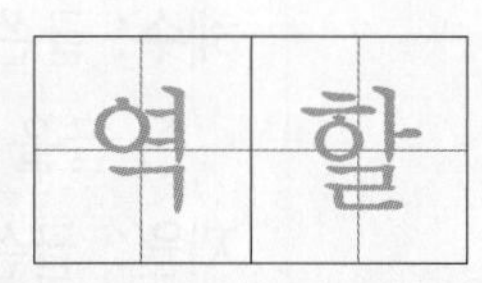

뜻 자기가 하기로 되어 있는 일. 또는 맡아서 하는 일.

예 소방관은 불을 끄고 사람을 구하는 역할을 해요.

소단원1

나무뿌리는 무슨 일을 할까

• 정답 14쪽

❶ 여러분은 나무뿌리를 주의 깊게 본 적이 있나요? 나무뿌리는 우리 눈에 잘 보이지 않지만 중요한 역할을 합니다. 나무뿌리가 어떤 일을 하는지 알아볼까요?

중심 내용 | 나무뿌리는 눈에 잘 보이지 않지만 중요한 역할을 합니다.

❷ 나무뿌리는 땅속에서 나무가 흔들리지 않게 잡아 줍니다. **몸집**이 큰 나무가 거센 바람에도 쉽게 넘어지지 않는 것은 땅속에 있는 뿌리가 단단하게 **고정해** 주기 때문입니다. 비가 많이 와 땅이 파여도 뿌리가 깊고 넓게 퍼져 있기 때문에 나무가 잘 넘어지지 않습니다.

중심 내용 | 나무뿌리는 땅속에서 나무가 흔들리지 않게 잡아 줍니다.

• **글의 종류**: 설명하는 글
• **글의 특징**: 눈에 잘 보이지 않는 나무뿌리의 역할 세 가지를 설명하는 글입니다.

제목을 통해 알 수 있는 점

제목	나무뿌리는 무슨 일을 할까
알 수 있는 점	나무뿌리가 하는 일에 대해 설명하는 글일 것입니다.

몸집 몸의 크기.
고정해 한곳에 꼭 붙어 있게 하여.

1 추론 **나무뿌리를 본 경험에 대해 알맞게 말한 것에 ○표 하세요.**

(1) 텔레비전에서 나무가 꽃을 피우는 모습을 본 적이 있어. (   )
(2) 할아버지 댁 앞에 나무를 심었는데, 이제는 나보다 키가 더 커졌어. (   )
(3) 땅 위로 드러난 나무뿌리를 보았는데, 뿌리 위에 흙을 덮어 주고 싶었어. (   )

2 추론 **제목을 보고 이 글의 내용은 무엇일지 짐작하여 쓰세요.**

• 이 글은 (   )가 무슨 일을 하는지 알려 주는 글일 것입니다.

3 이해 **몸집이 큰 나무가 쉽게 넘어지지 않는 까닭은 무엇인가요? (   )**

① 나무 위의 새들이 도와주어서
② 나뭇잎이 단단하게 고정해 주어서
③ 줄기가 흔들리지 않게 잡아 주어서
④ 땅속에 있는 뿌리가 단단하게 고정해 주어서
⑤ 땅 위로 올라온 뿌리가 단단하게 고정해 주어서

4 이해 **글 ❷의 중요한 내용을 정리하여 빈칸에 알맞은 말을 쓰세요.**

• 나무뿌리는 (   )에서 나무가 흔들리지 않게 잡아 줍니다.

❸ 나무는 필요한 물과 영양분을 뿌리를 이용해 흙에서 얻습니다. 우리가 물과 음식을 먹으며 자라듯이 나무가 자라는 데에도 물과 영양분이 필요합니다. 뿌리는 마치 빨대처럼 흙에서 물과 영양분을 빨아들여서 줄기를 거쳐 잎까지 전달합니다.

영양분: 살아 있는 동물이나 식물이 성장하는 데 필요한 것.

중심 내용 | 나무는 필요한 물과 영양분을 뿌리를 이용해 흙에서 얻습니다.

❹ 나무뿌리는 잎에서 만들어진 영양분을 모아 두기도 합니다. 나무뿌리는 나무에 필요한 영양분을 저장하기 때문에 굵고 통통한 모양으로 자라게 됩니다.

저장하기: 물건 따위를 따로 잘 모아서 간직하기.

중심 내용 | 나무뿌리는 잎에서 만들어진 영양분을 모아 두기도 합니다.

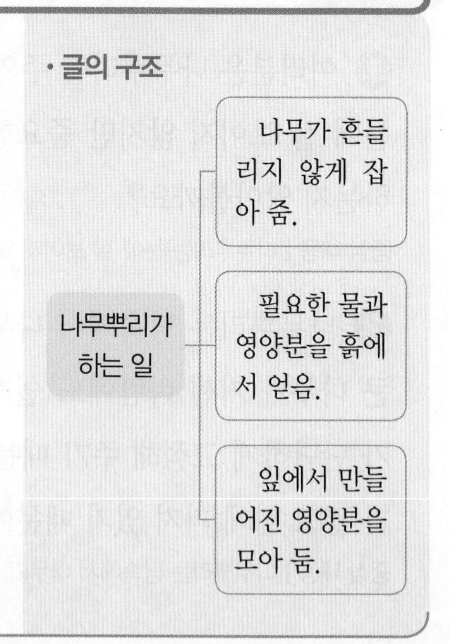

5 이해 **나무가 자라는 데에 필요한 것으로 알맞은 것에 모두 ○표 하세요.**

(1) 물이 필요하다고 하였습니다. ( )
(2) 음식이 필요하다고 하였습니다. ( )
(3) 영양분이 필요하다고 하였습니다. ( )

6 이해 **나무뿌리가 굵고 통통한 모양으로 자라는 까닭은 무엇인가요? ( )**

① 햇빛을 많이 받기 때문에
② 거센 바람을 많이 맞았기 때문에
③ 흙에서 사는 곤충을 잡아먹기 때문에
④ 나무에 필요한 물을 저장하기 때문에
⑤ 나무에 필요한 영양분을 저장하기 때문에

★ **7** 이해 **글 ❸과 ❹의 중요한 내용을 찾아 다음과 같이 정리하였습니다. 빈칸에 알맞은 말을 쓰세요.**

나무뿌리가 하는 일

글 ❸	글 ❹
나무는 필요한 물과 영양분을 뿌리를 이용해 (1)( ) 에서 얻습니다.	나무뿌리는 (2)( )에서 만들어진 영양분을 모아 두기도 합니다.

8 감상 **이 글을 읽고 새롭게 안 내용을 알맞게 말한 친구의 이름을 쓰세요.**

건우: 나무뿌리가 굵고 통통한 모양으로 자라게 되는 까닭을 알게 되었어.
정은: 나무뿌리에서 빨아들인 영양분이 잎까지 어떻게 이동하는지 알고 싶어.

( )

국어 활동 저마다 다른 동물의 생김새

• 정답 14쪽

가 동물이 지구에서 살기 시작한 것은 아주 오래전 일이에요. 동물은 맨 처음 지구에 나타났을 때부터 지금까지 **저마다** 살아남기 위해서 **애써** 왔지요. 먹이를 잡으려고 무리를 짓기도 하고, 때로는 더 나은 곳을 찾아서 옮겨 살기도 했어요. 사는 곳이나 사는 방식에 따라서 긴 세월에 걸쳐 차츰차츰 생김새도 바뀌었답니다.

중심 내용 | 아주 오래전부터 지구에 살기 시작한 동물들은 살아남기 위해 애써 왔습니다.

나 동물은 먹이를 얻고 위험을 피하려면 빨리 달려야 합니다. 그래서 동물의 다리는 더 빨리, 더 멀리 달릴 수 있도록 **발달했어요**. 말이나 노루는 발뒤꿈치가 사라지고 발굽만 남은 동물이에요. 빨리 달리려고 발끝만 쓰다 보니 가운뎃발가락의 발톱이 단단해져서 발굽이 된 것이지요.

중심 내용 | 말이나 노루는 먹이를 얻고 위험을 피해 빨리 달릴 수 있도록 다리가 발달했습니다.

다 먹이에 따라서도 생김새가 많이 달라요. 같은 새라도 참새처럼 **곡식**을 쪼아 먹는 새는 부리가 짧고 **뭉툭해요**.(땅에 떨어진 곡식을 쪼아 먹기 위해서) 딱따구리처럼 나무를 파서 벌레를 먹는 새는 부리가 매우 뾰족하지요.(나무를 잘 파기 위해서) 매나 독수리처럼 고기를 먹고 사는 새는 부리가 고기를 찢기에 알맞게 생겼어요.(고기를 잘 찢어 먹기 위해서)

중심 내용 | 새들은 먹이에 따라 부리의 생김새가 다릅니다.

- **글의 종류**: 설명하는 글
- **글의 특징**: 사는 방식이나 먹이와 같이 동물이 살아가는 환경에 따라 달라지는 동물의 생김새에 대해 설명하는 글입니다.
- **글의 구조**

동물의 생김새에 영향을 주는 것
- 사는 방식
- 먹이

저마다 사람이나 사물마다 각각.
애써 힘을 써.
발달했어요 몸이나 마음 따위가 이전보다 좋게 바뀌었어요.
곡식 쌀, 보리, 밀과 같이 먹을 수 있는 것.
뭉툭해요 굵고 날카롭지 못해요.

6 단원 2회

9 대상 **이 글에서 설명하는 것은 무엇인가요?**

• 저마다 다른 동물의 [ ][ ][ ]

10 이해 **말과 노루의 발뒤꿈치가 사라지고 발굽만 남은 까닭은 무엇인가요? ( )**

① 사막에 살아서
② 추운 곳에 살아서
③ 고기를 주로 먹어서
④ 먹이를 저장해야 해서
⑤ 빨리 달리려고 발끝만 써서

11 추론 **다음 그림의 새는 무엇을 먹고 사는지 알맞은 것에 ○표 하세요.**

(곡식, 벌레, 고기)

서술형
12 감상 **이 글을 읽고 더 알아보고 싶은 내용은 무엇인지 쓰세요.**

도움말 글을 읽고 동물의 생김새에 대해 더 알아보고 싶은 내용을 떠올려 보아요.

나의 실력에 색칠하세요.

3회 교과서 학습

학습일 : 월 일

• 정답 14쪽

개념 글을 읽고 인물의 생각과 그 까닭을 찾는 방법

• 인물이 처한 상황 이 어떠한지 살펴봅니다.

• 인물의 말 과 행동을 살펴봅니다.

개념 확인 알맞은 것을 고르며 오늘의 개념을 확인해 보세요.

(1) 인물이 처한 상황을 알면 인물의 생각을 찾는 데 도움이 됩니다. (○ , ×)

(2) 글을 읽고 인물의 생각을 찾을 때에는 인물의 행동만 살펴봅니다. (○ , ×)

문해력을 높이는 어휘

• 오늘 배울 중요 어휘를 따라 쓰며 익혀 보세요.

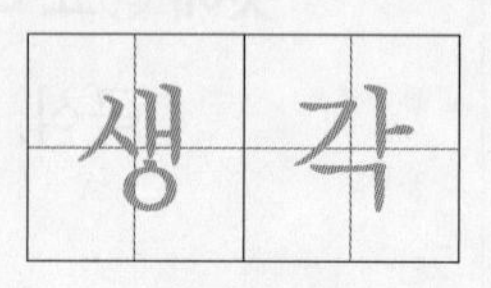

뜻 어떤 일에 대한 의견이나 느낌을 가짐. 또는 그 의견이나 느낌.

예 글을 읽고 내 생각을 정리해 봐요.

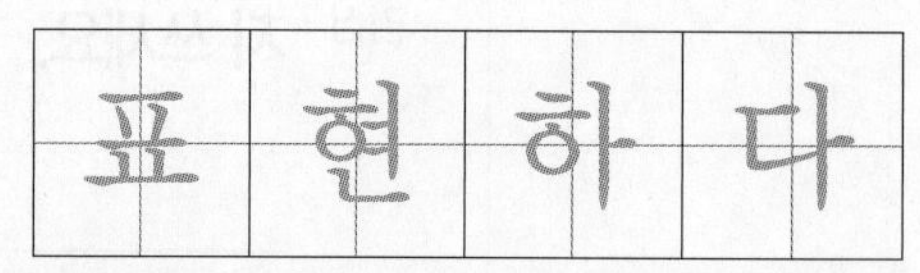

뜻 생각이나 느낌을 말이나 글, 몸짓으로 나타내다.

예 책을 읽고 느낀 점을 말로 표현해요.

소단원2

수연이네 가족회의

• 정답 14쪽

❶ 수연이네 가족은 이번 여름 방학에 가족여행을 가려고 합니다. 그래서 가족이 함께 모여 여름 방학에 여행 갈 곳을 정하기로 했습니다. 가족은 각자 자신이 가고 싶은 곳에 대해 말했습니다.

가족여행: 여기저기를 돌아다니며 구경하기 위해 다른 지역이나 나라에 가는 일.

중심 내용 | 수연이네 가족은 여름 방학에 가족여행 갈 곳을 정하기로 했습니다.

❷ 아빠: 얘들아, 아빠는 시골에 있는 친척 집에 가면 좋겠어. 오랜만에 친척들을 만나면 반가울 거야. 너희도 가면 좋아할 거야.

• **글의 종류:** 대화 글
• **글의 특징:** 수연이네 가족이 여름 방학에 여행 가고 싶은 곳에 대해 가족회의를 하는 내용입니다.

아빠의 생각과 까닭

가고 싶은 곳	시골 친척 집
가고 싶은 까닭	오랜만에 친척들을 만나면 반가워서

1 이해 수연이네 가족이 회의한 까닭은 무엇인가요? ( )

① 서로 칭찬하려고
② 청소할 곳을 정하려고
③ 주말에 할 일을 정하려고
④ 서로 고마웠던 점을 말하려고
⑤ 가족여행을 어디로 갈지 정하려고

2 이해 아빠께서 어디에 가고 싶다고 하셨는지 알맞은 것에 ○표 하세요.

• 시골에 있는 (친척 집, 넓은 숲)에 가고 싶다고 하셨습니다.

3 이해 아빠께서 문제 2번의 장소에 가고 싶으신 까닭으로 알맞은 것에 ○표 하세요.

(1) 맑은 공기를 마실 수 있어서 ( )
(2) 오랜만에 친척들을 만나면 반가울 것이어서 ( )

★ **4** 적용 아빠의 생각과 그 까닭을 찾은 방법을 알맞게 말한 친구의 이름을 쓰세요.

지수: 아빠께서 말씀하신 문장 중에 세 번째 문장에서 어디로 여행을 가고 싶다고 하셨는지 알 수 있었어.
연아: 아빠께서 말씀하신 문장 중에 두 번째 문장에서 친척 집으로 여행을 가고 싶은 까닭을 알 수 있었어.

( )

6 단원 3회

엄마: 그것도 좋은 생각이네요. 그런데 산으로 가는 건 어때요? 산에서 부는 시원한 바람을 맞으면 더위를 잊을 수 있을 것 같아요. 얘들아, 너희도 산에 가면 귀여운 다람쥐와 예쁜 꽃도 많이 볼 수 있단다. 산으로 가는 건 어떠니?

수연: 네, 엄마 생각처럼 산에 가도 재밌겠네요. 그런데 저는 산도 좋지만 바다에 가고 싶어요. 바다에서는 수영도 할 수 있고 모래놀이도 할 수 있어요. 지난해 여름 방학에는 산으로 갔으니 이번에는 바다로 가고 싶어요.

▶ 엄마의 생각과 까닭

가고 싶은 곳	산
가고 싶은 까닭	시원한 바람이 불고 다람쥐와 꽃도 볼 수 있어서

▶ 수연이의 생각과 까닭

가고 싶은 곳	바다
가고 싶은 까닭	수영과 모래놀이를 할 수 있어서

5 이해 이 글의 내용으로 알맞은 것은 무엇인가요? (　　　)

① 엄마께서는 산에 자주 가십니다.
② 오늘 볼 영화를 정하고 있습니다.
③ 수연이는 산에 가고 싶어 합니다.
④ 엄마와 수연이는 생각이 다릅니다.
⑤ 수연이는 엄마의 말씀을 잘 듣지 않았습니다.

6 이해 엄마께서 산에 가고 싶다고 말씀하신 까닭을 두 가지 고르세요. (　　　)

① 흙길을 걷기 위해서
② 시원한 바람을 맞기 위해서
③ 할머니 댁이 가까이 있어서
④ 다람쥐와 꽃을 볼 수 있어서
⑤ 여러 가지 식물을 보기 위해서

서술형

7 이해 수연이의 생각과 그 까닭을 정리해 쓰세요.

생각	(1)(　　　　　　)에 가고 싶습니다.
까닭	(2)________________ ________________ 때문입니다.

도움말 수연이가 한 말을 보고 수연이의 생각과 그 까닭을 찾아 정리해 보아요.

★

8 적용 글에서 인물의 생각과 그 까닭을 찾는 방법으로 알맞은 것을 모두 고르세요. (　　　)

① 인물의 행동을 살펴봅니다.
② 인물의 생김새를 상상해 봅니다.
③ 인물이 한 말의 내용을 살펴봅니다.
④ 인물이 한 말의 길이를 살펴봅니다.
⑤ 인물이 사실만 말하는지 살펴봅니다.

소단원2 수연이네 가족회의

● 정답 14쪽

수진: 저는 산이나 바다도 좋지만 이번에는 꼭 놀이공원에 가고 싶어요. 지난번에 갔을 때에는 사람이 너무 많아서 놀이기구를 많이 못 탔거든요. 얼마나 **아쉬웠는지** 몰라요. 이번에는 꼭 지난번에 못 탄 놀이기구를 모두 타고 싶어요.

중심 내용 | 수연이네 가족은 가족여행으로 가고 싶은 곳과 까닭이 모두 달랐습니다.

❸ 아빠: 이번 가족여행에 대한 생각이 **각자** 다르구나. 서로의 생각을 알았으니 각자 조금만 더 **고민**을 해 보고 다음에 더 이야기하는 건 어때?

수연이네 가족은 여행을 어디로 가야 할지 고민했습니다.

중심 내용 | 수연이네 가족은 가족여행에 대해 더 고민해 보고 다음에 이야기하기로 하였습니다.

수진이의 생각과 까닭

가고 싶은 곳	놀이공원
가고 싶은 까닭	놀이기구를 많이 타고 싶어서

아쉬웠는지 마음이 남아 서운했는지.
각자 각각의 자기 자신.
고민 마음속으로 괴로워하고 애를 태움.

9 이해 **수진이가 한 말의 내용으로 알맞은 것에 ○표 하세요.**

(1) 수진이는 산이나 바다가 싫다고 하였습니다. ( )

(2) 수진이는 지난번에 놀이기구를 많이 못 탔다고 하였습니다. ( )

(3) 수진이는 지난번에 탔던 놀이기구를 또 타고 싶다고 하였습니다. ( )

★ **10** 이해 **수진이의 생각과 그 까닭으로 알맞은 것을 찾아 선으로 이으세요.**

(1) 생각 • • ㉮ 놀이공원에 가고 싶습니다.

(2) 까닭 • • ㉯ 놀이기구를 많이 탈 수 있어서

11 이해 **수연이네 가족이 가족회의에서 여행 갈 곳을 정하지 못한 까닭으로 알맞은 것에 ○표 하세요.**

(1) 가족의 생각이 각자 달라서 ( )

(2) 가족회의에 빠진 사람이 있어서 ( )

디지털 문해력

12 적용 **학급 게시판의 내용을 읽고 자신의 생각과 그 까닭을 알맞게 말한 친구의 이름을 쓰세요.**

> Q&A 게시판 >>> 궁금해요
>
> Q 현장 체험학습 장소
>
> 현장 체험학습을 어디로 가고 싶나요?

> 민지: 저는 박물관에 가고 싶어요.
> 영아: 여러 동물의 모습을 보면 신기하고 재미있을 거예요.
> 승환: 저는 수영장으로 가고 싶어요. 수영을 하면 시원하고, 수영을 배워 놓으면 나중에 도움이 될 거예요.

( )

나의 실력에 색칠하세요.

학습일 : 월 일

● 정답 15쪽

개념 글을 읽고 자신의 생각 표현하기

• 글을 읽고 인물의 생각과 그 까닭을 찾아 정리합니다.

• 자신의 생각과 그 까닭을 친구들과 이야기해 봅니다.

• 자신의 생각을 쓴 글을 친구들 앞에서 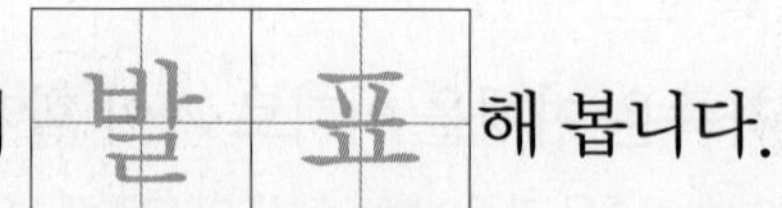 해 봅니다.

개념 확인 **알맞은 것을 고르며 오늘의 개념을 확인해 보세요.**

(1) 글을 읽고 자신의 생각을 쓸 때에는 그 까닭도 함께 씁니다. (○ , ×)

(2) 글을 읽고 인물이 생각한 것과 똑같이 자신의 생각을 정합니다. (○ , ×)

문해력을 높이는 어휘

• **오늘 배울 중요 어휘를 따라 쓰며 익혀 보세요.**

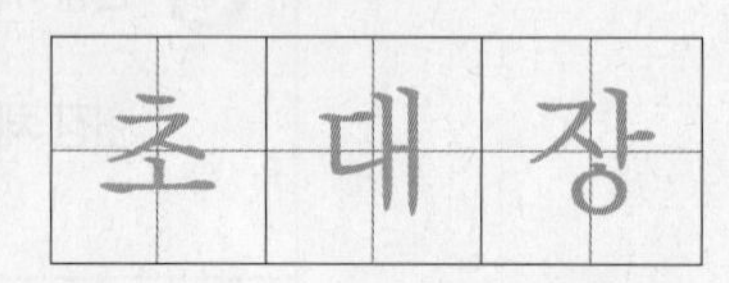

뜻 어떤 자리나 모임에 초대하는 뜻을 적어서 보내는 편지.

예 생일 잔치 초대장을 만들었어요.

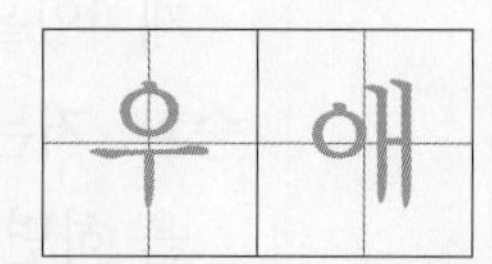

뜻 형제나 친구 사이의 정.

예 우리 형제는 우애가 깊어요.

소단원2

누구를 보낼까요 _ 이형래

• 정답 15쪽

가

초대장

우리 별이 생겨난 날을 기념하는 자리에 지구의 친구를 초대합니다. 지구를 대표할 수 있는 동물이 누구인지 알려 주시고 아래 날짜에 별나라로 보내 주세요.

때: 20○○년 ○월 ○○일

곳: 별나라 꽃동산

이 초대장을 보고 많은 동물이 몰려들었습니다.

중심 내용 | 별나라에서 온 초대장을 보고 많은 동물이 몰려들었습니다.

나 먼저, 동물 마을에서 나이가 가장 많은 거북 할아버지께서 말씀하셨습니다.

"나는 아주 오래전부터 지구에서 살았습니다. 그래서 지구에 대해 누구보다 잘 알고 있지요. 여러분이 태어나기 훨씬 전에 일어났던 일들도 나는 많이 알고 있습니다. 그러니까 내가 별나라에 가야 합니다."

중심 내용 | 거북 할아버지는 지구에 대해 잘 알기 때문에 자신이 별나라에 가야 한다고 말하였습니다.

- **글의 종류:** 이야기
- **글의 특징:** 별나라에서 온 초대장을 보고 동물들이 서로 자기가 별나라에 가야 한다는 생각과 그 까닭을 말하였습니다.

▸ 별나라에서 온 초대장의 내용

별나라가 생겨난 날을 기념하는 자리에 지구를 대표할 수 있는 동물을 초대한다고 하였습니다.

초대장 어떤 자리나 모임에 초대하는 뜻을 적어서 보내는 편지.
기념 중요하거나 특별한 일을 기억하며 잊히지 않게 하는 것.
대표 여러 사람의 뜻을 대신하여 나타내는 사람.

1 이해 **별나라에서 지구에 초대장을 보낸 까닭은 무엇인가요? (　　　)**

① 별나라를 소개해 주기 위해서
② 별나라 꽃동산을 보여 주기 위해서
③ 지구가 생겨난 날을 축하해 주기 위해서
④ 지구에 어떤 동물이 사는지 알기 위해서
⑤ 별나라가 생겨난 날을 기념하는 자리에 초대하기 위해서

2 이해 **별나라에서 초대한 지구의 친구는 누구인지 ○표 하세요.**

(1) 지구에서 가장 큰 동물 (　　　)
(2) 지구에서 가장 빠른 동물 (　　　)
(3) 지구를 대표할 수 있는 동물 (　　　)

3 적용 **거북 할아버지의 생각은 무엇인지 쓰세요.**

• 내가 (　　　　　　　　　　)에 가야 합니다.

★ **4** 이해 **거북 할아버지가 자신의 생각에 대하여 든 까닭은 무엇인가요? (　　　)**

① 별나라에 아는 동물들이 많습니다.
② 지구 곳곳을 많이 여행하고 다녔습니다.
③ 지구에 대해 누구보다 잘 알고 있습니다.
④ 아주 오래전부터 별나라를 알고 있었습니다.
⑤ 별나라의 위치를 누구보다 잘 알고 있습니다.

● 정답 15쪽

다 거북 할아버지 옆에서 듣고 있던 아기 곰도 자리에서 일어나 말했습니다.

"저는 나이는 어리지만 지구를 **무척** 사랑해요. 만약 제가 별나라에 가게 된다면 지구가 얼마나 아름답고 살기 좋은 곳인지 알려 주겠어요. 지구를 사랑하는 마음보다 더 중요한 것이 있을까요?"

중심 내용 | 아기 곰은 지구를 무척 사랑하기 때문에 자신이 별나라에 가야 한다고 말했습니다.

라 원숭이도 일어나서 말했습니다.

"별나라에서는 **신기한** 일이 많이 일어날 것입니다. 저는 별나라에서 보고 들은 일을 여러분께 **생생하게** 전할 수 있어요. 별나라가 어떤 곳인지 궁금해하는 친구가 많잖아요? 그곳의 모습을 잘 전할 수 있는 제가 지구의 대표가 되어야 합니다."

거북 할아버지, 아기 곰, 원숭이의 말을 듣고 있던 다른 동물들은 생각에 잠겼습니다.

어떤 동물이 지구를 대표해 별나라에 가면 좋을까요?

중심 내용 | 원숭이는 별나라의 모습을 잘 전할 수 있기 때문에 자신이 별나라에 가야 한다고 말했고, 그 말을 들은 동물들은 생각에 잠겼습니다.

• 작품 정리

동물	별나라에 가야 하는 까닭
거북	지구에 대해 누구보다 잘 알고 있음.
아기 곰	지구를 무척 사랑함.
원숭이	별나라에서 보고 들은 일을 생생하게 전할 수 있음.

무척 다른 것과 비교할 수 없이.
신기한 믿을 수 없을 정도로 다르고 놀라운.
생생하게 바로 눈앞에 보는 것처럼 분명하고 또렷하게.

★
5 이해 **아기 곰과 원숭이의 생각은 무엇인가요?** ( )

① 내가 별나라에 가야 합니다.
② 내가 지구를 지켜야 합니다.
③ 둘이 함께 별나라에 가야 합니다.
④ 별나라에 동물을 보내지 말아야 합니다.
⑤ 지구의 동물을 모두 별나라에 보내야 합니다.

6 이해 **원숭이가 별나라에 다녀와서 하겠다고 한 일로 알맞은 것에 ○표 하세요.**

• 별나라에서 (보고 들은, 상상한) 일을 생생하게 전하겠다고 하였습니다.

서술형
7 감상 **이 글에 나온 세 동물 중 누구를 별나라에 보내면 좋을지 보기 처럼 자신의 생각과 그 까닭을 쓰세요.**

보기
거북 할아버지가 가야 한다고 생각합니다. 거북 할아버지는 지구를 가장 많이 아니까 별나라 친구들에게 지구를 잘 알려 줄 수 있기 때문입니다.

• ________이 별나라에 가야 한다고 생각합니다.

____

____

도움말 세 동물들이 말한 까닭을 떠올려 보고, 누가 지구를 대표하면 좋을지 자신의 생각을 정리해 보아요.

실천 금덩이를 버린 형제

• 정답 15쪽

가 옛날 어느 마을에 가난하지만 마음씨가 착하고 우애가 깊은 형제가 살고 있었습니다. 어느 날, 형제는 산길을 가다가 풀숲에서 금덩이 두 개를 보았습니다. 아우는 기쁜 마음에 큰 것은 형에게 건네주고 작은 것은 자신이 가졌습니다.

중심 내용 | 형제는 금덩이 두 개를 주워 나누어 가졌습니다.

나 배를 타고 강 한가운데쯤 왔을 때, 아우는 갑자기 금덩이를 강물 속으로 휙 던져 버렸습니다. 형은 눈이 **휘둥그레졌습니다.** (동생이 귀한 금덩이를 강물에 던졌기 때문에)

"아우야, 그 **귀한** 금덩이를 왜 버렸니?"

그러자 아우가 대답했습니다.

"금덩이를 갖고 나서부터 자꾸 형님이 미워지고 더 욕심이 나서 버렸습니다. 저에게는 형님이 더 소중해요."

이 말을 듣고 보니 형도 부끄러워져서 금덩이를 강물 속에 던져 버렸습니다. 그 뒤로 형제는 이전보다 더 우애가 깊어졌습니다.

중심 내용 | 동생이 먼저 금덩이를 욕심내는 마음에 형을 미워하게 될까 봐 금덩이를 강물에 던졌고, 동생의 마음을 알게 된 형도 금덩이를 강물에 던졌습니다.

- **글의 종류**: 이야기
- **글의 특징**: 우애 깊은 형제에 대한 이야기입니다.
- **작품 정리**

형제가 산길을 걷다가 금덩이 두 개를 발견하여 금덩이를 하나씩 나누어 가짐.

⬇

아우는 금덩이에 대한 욕심이 생겨서 우애가 나빠질까 봐 금덩이를 강물에 버림.

⬇

형도 금덩이를 강물에 버리고, 형제는 더욱 우애가 깊어짐.

휘둥그레졌습니다 놀라거나 두려워서 눈이 크고 둥그렇게 되었습니다.
귀한 아주 소중한.

6 단원 4회

8 이해 형제가 산길을 가다가 발견한 것은 무엇인지 쓰세요.

• (   ) 두 개

9 이해 아우가 배를 타고 가다가 한 행동은 무엇인가요? (   )

① 강물에 뛰어들었습니다.
② 강물에 금덩이를 씻었습니다.
③ 금덩이를 강물에 던져 버렸습니다.
④ 형이 가진 금덩이를 빼앗았습니다.
⑤ 형에게 금덩이를 바꾸자고 했습니다.

10 이해 아우가 금덩이보다 더 소중하게 생각하는 것은 무엇인가요? (   )

① 강 ② 땅 ③ 배
④ 형 ⑤ 욕심

서술형

11 감상 이 글을 읽고 든 자신의 생각을 그 까닭과 함께 쓰세요.

형제의 마음이 따뜻한 것 같아서 나도 동생에게 따뜻하게 대해야겠다고 생각했어.

____

____

도움말 서로를 소중하게 생각하는 형제의 모습을 보며 어떤 생각을 했는지 정리해 보아요.

나의 실력에 색칠하세요.

| 1~3 | 다음 광고를 보고, 물음에 답하세요.

◀ 버스 안의 다른 사람들을 위해 조용히 통화하였습니다.

◀ 유모차와 함께 타는 아이 엄마를 위해 승강기 단추를 대신 눌러 주었습니다.

◀ 다른 사람이 버린 종이컵과 페트병을 주워 쓰레기통에 넣었습니다.

◀ 함께 배려하면 함께 행복해집니다.

1 사람들이 장면 ❶~❸과 같이 행동한 까닭은 무엇인가요? (　　　)

① 규칙을 지키기 위해서
② 다른 사람을 방해하기 위해서
③ 다른 사람을 배려하기 위해서
④ 다른 사람을 귀찮게 하기 위해서
⑤ 자신이 가장 중요하다고 생각해서

2 장면 ❶~❸에서 배려를 받은 사람들은 어떤 마음이 들었을까요? (　　　)

① 슬픔. ② 미움. ③ 외로움.
④ 고마움. ⑤ 심심함.

3 장면 ❶~❹를 보고 이 광고의 제목으로 알맞은 것은 무엇인가요? (　　　)

① 전화할 때의 예절
② 어른을 뵐 때의 예절
③ 공공장소에서의 예절
④ 주변을 깨끗하게 하는 방법
⑤ 안전하게 엘리베이터를 이용하는 방법

| 4~5 | 다음 글을 읽고, 물음에 답하세요.

가 ㉠먼저, 줄넘기를 하면 몸이 튼튼해집니다. 줄넘기는 몸 전체를 움직여서 하는 운동이기 때문입니다. ㉡줄넘기를 하면 심장, 뼈 따위가 튼튼해지고 몸에 근육이 더 많아집니다.

나 ㉢다음으로, 줄넘기는 친구들과 재미있게 할 수 있습니다. 줄넘기는 동작을 바꿔 가며 뛸 수 있고 여러 명이 함께 모여 뛸 수도 있어서 지루하지 않게 운동할 수 있습니다.

다 ㉣마지막으로, 줄넘기는 언제 어디서나 손쉽게 할 수 있습니다. ㉤줄넘기는 간단한 도구인 줄과 줄넘기를 할 수 있는 작은 공간만 있으면 언제든지 할 수 있기 때문입니다.

4 ㉠~㉤ 중 이 글의 중요한 내용으로 알맞은 것을 모두 찾아 기호를 쓰세요.

(　　　　　　　　)

5 이 글에 붙일 제목으로 알맞은 것에 ○표 하세요.

(1) 줄넘기의 좋은 점 (　　　)
(2) 줄넘기를 하는 방법 (　　　)

| 6~8 | 다음 글을 읽고, 물음에 답하세요.

가 여러분은 나무뿌리를 주의 깊게 본 적이 있나요? 나무뿌리는 우리 눈에 잘 보이지 않지만 중요한 역할을 합니다. 나무뿌리가 어떤 일을 하는지 알아볼까요?

나 나무뿌리는 땅속에서 나무가 흔들리지 않게 잡아 줍니다. 몸집이 큰 나무가 거센 바람에도 쉽게 넘어지지 않는 것은 땅속에 있는 뿌리가 단단하게 ㉠고정해 주기 때문입니다. 비가 많이 와 땅이 파여도 뿌리가 깊고 넓게 펴져 있기 때문에 나무가 잘 넘어지지 않습니다.

6 이 글에서 반복하는 낱말은 무엇인가요? (　　)

① 비　② 역할　③ 바람
④ 몸집　⑤ 나무뿌리

7 ㉠의 뜻으로 알맞은 것은 무엇인가요? (　　)

① 무엇을 받게 하여.
② 일이나 상황을 끝내.
③ 움직여 자리를 바꾸어.
④ 한곳에 꼭 붙어 있게 하여.
⑤ 다르게 바꾸어 새롭게 고쳐.

서술형

8 이 글에서 알 수 있는 나무뿌리가 하는 일을 쓰세요.

도움말 글 나에서 중요한 내용이 무엇인지 생각해 보아요.

| 9~10 | 다음 글을 읽고, 물음에 답하세요.

가 동물이 지구에서 살기 시작한 것은 아주 오래전 일이에요. 동물은 맨 처음 지구에 나타났을 때부터 지금까지 저마다 살아남기 위해서 애써 왔지요. 먹이를 잡으려고 무리를 짓기도 하고, 때로는 더 나은 곳을 찾아서 옮겨 살기도 했어요. 사는 곳이나 사는 방식에 따라서 긴 세월에 걸쳐 차츰차츰 생김새도 바뀌었답니다.

나 사는 곳에 따라서도 생김새가 많이 달라요. 같은 곤충이라도 물속에서 사는 물방개는 뒷다리가 헤엄을 치기 좋게 생겼어요. 하지만 땅속에서 사는 땅강아지는 앞다리가 땅을 파기 좋게 생겼지요.

9 이 글의 내용으로 알맞지 않은 것은 무엇인가요? (　　)

① 동물은 지구에 오래 살았습니다.
② 물방개와 땅강아지는 사는 곳이 같습니다.
③ 먹이를 잡으려고 무리를 짓는 동물이 있습니다.
④ 물방개는 뒷다리가 헤엄을 치기 좋게 생겼습니다.
⑤ 땅강아지는 앞다리가 땅을 파기 좋게 생겼습니다.

10 이 글이 설명하는 내용으로 알맞은 것에 ○표 하세요.

(1) 이 글은 여러 동물의 먹이를 알려 주고 있습니다. (　　)
(2) 이 글은 여러 동물의 생김새를 알려 주고 있습니다. (　　)

6 단원 5회

| 11~14 | 다음 글을 읽고, 물음에 답하세요.

> 가 서로 자기가 지구를 대표해 별나라에 가야 한다고 한마디씩 했습니다.
> 나 원숭이도 일어나서 말했습니다.
> "별나라에서는 신기한 일이 많이 일어날 것입니다. 저는 별나라에서 보고 들은 일을 여러분께 생생하게 전할 수 있어요. 별나라가 어떤 곳인지 궁금해하는 친구가 많잖아요? 그곳의 모습을 잘 전할 수 있는 제가 지구의 대표가 되어야 합니다."

11 원숭이는 자신이 무엇이 되어야 한다고 말하였는지 쓰세요.

• 지구의 (   )

12 원숭이가 자신의 생각에 대해 든 까닭으로 알맞은 것은 무엇인가요? (   )

① 지구는 오래된 별입니다.
② 별나라는 위험한 곳입니다.
③ 내가 지구에서 가장 똑똑합니다.
④ 별나라의 모습을 잘 전할 수 있습니다.
⑤ 지구와 별나라 중에서 지구가 더 좋습니다.

13 원숭이의 말은 어떤 목소리로 읽어야 할지 알맞은 것에 ○표 하세요.

(힘없고 작은, 자신 있고 또렷한) 목소리

서술형

14 자신이 다른 동물이라면 어떤 까닭을 들어 별나라에 가야 한다고 말하였을지 쓰세요.

• ____________________ 때문에 제가 지구를 대표하여 별나라에 가야 합니다.

도움말 지구를 대표할 수 있는 까닭을 생각해 보아요.

수행 평가

15 다음 글을 읽고, 물음에 답하세요.

> 수연이네 가족은 이번 여름 방학에 가족여행을 가려고 합니다. 그래서 가족이 함께 모여 여름 방학에 여행 갈 곳을 정하기로 했습니다. 가족은 각자 자신이 가고 싶은 곳에 대해 말했습니다.
> 아빠: 얘들아, 아빠는 시골에 있는 친척 집에 가면 좋겠어. 오랜만에 친척들을 만나면 반가울 거야. 너희도 가면 좋아할 거야.

1단계 수연이네 가족이 회의한 까닭은 무엇인지 쓰세요.

• □□□□을 어디로 갈지 정하려고 회의했습니다.

도움말 수연이네 가족은 여름 방학에 여행 갈 곳을 정하고 있어요.

2단계 자신이 수연이네 가족이라면 여름 방학에 어디에 가고 싶다고 말하였을지 생각하여 그 까닭과 함께 쓰세요.

생각	(1)( )에 가고 싶습니다.
까닭	(2)____________________ ____________________ 때문입니다.

도움말 여름 방학에 가고 싶은 곳을 떠올려 보고 알맞은 까닭을 함께 들어 써 보아요.

낱말 놀이터

어떤 꽃으로 날아갈까요?

나비들이 좋아하는 꽃으로 날아갈 수 있도록 낱말의 뜻을 찾아 선으로 이으세요.

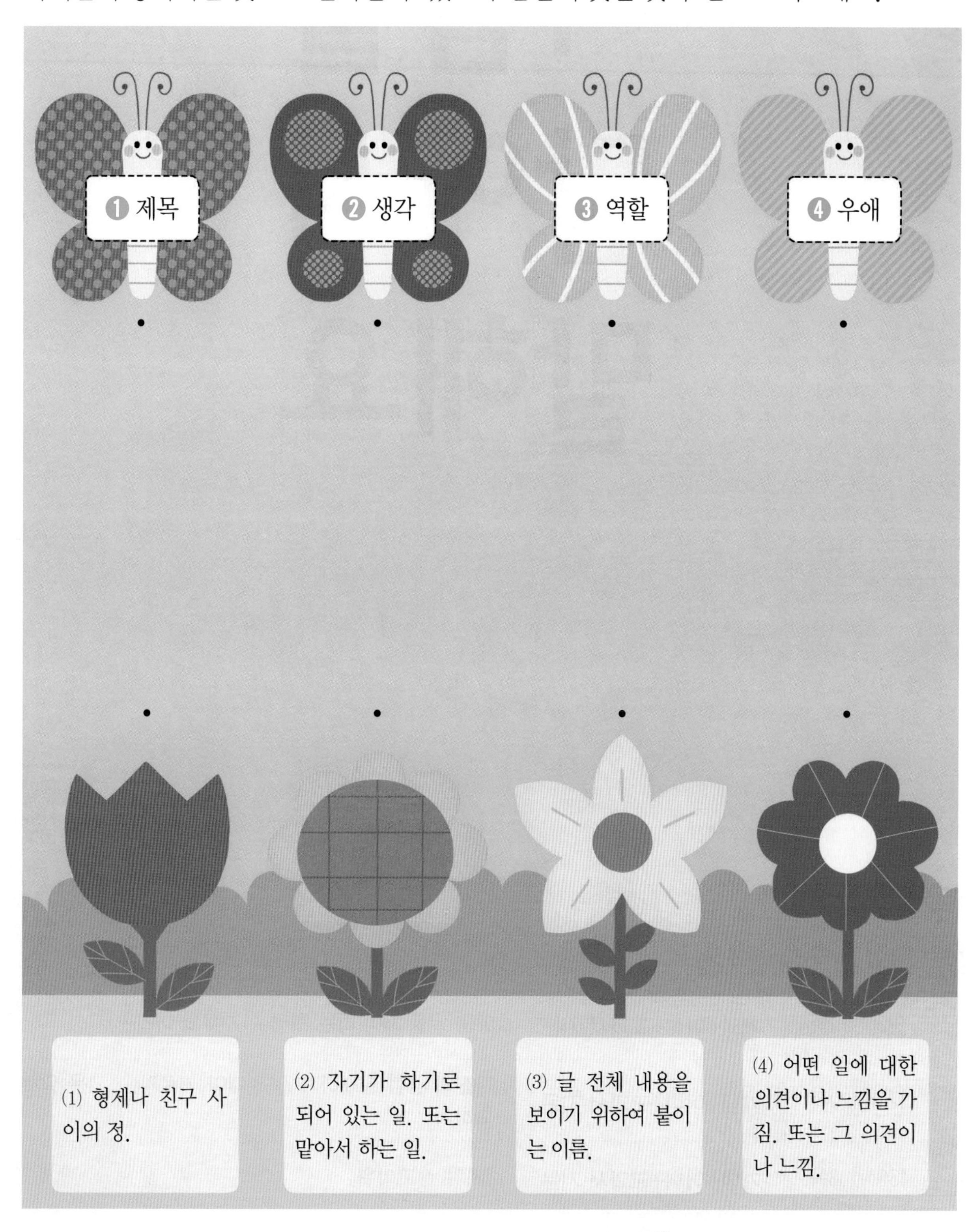

거꾸로 정답 ❶-(3) ❷-(4) ❸-(2) ❹-(1)

6 단원 5회

나의 실력에 색칠하세요.

7 마음을 담아서 말해요

• 학습 진도표

회차	백점 쪽수	오늘 학습할 내용	학습 주제
1	122~125쪽	개념+어휘+교과서 지문	고운 말을 해야 하는 까닭 / 「지우와 머리핀」
2	126~129쪽	개념+어휘+교과서 지문	자신의 경험 발표하기 / 「열대어 기르기」 / 고운 말로 대화하기
3	130~133쪽	개념+어휘+교과서 지문	「메기야, 고마워」
4	134~137쪽	대단원 평가+낱말 놀이터	

단원 미리 보기

자신의 **경험**을 떠올리며
이야기를 듣는 방법을 배워요.

바른 자세로 **발표**하는
방법을 배워요.

7
단원

고운 말로 이야기하는
방법을 배워요.

1회 교과서 학습

학습일 : 월 일

● 정답 16쪽

개념 자신의 경험을 떠올리며 이야기 듣기

• 이야기를 들을 때에는 이야기 속 인물의 [경 험]과 비슷한 자신의 경험을 떠올립니다.

• 인물의 경험과 자신의 경험을 [비 교]해 봅니다.

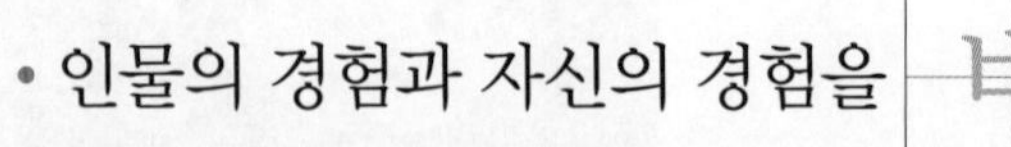

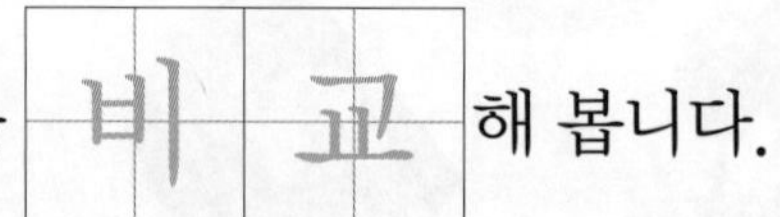

• 인물의 경험에 대한 자신의 생각을 이야기해 봅니다.

개념 확인 알맞은 것을 고르며 오늘의 개념을 확인해 보세요.

(1) 이야기를 들을 때에는 자신의 경험을 떠올립니다. (○ , ×)

(2) 이야기 속 인물의 경험에 대한 자신의 생각은 말하지 않습니다. (○ , ×)

문해력을 높이는 어휘

• 오늘 배울 중요 어휘를 따라 쓰며 익혀 보세요.

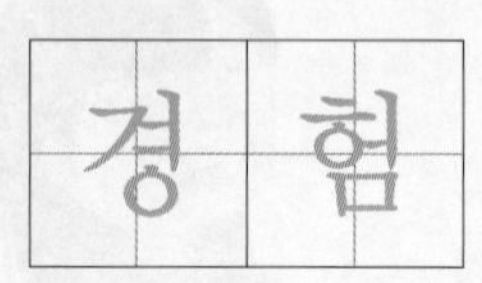

경 험

뜻 본 일, 한 일, 들은 일과 같은 겪은 일과 그때의 생각이나 느낌.

예 재밌었던 경험을 떠올려 보아요.

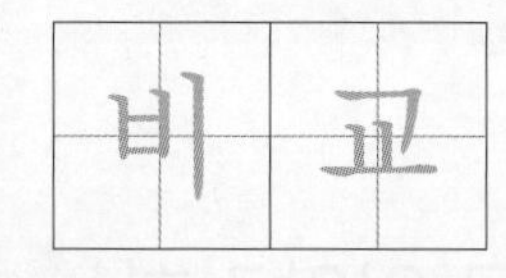

비 교

뜻 서로 어떤 점이 같거나 다른지 살펴보는 것.

예 친구의 모자와 나의 모자를 비교해 보아요.

준비

고운 말을 해야 하는 까닭

● 정답 16쪽

❶

❷

• 그림의 특징: 일상생활에서 고운 말을 해야 하는 까닭을 생각하며, 이야기를 나눌 때 존중하고 배려하는 태도를 기를 수 있습니다.

• 활동 정리

고운 말로 말하기
• 상황을 파악함. • 진심을 담아 신중하게 생각해서 말함. • 상황에 어울리는 표정을 지음.

⬇

고운 말을 해야 하는 까닭
내가 한 말 때문에 다른 사람의 기분이 상할 수 있기 때문에

걸리네 다리나 발 또는 도구 따위로 인해 넘어지려고 하네.

1 이해 **그림 ❶에서 여자아이는 무엇을 하고 있나요?** ( )

① 책상을 옮기고 있습니다.
② 우유를 나눠 주고 있습니다.
③ 쓰레기를 버리고 있습니다.
④ 복도를 청소하고 있습니다.
⑤ 무거운 가방을 들고 있습니다.

2 추론 **그림 ❶에서 남자아이의 말을 들은 여자아이의 마음으로 알맞은 것은 무엇인가요?** ( )

① 궁금한 마음 ② 즐거운 마음
③ 유쾌한 마음 ④ 속상한 마음
⑤ 긴장되는 마음

3 적용 **㉠을 고운 말로 바꿀 때 들어갈 말로 알맞지 않은 것에 ×표 하세요.**

(1) 네 덕분이야. ( )
(2) 힘내! 잘할 수 있어. ( )
(3) 걱정마. 내가 알려 줄게. ( )

서술형

4 적용 **친구에게 고운 말을 해야 하는 까닭을 쓰세요.**

• 내가 한 말 때문에 ____________________

____

도움말 친구에게 고운 말을 하지 않았을 때의 상황을 생각해 써 보아요.

소단원1

지우와 머리핀

● 정답 16쪽

❶ 오늘 나는 아빠와 함께 문구점에 가려고 승강기를 탔다.
그런데 승강기 문이 열리자마자 작고 귀여운 토끼가 그려진 머리핀이 보였다. 나는 아빠에게 누가 머리핀을 잃어버린 것 같다고 이야기했다. 아빠는 머리핀을 잃어버린 사람이 우리 아파트에 사는 사람 가운데 한 명일 거라고 하셨다. 아빠 말씀을 들으니, 머리핀을 잃어버리고 속상해하고 있을 누군가의 모습이 떠올랐다. 나도 얼마 전 승강기에서 아끼는 우산을 잃어버렸을 때 무척 속상했기 때문이다.

승강기에서 물건을 잃어버린 적이 있던 지우의 경험

중심 내용 | 지우는 승강기에서 머리핀을 주웠습니다.

❷ 나는 아빠에게 머리핀의 주인을 찾아 주고 싶다고 이야기했다. 그런데 도무지 머리핀 주인을 찾을 방법이 떠오르지 않았다. 그때 승강기에 붙은 **전단지**가 눈에 띄었다. 나는 머리핀 주인을 찾는 **안내문**을 붙이면 주인을 찾을 수 있을 것 같다는 생각이 들었다.

중심 내용 | 지우는 머리핀 주인을 찾아 주고 싶었습니다.

- **글의 종류:** 이야기
- **글의 특징:** 지우가 누군가 승강기에서 잃어버린 머리핀을 찾아 주는 이야기입니다.

▶ 지우의 경험과 자신의 경험 비교하기

지우의 경험	머리핀 주인을 찾아 줌.
지우의 경험과 비슷한 자신의 경험 ㉠	길에 떨어진 지갑의 주인을 찾아 주었던 경험.

전단지 알리는 글이나 광고하는 글이 담긴 종이쪽.
안내문 어떤 내용을 소개하여 알려 주는 글.

5 이해 **지우가 어디에 가려고 승강기를 탔나요?** ( )

① 학교에 가려고 승강기를 탔습니다.
② 마트에 가려고 승강기를 탔습니다.
③ 문구점에 가려고 승강기를 탔습니다.
④ 수영장에 가려고 승강기를 탔습니다.
⑤ 놀이공원에 가려고 승강기를 탔습니다.

6 이해 **지우가 승강기에서 발견한 것은 무엇인가요?** ( )

① 우산 ② 토끼
③ 양말 ④ 슬리퍼
⑤ 머리핀

7 이해 **빈칸에 들어갈 말을 보기에서 찾아 알맞은 기호를 쓰세요.**

보기
㉠ 동생에게 주려고
㉡ 주인을 찾아 주려고
㉢ 쓰레기통에 버리려고

• 지우는 머리핀을 주워서 ( ) 했습니다.

8 추론 **머리핀을 잃어버린 사람의 마음으로 알맞은 것은 무엇인가요?** ( )

① 기쁜 마음 ② 즐거운 마음
③ 속상한 마음 ④ 유쾌한 마음
⑤ 만족스러운 마음

소단원1 **지우와 머리핀**

● 정답 16쪽

❸ 나는 문구점에서 예쁜 색 도화지를 사서 집으로 돌아왔다. 집에서 사인펜으로 '(㉠)'라고 크게 쓴 안내문을 만들고 머리핀과 함께 승강기에 붙였다. 빨리 머리핀 주인이 이 안내문을 봤으면 좋겠다고 생각했다.
지우가 안내문을 붙이면서 한 생각

중심 내용 | 지우는 머리핀 주인을 찾아 주기 위해 승강기에 안내문을 붙였습니다.

❹ 며칠 뒤, 내가 승강기에 붙였던 안내문에 머리핀 주인이 고맙다는 **쪽지**를 붙였다. 머리핀 주인은 자신이 가장 아끼는 물건을 찾게 되어 무척 기쁘고 나에게 매우 고맙다고 했다. 나는 다른 사람의 소중한 물건을 찾아 주게 되어 뿌듯하고 행복했다.
머리핀을 찾은 주인의 마음을 알 수 있는 부분

중심 내용 | 며칠 뒤, 머리핀 주인이 지우가 만든 안내문에 머리핀을 찾아 주어 고맙다는 쪽지를 붙였습니다.

· **작품 정리**

지우가 승강기에서 머리핀을 주움.
↓
머리핀 주인을 찾아 주기 위해 승강기에 안내문과 머리핀을 붙임.
↓
머리핀 주인이 승강기에 고맙다는 쪽지를 붙임.

쪽지 어떤 내용의 글을 적은 종이 쪽.

9 이해 **지우가 머리핀 주인을 찾기 위해 만든 것은 무엇인가요? (　　　)**

① 지도　② 편지
③ 신문　④ 안내문
⑤ 그림일기

10 추론 **이 글에 나타난 지우의 마음으로 알맞은 것은 무엇인가요? (　　　)**

① 예쁜 색의 사인펜을 사서 기뻐.
② 만든 안내문을 잃어버려서 속상해.
③ 머리핀 주인이 늦게 나타나서 답답해.
④ 아빠가 머리핀을 새로 사 주셔서 신나.
⑤ 머리핀 주인을 찾아 주게 되어 뿌듯하고 행복해.

11 추론 **㉠에 들어갈 말로 알맞은 것은 무엇인가요? (　　　)**

① 머리핀을 찾습니다!
② 머리핀 주인을 찾습니다!
③ 토끼의 주인을 찾습니다!
④ 승강기에서 떠들지 맙시다!
⑤ 승강기를 조심히 사용합시다!

★ **12** 적용 **지우와 비슷한 경험을 말한 친구의 이름을 쓰세요.**

지후: 내가 만든 김밥을 동생이 맛있게 먹으니 참 뿌듯했어.
은우: 동생이 잃어버린 우산을 찾아 준 적이 있었는데 참 뿌듯했어.
서영: 글쓰기 대회에 나가서 상을 받은 적이 있었는데 참 뿌듯했어.

(　　　　　　　　)

7 단원 1회

나의 실력에 색칠하세요.

학습일 : 월 일

• 정답 17쪽

개념 바른 자세로 발표하기

• 듣는 사람의 눈을 보고 말합니다.

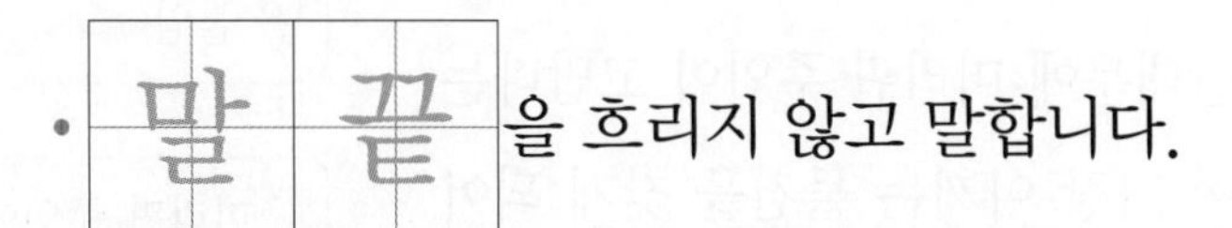

• 말끝을 흐리지 않고 말합니다.

• 알맞은 크기의 목소리로 말합니다.

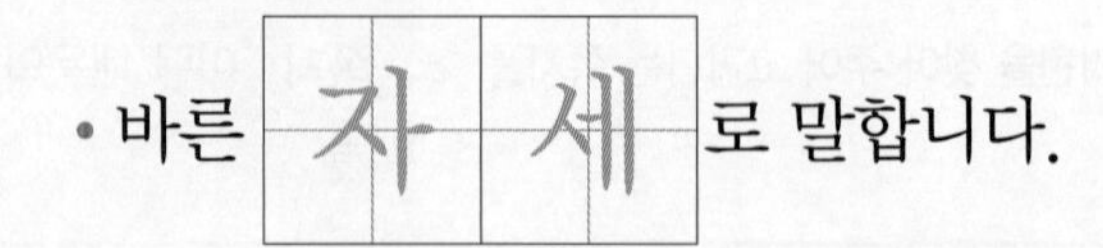

• 바른 자세로 말합니다.

개념 확인 **알맞은 것을 고르며 오늘의 개념을 확인해 보세요.**

(1) 발표를 할 때에는 알맞은 크기의 목소리로 말합니다. (○ , ×)

(2) 발표를 할 때에는 듣는 사람의 눈을 보지 않고 말합니다. (○ , ×)

문해력을 높이는 어휘

• **오늘 배울 중요 어휘를 따라 쓰며 익혀 보세요.**

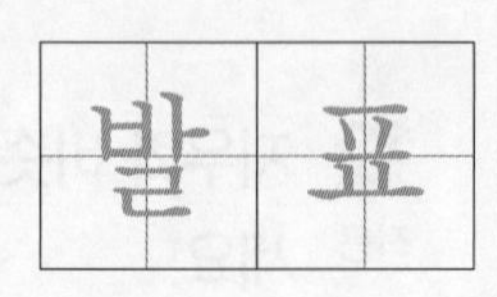

발표

뜻 어떤 사실이나 결과, 작품 등을 세상에 널리 드러내어 알림.

예 나의 꿈에 대해 발표를 해요.

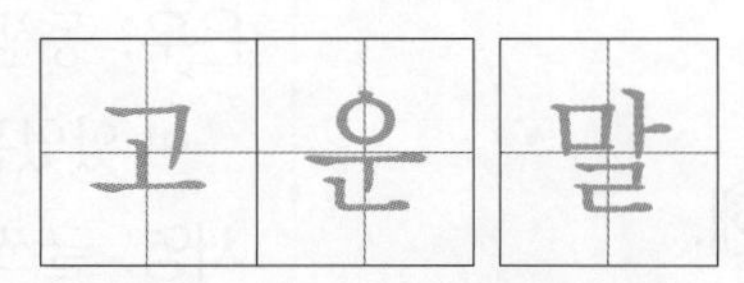

고운 말

뜻 상냥하고 순한 말.

예 친구와 고운 말로 대화해요.

소단원1

자신의 경험 발표하기

• 정답 17쪽

• **그림의 특징**: 자신이 경험한 일을 떠올려 이야기해 보고 바른 자세로 발표할 수 있습니다.

자신의 경험을 발표할 내용 정리하기 예

언제 경험한 일인가요?	주말
어디에서 경험한 일인가요?	도서관
무슨 일을 경험했나요?	책을 빌림.
그때의 생각이나 느낌은 어떠했나요?	뿌듯하고 재미있었음.

1 주미가 책을 빌린 곳은 어디인가요? (　　　)

이해

① 서점　② 시장
③ 운동장　④ 도서관
⑤ 친구의 집

2 영민이가 경험한 일과 그때의 느낌으로 알맞은 것은 무엇인가요? (　　　)

이해

	경험한 일	느낌
①	도서관에서 책을 빌렸습니다.	기쁨
②	도서관에서 책을 빌렸습니다.	서운함
③	축구를 해서 골을 넣었습니다.	기쁨
④	축구를 해서 골을 넣었습니다.	우울함
⑤	텔레비전에서 펭귄을 봤습니다.	즐거움

디지털 문해력

3 선생님의 게시물에 알맞은 댓글을 쓴 친구의 이름을 쓰세요.

적용

2학년 1반 학급 게시판

우리들의 이야기 > 2학년 1반

자신의 경험 발표하기

작성자 선생님 | 작성일 20○○. ○○. ○○ | 조회수 35

오늘은 자신의 경험을 친구들 앞에서 발표해 보았어요. 오늘 공부한 내용을 한 가지씩 말해 보아요.

민재: 친구들 앞에서 발표할 때는 말끝을 흐리면서 말해요.

영민: 한 일, 본 일, 들은 일, 그리고 그에 대한 생각이나 느낌을 경험이라고 해요.

주미: 자신의 경험을 말할 때는 선생님이 경험한 일, 친구의 생각이나 느낌을 말해요.

(　　　　　　　　　)

7 단원 2회

국어 활동

열대어 기르기

• 정답 17쪽

가 나는 열대어를 좋아한다. 알록달록한 색과 선명한 무늬를 지닌 열대어가 헤엄치는 모습을 보고 있으면 나도 모르게 마음이 편안해진다.

얼마 전, 아빠께서 열대어를 길러 보는 게 어떠냐고 물어보셨다.

"석현아, 열대어를 한번 길러 보는 게 어떻겠니?"

'드디어 내가 열대어를 기를 수 있게 되다니!'

나는 무척 기뻤다.

지난 토요일 오후, 나는 도서관에 가서 열대어 기르기와 관련한 책을 읽었다. 그리고 책에서 열대어를 기르기 전에 꼭 알아야 할 내용들을 찾아보았다.

중심 내용 | 열대어를 기르게 된 석현이는 도서관에서 열대어 기르기에 대한 책을 찾아 읽었습니다.

나 도서관에서 책을 다 읽고 열대어를 기르는 데 필요한 물품을 사서 집으로 돌아왔다. (석현이의 경험) 열대어가 살 수 있는 물속 환경이 만들어지면 열대어를 우리 집으로 데려오기로 했다.

중심 내용 | 석현이는 열대어를 기르는 데 필요한 물품을 샀고, 열대어가 살 수 있는 물속 환경이 만들어지면 열대어를 집으로 데려오기로 했습니다.

- **글의 종류**: 생활문
- **글의 특징**: 석현이가 열대어를 기르기 위해 경험한 일을 쓴 글입니다.

▶ 석현이가 경험한 일
- 도서관에 방문함.
- 열대어 기르기에 대한 책을 읽음.
- 열대어를 기르기 위해 필요한 물품을 삼.

열대어 열대에 사는 물고기를 통틀어 이르는 말.
물품 상품으로 만든 물건.

4 이해 **석현이가 보고 있으면 마음이 편안해진다고 말한 것은 무엇인가요? (　　)**

① 열대어를 돌보는 모습
② 물고기를 색칠하는 모습
③ 열대어가 헤엄치는 모습
④ 사람들이 수영하는 모습
⑤ 도서관에서 책을 읽는 모습

서술형

5 이해 **석현이가 책에서 찾은 내용은 무엇인지 쓰세요.**

____

____

도움말 석현이가 도서관에 가서 한 경험을 생각하여 써 보아요.

6 적용 **석현이의 경험을 잘못 말한 친구에게 ×표 하세요.**

(1) 
도서관에 가서 바다에 대한 과학책을 찾아서 읽었어. (　　)

(2) 
열대어를 기르기 위해 필요한 물품을 사서 집으로 돌아왔어. (　　)

(3) 
아버지와 함께 도서관에서 열대어 기르기에 대한 책을 읽었어. (　　)

소단원2

고운 말로 대화하기

• 정답 17쪽

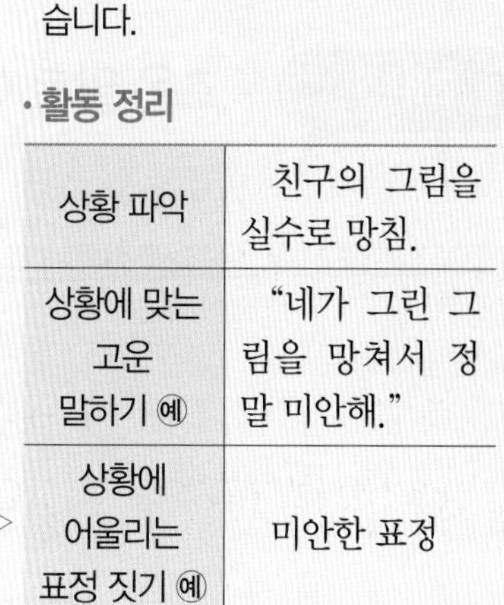

• **그림의 특징**: 다른 사람의 마음을 생각하며 고운 말로 대화할 수 있습니다.

• **활동 정리**

상황 파악	친구의 그림을 실수로 망침.
상황에 맞는 고운 말하기 예	"네가 그린 그림을 망쳐서 정말 미안해."
상황에 어울리는 표정 짓기 예	미안한 표정

7 이해 **여자아이는 무엇에 걸려 넘어졌나요?** (　　)

① 연필　② 의자
③ 가방　④ 지우개
⑤ 실내화

8 이해 **남자아이가 화를 낸 까닭으로 알맞은 것에 ○표 하세요.**

(1) 여자아이가 남자아이의 그림을 뺏었기 때문에 (　　)
(2) 여자아이가 실수로 남자아이의 그림을 망쳤기 때문에 (　　)
(3) 여자아이가 남자아이에게 크레파스를 빌려주지 않았기 때문에 (　　)

9 추론 **남자아이의 말을 들은 여자아이의 마음으로 알맞은 것에 ○표 하세요.**

• 일부러 그림을 망친 것이 아니어서 (고마웠을, 당황스러웠을) 것입니다.

★ **10** 적용 **그림의 친구들이 다시 사이좋게 지내기 위해서 서로 어떻게 말하면 좋을지 선으로 알맞게 이으세요.**

(1)  • 　　• ㉮ "정성껏 그린 그림을 망쳐서 다시 한번 사과할게."

(2)  • 　　• ㉯ "일부러 내 그림을 망친 것도 아닌데 화내서 미안해."

7 단원 2회

나의 실력에 색칠하세요.

3회 교과서 학습

학습일 : 월 일

● 정답 17쪽

개념 고운 말로 이야기 나누기

상황	고운 말
친구에게 도움을 받았을 때	예 고마워.
친구가 상을 받았을 때	예 축하해.
무거운 물건을 든 친구를 봤을 때	예 내가 도와줄까?

개념 확인 **알맞은 것을 고르며 오늘의 개념을 확인해 보세요.**

(1) 친구가 상을 받았을 때 "내가 더 잘했는데!"라고 말합니다. (○ , ×)

(2) 무거운 짐을 든 친구를 보면 "내가 도와줄까?"라고 말합니다. (○ , ×)

문해력을 높이는 어휘

• **오늘 배울 중요 어휘를 따라 쓰며 익혀 보세요.**

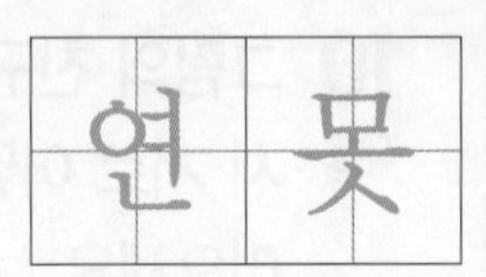

뜻 넓고 오목하게 파인 땅에 물이 모여 있는 곳.

예 작은 연못에 물고기들이 살고 있어요.

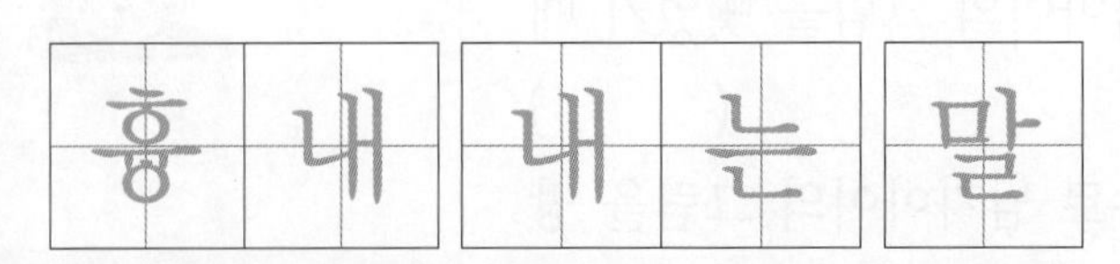

뜻 사람이나 사물의 소리나 모양을 흉내 낸 말.

뜻 토끼가 뛰는 모습을 흉내 내는 말은 '깡충깡충'이에요.

소단원2

메기야, 고마워 _ 홍은순

• 정답 17쪽

❶ 작은 **연못**에 물고기들이 살고 있었습니다. 연못 속의 물고기들은 모두 사이좋게 지냈습니다. 그러던 어느 날이었습니다.

'우르릉 쾅!'

조용하던 연못에 천둥소리가 **요란하게** 울려 퍼졌습니다. 그러더니 굵은 빗방울이 쏟아졌습니다. 비는 며칠 동안이나 그치지 않고 계속 내렸습니다.

중심 내용 | 어느 날 물고기들이 살고 있는 작은 연못에 비가 며칠 동안 그치지 않고 계속 내렸습니다.

❷ 그렇게 며칠이 지났습니다. 드디어 비가 그치고 나뭇가지 사이로 밝은 햇살이 비쳐 들었습니다. 나뭇가지에 매달린 물방울도 햇살을 받아 반짝반짝 빛나고 있었습니다.

"어유, 혼났네! 무슨 비가 그렇게 많이 온담?"
(혼났네: 매우 놀라거나 힘들었네.)

잉어가 환하게 웃으며 말했습니다.

"잉어야, 안녕? [㉠]"

붕어가 입을 **벙긋거리며** 인사했습니다.

"응, 정말 다행이야. 그런데 저 친구는 누구지?

잉어가 가리키는 곳을 보니 낯선 물고기가 헤엄쳐 오고 있었습니다.

중심 내용 | 비가 그치고 낯선 물고기가 작은 연못에 나타났습니다.

• **글의 종류**: 이야기
• **글의 특징**: 작은 연못에 사는 물고기들에게 일어난 일을 통해 더불어 사는 방법을 가르쳐 주는 이야기입니다.

› 글을 읽고 비슷한 경험 떠올리기
• 메기처럼 친구를 도와주었던 경험을 떠올리며 이야기해 봅니다.
㉠ 친구가 운동장에서 줄넘기를 잃어버려서 찾고 있을 때 같이 찾아 준 적이 있어.

연못 넓고 오목하게 파인 땅에 물이 모여 있는 곳.
요란하게 시끄럽고 떠들썩하게.
벙긋거리며 입을 조금 크게 벌리고 소리 없이 거볍게 자꾸 웃으며.

7 단원 3회

1 이해 **잉어와 붕어가 사는 곳이 어디인지 쓰세요.**

작은 [ ][ ]

★ **2** 추론 **㉠에 들어갈 말을 보기에서 찾아 기호를 쓰세요.**

보기
㉮ 너도 무사했구나.
㉯ 걱정하지 마. 다시 하면 돼.
㉰ 고마워. 넌 참 좋은 친구야.

( )

3 이해 **연못에 일어난 일로 알맞은 것은 무엇인가요?** ( )

① 연못의 물이 얼었습니다.
② 붕어가 그물에 걸렸습니다.
③ 먹을 것이 부족해졌습니다.
④ 잉어와 붕어가 다투었습니다.
⑤ 며칠 동안 비가 계속 내렸습니다.

4 어휘 **빈칸에 들어갈 알맞은 낱말에 ○표 하여 문장을 완성하세요.**

• 연못에 개구리들이 (요란하게, 서운하게) 울고 있어요.

❸ 그 물고기는 **험상궂게** 생긴 데다가 입은 옆으로 길게 찢어져 있었습니다. 그리고 입 양쪽에는 긴 수염도 나 있었습니다.

험상궂은 모습을 본 물고기들은 슬금슬금 피하기 시작했습니다.

"안녕? 나는 메기란다. 이번 비로 내가 살던 강이 넘쳐 이 연못에 들어오게 되었지. 앞으로 잘 지내자."

메기는 쉰 목소리로 자기를 소개했습니다. 모습만 보고 겁을 먹었던 잉어와 붕어는 메기의 말을 듣고 **안심하게** 되었습니다.

"그랬구나. 날씨도 좋은데 우리 함께 헤엄치면서 놀지 않을래?"

붕어가 다가가서 정답게 말했습니다.

"그래, 좋지!"

메기는 커다란 입을 넙죽거리며 붕어 곁으로 다가갔습니다.

메기는 잉어하고 붕어와 금방 친해졌습니다.

중심 내용 | 물고기들은 강에서 연못으로 오게 된 메기의 험상궂은 얼굴을 보고 처음에는 피했지만, 곧 친해졌습니다.

이 글에 쓰인 흉내 내는 말

반짝반짝	작은 빛이 잠깐 잇따라 나타났다가 사라지는 모양.
슬금슬금	남이 알아차리지 못하도록 눈치를 살펴 가면서 슬며시 행동하는 모양.
빙그레	입을 약간 벌리고 소리 없이 부드럽게 웃는 모양.

험상궂게 모양이나 상태가 매우 거칠고 험하게.

안심하게 모든 걱정을 떨쳐 버리고 마음을 편히 가지게.

5 이해 **이 글에서 알 수 있는 메기의 모습으로 알맞은 것은 무엇인가요? (　　　)**

① 코가 깁니다.
② 입이 작습니다.
③ 꼬리가 짧습니다.
④ 색깔이 화려합니다.
⑤ 긴 수염이 있습니다.

서술형

6 이해 **메기가 작은 연못에서 살게 된 까닭을 쓰세요.**

• 며칠 동안 비가 내려 메기가 살던 ________________

____

도움말 메기가 자신을 소개하는 말을 읽어 보아요.

7 이해 **메기를 처음 본 물고기들이 한 행동으로 알맞은 것에 ○표 하세요.**

(1) 슬금슬금 피했습니다. (　　)
(2) 반가워하며 다가갔습니다. (　　)

8 어휘 **다음 흉내 내는 말과 어울리는 뜻을 찾아 선으로 이으세요.**

(1) 슬금슬금 • 　　• ㉮ 작은 빛이 잠깐 잇따라 나타났다가 사라지는 모양.

(2) 반짝반짝 • 　　• ㉯ 남이 알아차리지 못하도록 눈치를 살펴 가면서 슬며시 행동하는 모양.

❹ 그러던 어느 날이었습니다. 연못에 갑자기 **큰일**이 일어났습니다. 물장군들이 나타나 붕어와 잉어의 몸에 달라붙어서 떨어지지 않았습니다.

"아야, 아야!" / "아이, 따가워!"

붕어와 잉어는 소리쳤습니다.

"누가 좀 도와주세요!"

그러나 아무리 소리쳐도 소용이 없었습니다. 물장군들을 보자, 다른 물고기들도 도망치기에 바빴기 때문이었습니다.

그때, 메기가 나타났습니다. / 메기는 물고기들 곁으로 다가갔습니다. 그리고 **물살**을 일으켜 물장군들을 모두 쫓아 버렸습니다.

"메기야, [㉠]."

물고기들은 진심으로 고맙다는 인사를 했습니다.

"고맙긴 뭘……."

메기는 빙그레 웃으며 말했습니다. 메기가 웃는 모습이 더 정답게 느껴졌습니다.

중심 내용 | 잉어와 붕어의 몸에 달라붙은 물장군을 메기가 물살을 일으켜 쫓아 버렸습니다.

· **작품 정리**

며칠 동안 내린 비로 강에 살던 메기가 작은 연못으로 오게 되어 물고기들과 친해짐.

⬇

물장군이 붕어와 잉어의 몸에 붙어 도움을 청함.

⬇

메기가 물살을 일으켜 물장군들을 쫓아내자 물고기들이 메기에게 고맙다고 인사를 함.

큰일 다루는 데 힘이 많이 들고 범위가 넓은 일. 또는 중대한 일.
물살 물이 흘러 내뻗는 힘.

9 이해 **붕어와 잉어가 도와달라고 소리친 까닭으로 알맞은 것에 ○표 하세요.**

(1) 그물에 몸이 걸려서 ( )
(2) 물장군들이 몸에 달라붙어서 ( )

10 이해 **메기는 어떻게 물장군은 쫓아 버렸나요?** ( )

① 소리를 질러서
② 물살을 일으켜서
③ 돌멩이를 던져서
④ 물장군들을 잡아먹어서
⑤ 물고기들을 숨겨 주어서

★ **11** 적용 **㉠에 들어갈 고운 말을 쓰세요.**

12 적용 **메기처럼 친구를 도와준 경험을 말한 친구의 이름을 쓰세요.**

건우: 친구에게 빌린 연필을 잃어버린 적이 있어.
이슬: 친구가 내가 좋아하는 간식을 사 준 적이 있어.
민주: 친구가 지갑을 잃어버려서 찾고 있을 때 같이 찾아 준 적이 있어.

( )

나의 실력에 색칠하세요.

| 1~3 | 다음 그림을 보고, 물음에 답하세요.

1 **남자아이의 표정이 좋지 않은 까닭은 무엇인가요? (   )**

① 몸이 아파서
② 잊었던 심부름이 생각나서
③ 걸어가다가 넘어질 뻔하여서
④ 새로 산 신발이 마음에 안 들어서
⑤ 줄넘기를 하려고 하는데 잘 안되어서

2 **여자아이의 말을 들은 남자아이의 마음으로 알맞은 것에 ○표 하세요.**

(1) 즐거웠을 것입니다. (   )
(2) 속상했을 것입니다. (   )
(3) 자랑스러웠을 것입니다. (   )

3 **여자아이가 다음과 같이 말했다면 남자아이의 마음은 어떠했을까요? (   )**

> "나도 처음엔 줄넘기를 잘 못했어. 내가 줄넘기를 잘하는 방법을 알려 줄게."

① 슬픔. ② 서운함.
③ 고마움. ④ 무서움.
⑤ 속상함.

| 4~5 | 다음 글을 읽고, 물음에 답하세요.

> 가 나는 아빠에게 머리핀의 주인을 찾아 주고 싶다고 이야기했다. 그런데 도무지 머리핀 주인을 찾을 방법이 떠오르지 않았다. 그때 승강기에 붙은 전단지가 눈에 띄었다.
>
> 나 나는 문구점에서 예쁜 색 도화지를 사서 집으로 돌아왔다. 집에서 사인펜으로 '머리핀 주인을 찾습니다!'라고 크게 쓴 안내문을 다 만들고 머리핀과 함께 승강기에 붙였다.
>
> 다 며칠 뒤, 내가 승강기에 붙였던 안내문에 머리핀 주인이 고맙다는 쪽지를 붙였다. 머리핀 주인은 자신이 가장 아끼는 물건을 찾게 되어 무척 기쁘고 나에게 매우 고맙다고 했다.

4 **'내'가 문구점에서 도화지를 산 까닭으로 알맞은 것에 ○표 하세요.**

(1) 그림 대회를 준비하기 위해 (   )
(2) 미술 학원 숙제를 하기 위해 (   )
(3) 머리핀 주인을 찾는 안내문을 만들기 위해 (   )

5 **머리핀을 찾은 머리핀 주인의 마음으로 알맞은 것에 ○표 하세요.**

> 가장 아끼는 물건을 찾게 되어 (1)(슬프고, 기쁘고), 머리핀을 찾아 준 '나'에게는 (2)(고마운, 질투가 나는) 마음이 들 것입니다.

| 6~7 | 다음 그림을 보고, 물음에 답하세요.

6 그림에서 여자아이가 남자아이에게 할 말로 알맞은 것은 무엇인가요? (　　　)

① 정말 미안해!
② 왜 거기 있는 거야?
③ 다음에 너도 그렇게 해.
④ 괜찮아, 다시 그리면 돼.
⑤ 힘내, 잘할 수 있을 거야.

서술형

7 문제 6번의 답과 같이 말하면 좋은 점을 쓰세요.

• 듣는 사람의 ______________________

____

도움말 듣는 사람의 마음을 생각해서 말하면 좋은 점을 떠올려 써 보아요.

8 자신의 경험을 발표하기 위해 떠올려야 하는 것을 모두 골라 ○표 하세요.

(1) 자신이 겪은 일 (　　　)
(2) 자신의 생각이나 느낌 (　　　)
(3) 친구가 보거나 들은 일 (　　　)
(4) 선생님의 생각이나 느낌 (　　　)

| 9~10 | 다음 글을 읽고, 물음에 답하세요.

가 연못에 갑자기 큰일이 일어났습니다. 물장군들이 나타나 붕어와 잉어의 몸에 달라붙어서 떨어지지 않았습니다.

나 메기는 물고기들 곁으로 다가갔습니다. 그리고 물살을 일으켜 물장군들을 모두 쫓아 버렸습니다.

"메기야, 고마워."

물고기들은 진심으로 고맙다는 인사를 했습니다.

"고맙긴 뭘……"

메기는 ㉠빙그레 웃으며 말했습니다. 메기가 웃는 모습이 더 정답게 느껴졌습니다.

9 물고기들이 메기에게 고맙다고 말한 까닭은 무엇인가요? (　　　)

① 쉴 곳을 찾아 주어서
② 물장군을 쫓아 주어서
③ 아픈 곳을 치료해 주어서
④ 먹을 것을 나누어 주어서
⑤ 헤엄치는 방법을 알려 주어서

10 ㉠의 뜻으로 알맞은 것에 ○표 하세요.

(1) 자꾸 들어왔다 나갔다 하는 모양. (　　　)
(2) 입을 약간 벌리고 소리 없이 부드럽게 웃는 모양. (　　　)

11 빈칸에 들어갈 알맞은 말에 ○표 하세요.

듣는 사람의 (마음, 경험)이 상하지 않도록 고운 말을 사용합니다.

| 12~13 | 다음 그림을 보고, 물음에 답하세요.

12 그림의 상황으로 알맞은 것에 ○표 하세요.

(1) 승헌이가 복도에서 뛰고 있는 상황 ( )

(2) 승헌이가 순서를 어기고 끼어드는 상황 ( )

(3) 승헌이가 급식실에 쓰레기를 버리는 상황 ( )

13 빈칸에 들어갈 알맞은 말에 ○표 하여 승헌이에게 할 수 있는 고운 말을 완성하세요.

• 승헌아, (숫자, 순서)를 지키는 친구들을 생각해서 네 자리로 돌아가면 좋겠어.

14 다른 사람의 마음을 생각하는 고운 말이 아닌 것을 두 가지 고르세요. ( )

① 대단해. ② 고마워요.
③ 쌤통이다. ④ 부탁해요.
⑤ 너나 잘해.

수행 평가

15 다음 물음을 보고, 전하고 싶은 마음을 담은 쪽지를 써 보세요.

1단계 고운 말로 마음을 전하고 싶은 사람을 떠올려 물음에 알맞은 말을 쓰세요.

(1) 전하고 싶은 사람: ( )

(2) 전하고 싶은 마음: ( )

(3) 전하고 싶은 까닭:
( )

(4) 전하고 싶은 고운 말:
( )

도움말 고운 말로 마음을 전하고 싶은 사람을 떠올려 정리해 보아요.

2단계 1단계에서 이름을 적은 사람에게 고운 말로 전하고 싶은 마음을 담은 쪽지를 쓰세요.

도움말 1단계에서 정리한 내용으로 전하고 싶은 마음을 담은 쪽지를 써 보아요.

어떤 색으로 과일을 칠할까?

낱말과 어울리는 뜻을 찾아 선으로 이어 그림을 완성할 수 있도록 도와주세요.

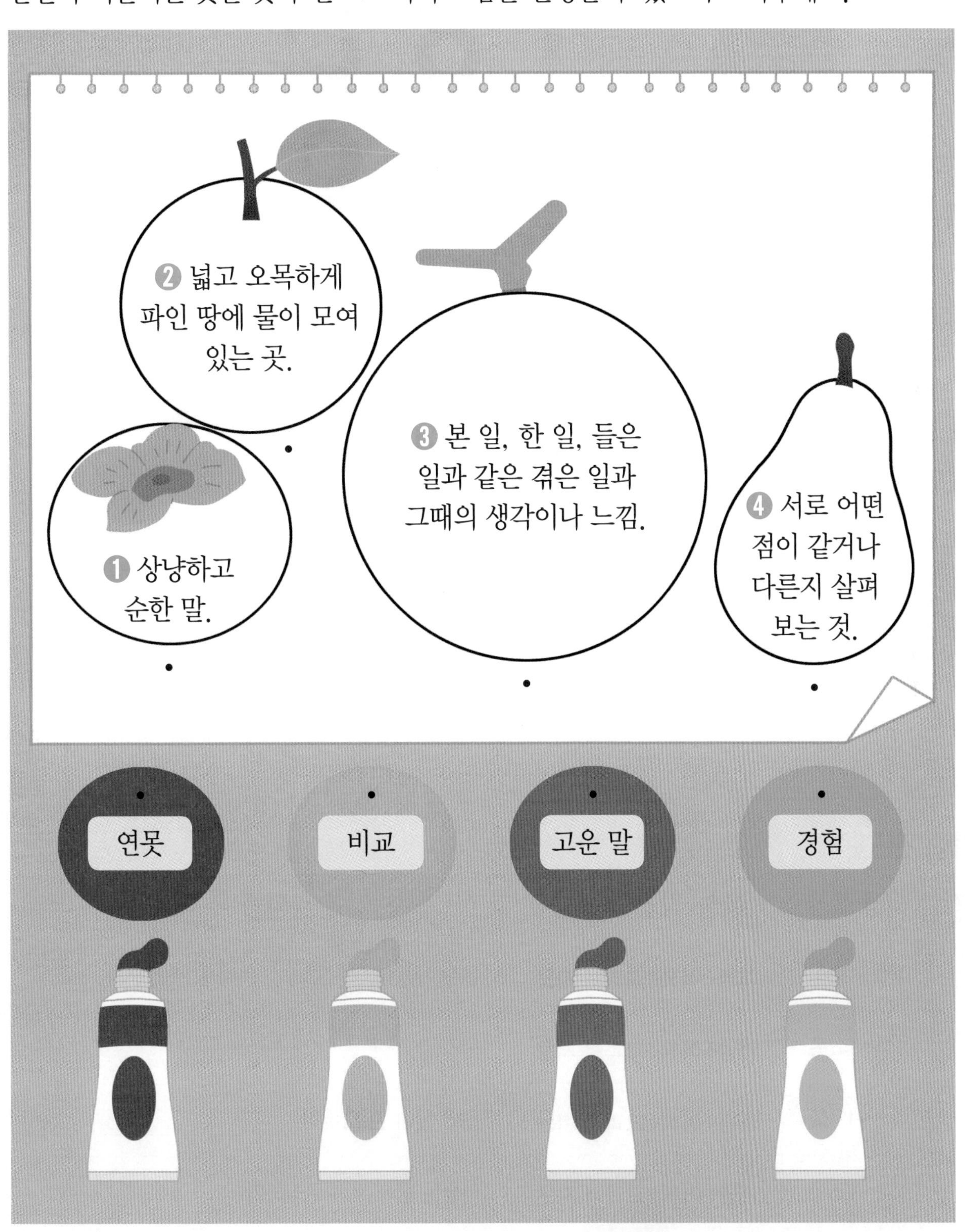

거꾸로 정답 ❶ 고운 말 ❷ 연못 ❸ 경험 ❹ 비교

나의 실력에 색칠하세요.

8 다양한 작품을 감상해요

• 학습 진도표

회차	백점 쪽수	오늘 학습할 내용	학습 주제
1	140~143쪽	개념+어휘+교과서 지문	「우산 사용법」/「신호」/「은혜 갚은 개구리」
2	144~147쪽	개념+어휘+교과서 지문	「편지」
3	148~151쪽	개념+어휘+교과서 지문	「해와 달이 된 오누이」
4	152~155쪽	개념+어휘+교과서 지문	「의좋은 형제」/ 마무리하기
5	156~159쪽	대단원 평가+낱말 놀이터	

단원 미리 보기

시를 **낭송**하는
방법을 배워요.

이야기를 읽고 **생각이나**
느낌을 표현해요.

인형극을 감상하고
인물의 마음을 짐작해요.

인물의 **말과 행동**을 살펴보고
생각과 느낌을 표현해요.

1회 교과서 학습

학습일 : 월 일

• 정답 19쪽

개념 시를 낭송하는 방법

• 시의 장면을 상상하며 읽습니다.

• 주고받으며 시를 낭송하거나, 장면을 몸짓으로 표현하며 시를 낭송해 봅니다.

개념 확인 **알맞은 것을 고르며 오늘의 개념을 확인해 보세요.**

(1) 시를 낭송할 때에는 장면을 떠올리며 읽습니다. (○ , ×)

(2) 시를 낭송할 때에는 몸짓 없이 말로만 낭송해야 합니다. (○ , ×)

문해력을 높이는 어휘

• **오늘 배울 중요 어휘를 따라 쓰며 익혀 보세요.**

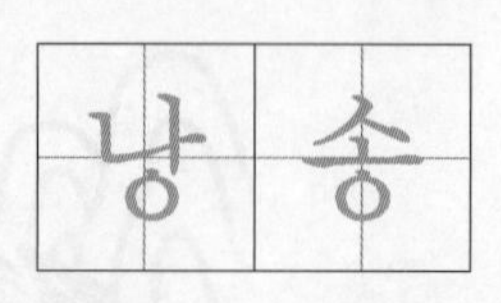

뜻 크게 소리를 내어 글을 읽거나 외움.

예 무대에서 시를 낭송해요.

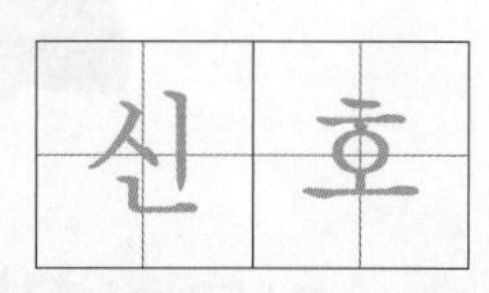

뜻 서로 어떤 내용이나 정보를 전달함. 또는 그렇게 하는 데 쓰는 표시.

예 초록불은 횡단보도를 건너도 된다는 신호예요.

준비

우산 사용법 _ 정연철

• 정답 19쪽

❶ 두 개보다는
한 개
큰 것보다는
작은 것

중심 내용 | 우산은 두 개보다는 한 개, 큰 것보단 작은 것이 좋습니다.

❷ 우산 속에서 **팔짱** 낀 두 사람
어깨동무한 두 사람
더 따뜻해
더 정다워

따뜻한 정이 있어.

중심 내용 | 우산을 함께 쓴 두 사람의 모습이 따뜻하고 정답습니다.

• **글의 종류**: 시
• **글의 특징**: 비 오는 날에 우산을 함께 쓴 두 사람의 모습을 정답게 표현한 시입니다.

• **작품 정리**

1연	작은 우산 한 개를 같이 쓰는 게 좋음.
2연	우산을 함께 쓴 두 사람의 모습이 따뜻하고 정다움.

팔짱 나란히 있는 두 사람 중 한 사람이 옆 사람의 팔에 자신의 팔을 끼는 일.
어깨동무 상대편의 어깨에 서로 팔을 얹어 끼고 나란히 섬.

1 이해 **이 시를 읽고 떠오르는 모습으로 알맞은 것은 무엇인가요? (　　　)**

① 우산이 부러진 모습
② 친구와 함께 우산을 쓴 모습
③ 우산이 바람에 날아가는 모습
④ 비가 그쳐서 우산을 접는 모습
⑤ 여러 가지 색의 우산을 쓴 친구들의 모습

2 감상 **이 시에서 느껴지는 분위기를 두 가지 고르세요. (　　　)**

① 정답습니다.
② 무섭습니다.
③ 따뜻합니다.
④ 지루합니다.
⑤ 차갑습니다.

서술형

3 적용 **이 시의 상황과 비슷한 자신의 경험을 떠올려 쓰세요.**

• 비 오는 날에 우산을 가져오지 못해서 ____

____

도움말 이 시에는 우산을 함께 쓴 두 사람의 모습이 나타납니다.

4 적용 **시를 낭송하는 방법을 알맞게 말한 친구의 이름을 쓰세요.**

이나: 시를 아주 빠르게 읽어 봅니다.
영주: 시의 장면을 상상하며 읽습니다.
현우: 시를 쓴 사람이 누구인지 살펴봅니다.

(　　　　　)

8 단원 1회

신호 _ 장세정

• 정답 19쪽

너랑 만나기로 했다
신발 끈도 못 묶고 달려 나갔다
'너'를 빨리 만나고 싶기 때문에
건널목에서 우리 마주쳤다
빨간 신호등이 켜졌다
'나'와 '너'는 건널목에서 마주 보고 있음.
내가 빙긋 웃자
너도 빙긋
고개를 까딱하자
너도 까딱
팔을 휘휘 흔들자 너도 휘휘
폴짝폴짝 뛰자 너도 뛴다
빨간불이 막아도
너랑 나랑 마주 보며
너랑 나랑 신호 중.
만나서 기쁘고 반가운 마음을 전하는 중

중심 내용 | '나'와 '너'는 만나서 기쁘고 반가웠습니다.

- **글의 종류**: 시
- **글의 특징**: 친구를 만나서 기쁘고 반가운 마음을 나타내는 모습을 표현한 시입니다.
- **작품 정리**

1~3행	'나'와 '너'가 건널목에서 마주침.
4~13행	'나'와 '너'는 만나서 기쁘고 반가운 마음을 전하는 신호를 주고받음.

건널목　철도와 도로가 엇갈리거나 마주치는 곳.
까딱　고개 따위를 아래위로 가볍게 한 번 움직이는 모양.
휘휘　이리저리 휘두르거나 휘젓는 모양.
마주　서로 똑바로 향하여.

5 이해 **이 시에서 '내'가 만나기로 한 사람은 누구인지 쓰세요.**

(　　　　　)

6 추론 **이 시에서 '너'의 마음으로 알맞은 것은 무엇일까요? (　　　)**

① 슬픔.　② 화남.　③ 반가움.
④ 외로움.　⑤ 서운함.

7 어휘 **다음 낱말의 뜻을 찾아 선으로 이으세요.**

(1) 까딱 •　　• ㉮ 이리저리 휘두르거나 휘젓는 모양.
(2) 휘휘 •　　• ㉯ 고개 따위를 아래위로 가볍게 한 번 움직이는 모양.

★
8 이해 **다음 그림에서 이 시를 낭송하는 방법으로 알맞은 것에 ○표 하세요.**

(1) 주고받으며 낭송하기 (　　)
(2) 시에서 떠오르는 장면을 몸짓으로 표현하며 낭송하기 (　　)

서술형
9 감상 **이 시를 읽고 떠오르는 생각이나 느낌을 쓰세요.**

• 시를 읽으면서 친구를 만나 ______________ ______________ 마음이 느껴졌습니다.

도움말 이 시는 '너'를 만나서 반갑고 기뻐하는 모습이 나타나요.

국어 활동

은혜 갚은 개구리

• 정답 19쪽

가 옛날, 어느 마을에 가난한 할아버지와 할머니가 살았어. 하루는 할아버지가 길을 가다가 **웅덩이**에서 헤엄치고 있는 올챙이 몇 마리를 보았어. 가만 보니 오랫동안 비가 오지 않아 올챙이가 다 죽게 생겼네.(웅덩이의 물이 금방 마를 것이기 때문에)

"저런, 딱하기도 하지!"

할아버지는 올챙이들을 곱게 떠서 근처 연못에 옮겨 주었어.

중심 내용 | 할아버지는 죽을 뻔한 올챙이들을 구해 주었습니다.

나 어느 날 집 밖에서 개굴개굴 소리가 요란하게(시끄럽고 떠들썩하게.) 들리는 거야. 할아버지가 나가 보니 예전에 연못으로 옮겨 준 올챙이들이 커서 개구리가 된 거야. 그 개구리들은 할아버지 앞에 냄비 하나를 놓고 가 버리네. 할아버지와 할머니는 냄비에 쌀 한 주먹을 넣고 물을 부어 밥을 했어. 그런데 냄비 뚜껑을 열어 보니 냄비 안에 흰밥이 가득한 거야. 할아버지와 할머니는 깜짝 놀랐지. / "요술 냄비구나!"

할아버지와 할머니는 그때부터 밥걱정하지 않고 편안하게 잘 살았대.

중심 내용 | 올챙이들은 개구리가 되어 할아버지에게 요술 냄비를 가져다주었습니다.

- **글의 종류**: 이야기
- **글의 특징**: 개구리가 목숨을 구해 준 할아버지에게 은혜를 갚는 이야기입니다.
- **작품 정리**

할아버지가 웅덩이에서 죽을 뻔한 올챙이들을 구해 줌.

↓

할아버지 덕분에 목숨을 구한 올챙이들이 개구리가 되어 요술 냄비를 가져다줌.

웅덩이 움푹 파여 물이 괴여 있는 곳.

10 이해 **할아버지는 웅덩이에서 헤엄치고 있는 올챙이들을 보고 어떻게 하였나요? (　　　)**

① 올챙이들을 잡아먹었습니다.
② 올챙이들을 바라보기만 했습니다.
③ 올챙이들을 집으로 데리고 갔습니다.
④ 올챙이들을 근처 연못에 옮겨 주었습니다.
⑤ 올챙이들을 엄마 개구리에게 데려다주었습니다.

11 추론 **개구리들이 할아버지에게 요술 냄비를 가져다 준 까닭은 무엇일까요? (　　　)**

① 목숨을 구해 주어 고마워서
② 연못에 다시 돌아가고 싶어서
③ 할아버지에게 벌을 주기 위해서
④ 할아버지에게 장난을 치고 싶어서
⑤ 할아버지와 할머니를 다투게 하기 위해서

12 이해 **작은 생명도 소중히 아끼는 할아버지의 마음이 드러난 장면으로 알맞은 것에 ○표 하세요.**

(1) 할아버지가 올챙이를 구해 주는 장면 (　　　)
(2) 할아버지가 냄비 안에 가득한 밥을 보고 놀라는 장면 (　　　)

13 감상 **이 글을 읽고 자신의 생각이나 느낌을 알맞게 말한 친구의 이름을 쓰세요.**

(　　　　　　　　)

8 단원 1회

나의 실력에 색칠하세요.

2회 교과서 학습

학습일 : 월 일

• 정답 19쪽

개념 이야기를 읽고 생각이나 느낌 표현하기

• 인물의 마음이 드러난 말이나 행동을 찾고, 마음을 짐작해 봅니다.

• 기억에 남는 장면이나 인물과 비슷한 경험을 떠올립니다.

• 인물에게 하고 싶은 말을 떠올려 봅니다.

개념 확인 **알맞은 것을 고르며 오늘의 개념을 확인해 보세요.**

(1) 인물의 마음은 인물의 말에만 드러나 있습니다. (○ , ×)

(2) 기억에 남는 장면을 떠올려 생각이나 느낌을 표현합니다. (○ , ×)

문해력을 높이는 어휘

• 오늘 배울 중요 어휘를 따라 쓰며 익혀 보세요.

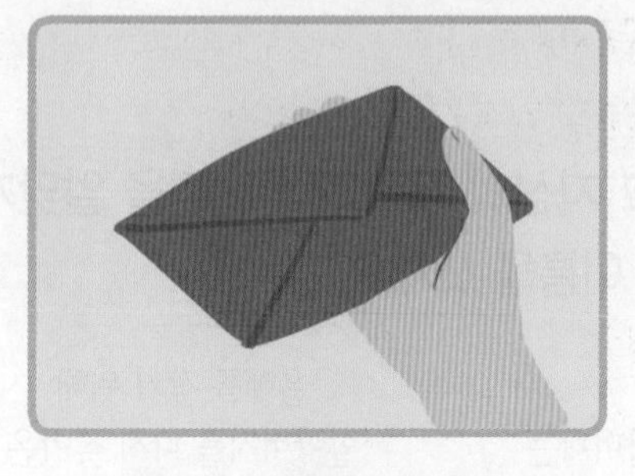

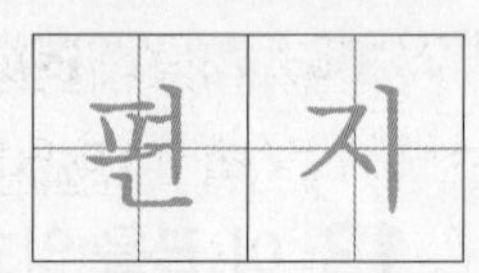

뜻 안부나 소식 따위를 적어 보내는 글.

예 친구에게 편지를 건네요.

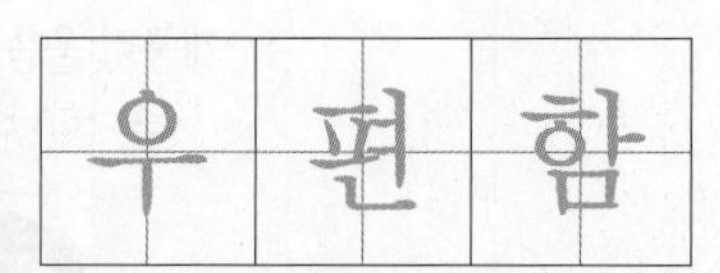

뜻 벽이나 대문 따위에 달아 두고 우편물을 넣게 한 작은 상자.

예 우편함에 편지가 왔어요.

소단원1

편지 _ 아널드 로벨

● 정답 19쪽

가 두꺼비가 자기 집 현관 앞에 앉아 있었어요. 개구리가 와서 물었지요.

"㉠무슨 일이 있니, 두꺼비야? 너 슬퍼 보인다."

두꺼비가 말했지요.

"응, 지금이 하루 중 가장 슬플 때야. 편지 오기를 기다리는 때거든. 이때가 되면 나는 늘 ㉡불행해."

편지가 오기를 기다리는 때

개구리가 물었어요.

"왜?"

두꺼비가 대답했지요.

"㉢나는 편지를 한 번도 못 받았거든."

"편지를 한 번도 못 받았단 말이야?"

"응, 한 번도! 아무도 나한테 편지를 안 보내. 우편함이 늘 텅 비어 있어. 나는 편지 기다리는 때가 가장 슬퍼."

개구리와 두꺼비는 현관 앞에 나란히 앉아 있었어요.

중심 내용 | 두꺼비는 편지를 받지 못해서 슬펐습니다.

- **글의 종류**: 이야기
- **글의 특징**: 편지를 받지 못해서 슬퍼하는 두꺼비를 위해서 개구리가 두꺼비에게 편지를 써 주는 이야기입니다.

▶ 글 가에서 두꺼비의 마음 짐작하기

마음이 드러난 부분
"나는 편지를 한 번도 못 받았거든."
⬇
짐작한 마음
편지를 받아 본 적이 없어서 속상한 마음

현관 건물의 출입문이나 건물에 붙이어 따로 달아낸 문이 있는 곳.
불행 행복하지 아니함.
우편함 벽이나 대문 따위에 달아 두고 우편물을 넣게 한 작은 상자.

1 이해 **두꺼비가 하루 중 가장 슬플 때는 언제인가요? (　　)**

① 밥을 먹을 때
② 아침에 일어났을 때
③ 잠을 자려고 누웠을 때
④ 닭이 우는 소리가 들릴 때
⑤ 편지가 오기를 기다리는 때

★
2 추론 **㉠에 나타난 개구리의 마음으로 알맞은 것은 무엇일까요? (　　)**

① 두꺼비에게 화난 마음
② 두꺼비가 걱정되는 마음
③ 두꺼비를 놀리려는 마음
④ 두꺼비에게 미안한 마음
⑤ 두꺼비를 기쁘게 해 주려는 마음

3 어휘 **㉡과 반대되는 뜻의 낱말은 무엇인가요? (　　)**

① 우울　② 장난
③ 행복　④ 노력
⑤ 대답

4 추론 **㉢을 읽을 때 어울리는 목소리는 무엇인가요? (　　)**

① 힘없는 목소리
② 신이 난 목소리
③ 화가 난 목소리
④ 깜짝 놀란 목소리
⑤ 겁을 먹은 목소리

8 단원 2회

나 개구리는 **서둘러** 집으로 왔어요. / 개구리는 연필을 찾고 종이를 찾았어요. / 그러고는 편지를 썼어요.

개구리는 편지를 **봉투**에다 넣었어요. / 봉투에는 이렇게 썼지요.

두꺼비에게

개구리는 집 밖으로 뛰어나갔어요. / 마침 친한 달팽이를 만났지요. (달팽이: 개구리가 만난 인물)

"달팽이야, **부탁** 하나 들어줄래? 이 편지 두꺼비 집으로 가져가서 우편함에 넣어 주렴."

"알았어, 바로 갈게."

그런 다음, 개구리는 다시 두꺼비 집으로 달려갔어요. / 두꺼비는 낮잠을 자고 있었어요.

"두꺼비야, 일어나서 좀 더 편지를 기다리는 게 나을 것 같아." (자신이 두꺼비에게 편지를 보냈기 때문에)

두꺼비가 대답했지요.

"싫어, 나는 편지 기다리는 데 지쳤어."

개구리는 창밖에 있는 두꺼비의 우편함을 내다보았어요.

중심 내용 | 개구리는 두꺼비에게 편지를 써서 달팽이에게 두꺼비의 우편함에 넣어 달라고 부탁했습니다.

> 글 나에서 개구리의 마음 짐작하기

마음이 드러난 부분
개구리는 서둘러 집으로 왔어요. 개구리는 연필을 찾고 종이를 찾았어요.
⬇
짐작한 마음
얼른 편지를 써서 두꺼비를 기쁘게 해 주고 싶은 마음

서둘러 일을 빨리 하려고 급하게 바삐 움직여.
봉투 편지나 서류 따위를 넣기 위하여 종이로 만든 주머니.
부탁 어떤 일을 해 달라고 청하거나 맡김. 또는 그 일거리.

5 이해 **개구리는 집에 와서 무엇을 했나요? ( )**

① 잠을 잤습니다.
② 짐을 챙겼습니다.
③ 편지를 썼습니다.
④ 청소를 했습니다.
⑤ 창밖을 보았습니다.

6 이해 **개구리는 편지를 우편함에 넣어 달라고 누구에게 부탁했는지 쓰세요.**

( )

7 추론 **이 글에 나타난 인물의 마음을 알맞게 찾아 선으로 이으세요.**

(1) 개구리 • • ㉮ 편지를 기다리는 데 지침.

(2) 두꺼비 • • ㉯ 두꺼비를 기쁘게 해 주고 싶음.

서술형

8 중심 내용 **글 나의 내용을 정리하여 쓰세요.**

• 개구리는 두꺼비에게 ☐☐를 써서 달팽이에게 전해 달라고 부탁했습니다.

도움말 개구리가 두꺼비에게 쓴 것은 무엇인지 찾아 빈칸에 써요.

다 "분명히 편지가 올 거야. 내가 너한테 편지를 보냈거든."

"네가 편지를 보냈다고? 뭐라고 썼는데?"

> 안녕, 두꺼비야.
> 네가 나의 가장 친한 친구인 게 기뻐.
> 너의 가장 친한 친구 개구리가.

"이렇게 썼어."

두꺼비가 말했어요. / "㉠ 와, 정말로 멋진 편지다."

그다음에 개구리와 두꺼비는 편지를 기다리러 현관 앞으로 나갔어요. / 개구리와 두꺼비는 현관 앞에 나란히 앉았지요. / 둘 다 행복해하면서 말이에요! / 개구리와 두꺼비는 한참 동안 기다렸어요. / 나흘(네 날.) 뒤에야 달팽이가 와서는 두꺼비한테 개구리의 편지를 전해 주었어요.

두꺼비는 무척이나 기뻤답니다.

중심 내용 | 개구리의 편지를 받은 두꺼비는 매우 기뻤습니다.

• 작품 정리

두꺼비는 편지를 한 번도 받지 못해 슬프다고 개구리에게 말함.

⬇

개구리는 두꺼비에게 편지를 씀.

⬇

개구리는 달팽이에게 편지를 전해 달라고 부탁했고, 두꺼비와 개구리는 행복한 마음으로 편지를 기다림.

⬇

나흘 뒤, 편지를 받은 두꺼비는 무척 기뻐함.

9 이해 **개구리가 두꺼비에게 쓴 편지의 내용은 무엇인가요? (　　　)**

① 두꺼비의 생일을 축하합니다.
② 개구리가 이사를 가게 되었습니다.
③ 달팽이도 같이 친하게 지냈으면 좋겠습니다.
④ 두꺼비가 자신의 가장 친한 친구인 게 기쁩니다.
⑤ 두꺼비가 편지를 더 이상 기다리지 않았으면 좋겠습니다.

10 추론 **㉠에서 두꺼비의 마음으로 알맞은 것을 두 가지 고르세요. (　　　　　)**

① 슬픔. ② 기쁨.
③ 감탄함. ④ 미안함.
⑤ 부끄러움.

11 감상 **다음 메신저 대화에서 이 글의 인물과 비슷한 경험을 알맞게 말한 친구의 이름을 쓰세요.**

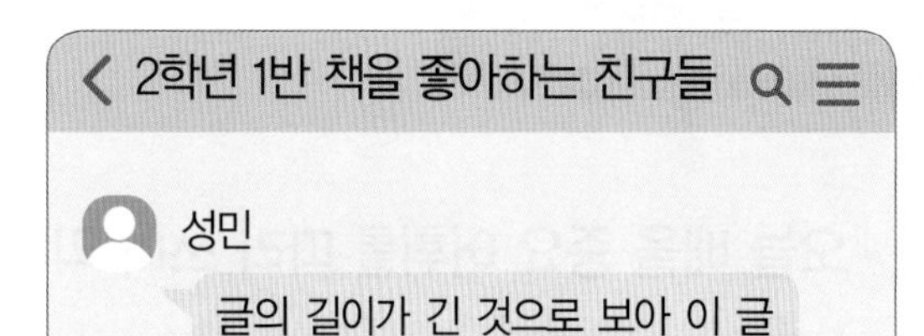

유리
현장 체험학습을 가기 일주일 전부터 기다리며 설렜던 기억이 나.

은우
개구리는 두꺼비를 위해 편지를 보냈어.

(　　　　　　　　　　)

나의 실력에 색칠하세요.

학습일 : 월 일

• 정답 20쪽

개념 인형극을 감상하고 인물의 마음 짐작하기

• 인물의 말 과 행동을 자세히 관찰하며 인형극을 봅니다.

• 기억에 남는 장면을 떠올립니다.

• 인물의 마음을 짐작 해 보고 나라면 어떠했을지 상상합니다.

개념 확인 알맞은 것을 고르며 오늘의 개념을 확인해 보세요.

(1) 인물의 행동을 살펴보면 인물의 마음을 짐작할 수 있습니다. (○ , ×)

(2) 인형극을 볼 때에는 나라면 어떠했을지 상상하지 않는 것이 좋습니다. (○ , ×)

문해력을 높이는 어휘

• 오늘 배울 중요 어휘를 따라 쓰며 익혀 보세요.

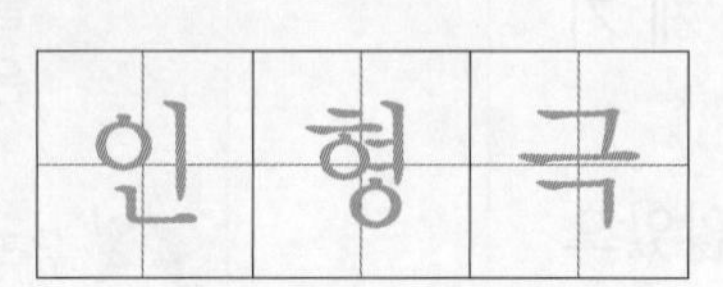

뜻 인형을 배우로 하는 연극.

예 인형극을 연습해요.

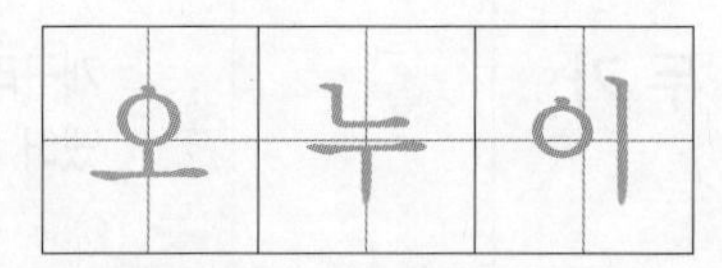

뜻 오빠와 여동생(또는 누나와 남동생)을 나타내는 말.

예 우리는 사이좋은 오누이예요.

소단원2

해와 달이 된 오누이

• 정답 20쪽

❶

엄마는 산 너머 있는 **잔칫집**(엄마께서 가신 곳)에 일을 도우러 가시며 똘이와 순이(오누이)에게 모르는 사람이 오면 절대 문을 열어 주지 말라고 하였습니다.

❷

잔칫집에서 집으로 돌아오던 엄마는 **고개**에서 호랑이를 만났습니다. 호랑이에게 떡을 주고 두 고개를 넘었지만, 마지막 고개에서 호랑이는 엄마를 잡아먹었습니다.

❸

호랑이는 오누이를 찾아가 엄마의 목소리를 흉내 내어 은근하게 말했습니다.

"엄마가 왔단다."

- **글의 종류**: 인형극
- **글의 특징**: 호랑이를 피해 하늘로 올라간 오누이가 해와 달이 되었다는 내용을 담은 그림자 인형극입니다.

▶ 호랑이의 말이나 행동으로 마음 짐작하기

말이나 행동	엄마의 목소리를 흉내 내어 오누이에게 은근하게 말한다. "엄마가 왔단다."
마음	오누이를 속이려는 마음

잔칫집 기쁜 일이 있을 때 음식을 차려 놓고 여러 사람이 모여 즐기는 일을 벌이는 집.
고개 사람이나 차가 넘어 다니는 산이나 언덕.

1 이해 장면 ❶에서 엄마는 어디에 가셨나요? ( )

① 동굴 ② 콩밭
③ 시장 ④ 잔칫집
⑤ 할머니 댁

2 이해 엄마는 나가시며 오누이에게 어떤 말씀을 하셨나요? ( )

① 밥을 잘 챙겨 먹으라고 하셨습니다.
② 사이좋게 놀고 있으라고 하셨습니다.
③ 아버지를 기다리고 있으라고 하셨습니다.
④ 누구에게나 먹을 것을 주라고 하셨습니다.
⑤ 모르는 사람이 오면 절대 문을 열어 주지 말라고 하셨습니다.

3 이해 엄마는 호랑이에게 무엇을 주고 고개를 넘었는지 쓰세요.

( )

★ **4** 추론 호랑이가 오누이를 찾아가 엄마의 목소리를 흉내 낸 까닭은 무엇일까요? ( )

① 오누이를 잡아먹기 위해서
② 오누이와 함께 놀기 위해서
③ 오누이에게 떡을 주기 위해서
④ 오누이가 사는 집을 빼앗기 위해서
⑤ 엄마 대신 오누이를 돌봐 주기 위해서

• 정답 20쪽

❹

문밖의 목소리가 이상하다고 생각한 똘이는 호랑이에게 손을 보여 달라고 하였습니다. 손을 본 오누이는 호랑이라는 것을 알고 나무 위로 도망쳤습니다.

호랑이의 목소리

엄마가 맞는지 확인하기 위해서

❺

호랑이가 나무 밑까지 쫓아와 오누이에게 나무 위에 올라가는 방법을 물었습니다. 똘이는 손에 기름을 바르고 나무에 올라오라고 하였습니다.

호랑이가 나무에 올라오지 못하게 하기 위한 꾀

❻

그 말을 들은 호랑이는 손에 기름을 바르고 나무에 올라가려고 했지만 **미끄러워서** 나무에 올라갈 수 없었습니다.

장면 ❹~❻에서 일어난 일

장면 ❹	오누이는 호랑이의 손을 보고 나무 위로 도망침.
장면 ❺	똘이가 호랑이에게 손에 기름을 바르고 나무에 올라오라고 함.
장면 ❻	손에 기름을 바른 호랑이는 나무에 올라가지 못함.

기름 미끈미끈하고 불에 잘 타는 액체.
미끄러워서 거침없이 저절로 밀려 나갈 정도여서.

5 이해 **똘이가 호랑이에게 손을 보여 달라고 한 까닭은 무엇인가요? (   )**

① 호랑이와 인사하기 위해서
② 호랑이에게 떡을 주기 위해서
③ 엄마가 맞는지 확인하기 위해서
④ 호랑이의 손을 잡아당기기 위해서
⑤ 호랑이의 손이 얼마나 큰지 보기 위해서

서술형

6 이해 **호랑이가 나무 위에 올라가는 방법을 물었을 때 똘이는 무엇이라고 대답했는지 쓰세요.**

• 손에 [ ][ ]을 바르고 나무에 올라오라고 하였습니다.

도움말 똘이는 호랑이가 나무에 올라올 수 없도록 꾀를 내었어요.

7 이해 **장면 ❻에서 호랑이의 행동으로 알맞은 것은 무엇인가요? (   )**

① 나무 끝까지 올라갑니다.
② 나무에 기대어 앉습니다.
③ 나무를 손으로 두드립니다.
④ 나무에서 미끄러져 떨어집니다.
⑤ 나무를 양손으로 잡고 흔듭니다.

8 추론 **호랑이가 나무에 올라오지 못하는 모습을 보고 오누이가 했을 생각으로 알맞은 것에 ○표 하세요.**

(1) 다행이라는 생각 (   )
(2) 호랑이를 도와주고 싶다는 생각 (   )

해와 달이 된 오누이

• 정답 20쪽

❼

순이가 ㉠실수로 나무를 도끼로 찍어서 올라오면 된다고 말하였습니다. 호랑이가 도끼를 가지러 가자, 오누이는 하늘을 향해 **빌었습니다**. / "저희를 살려 주세요."

나무에 쉽게 올라오는 방법

❽

그러자 하늘에서 **동아줄**이 내려왔고, 오누이는 하늘로 올라갔습니다. 호랑이가 자신에게도 동아줄을 내려 달라고 하늘에 빌자 하늘에서 썩은 동아줄이 내려왔습니다.

❾

하늘에서 내려온 썩은 동아줄을 잡은 호랑이는 땅으로 떨어지고 말았습니다. 그리고 오누이는 하늘로 올라가 엄마를 만나고, 해와 달이 되었습니다.

썩은 동아줄이 끊어졌기 때문에

• 작품 정리

장소	일어난 일
집	엄마가 잔칫집에 가고 오누이만 집을 보게 됨.
고개	호랑이가 나타나 엄마를 잡아먹음.
집	호랑이가 엄마인 척하고 오누이를 찾아옴.
나무 위	오누이는 하늘로 올라가 해와 달이 되고 호랑이는 땅으로 떨어져 죽음.

실수 조심하지 아니하여 잘못함. 또는 그런 행동.
빌었습니다 바라는 바를 이루게 하여 달라고 신이나 사람, 사물 따위에 간절히 부탁했습니다.
동아줄 굵고 튼튼하게 꼰 줄.

9 이해 ㉠이 가리키는 것은 무엇인가요? (　　　)

① 나뭇가지를 부러뜨린 것
② 호랑이에게 도끼를 준 것
③ 호랑이를 손으로 잡아준 것
④ 나무에서 발이 미끄러진 것
⑤ 나무에 쉽게 올라오는 방법을 말한 것

★ **10** 추론 다음 오누이의 말과 행동에 나타난 마음으로 알맞은 것에 ○표 하세요.

> 하늘을 향해 두 손 모아 빈다.
> "저희를 살려 주세요!"

(1) 다급하고 간절한 마음 (　　)
(2) 엄마를 사랑하는 마음 (　　)

서술형 **11** 이해 똘이와 순이가 하늘로 올라가자 호랑이가 한 행동은 무엇인지 쓰세요.

• 자신에게도 (　　　　　　　　　　　　) 하늘에 빌었습니다.

도움말 하늘에서 오누이에게 동아줄이 내려온 후 호랑이가 한 행동을 살펴보아요.

12 감상 이 인형극에 대한 생각이나 느낌을 알맞게 이야기한 친구의 이름을 쓰세요.

> 동현: 순이의 성격은 지혜롭고 똑똑해.
> 연아: 호랑이가 썩은 동아줄을 잡고 떨어졌을 때 통쾌한 기분이 들었어.

(　　　　　　　　　　)

8 단원 3회

나의 실력에 색칠하세요.

학습일 : 월 일

● 정답 20쪽

개념 인형극을 감상하고 자신의 생각이나 느낌 표현하기

• 인물의 말과 행동 을 살펴보고 재미있는 부분을 찾습니다.

• 인물에게 편지 를 쓰고, 친구들 앞에서 발표합니다.

개념 확인 **알맞은 것을 고르며 오늘의 개념을 확인해 보세요.**

(1) 인물에게 편지를 쓸 때 친구와 똑같은 내용으로 써야 합니다. (○ , ×)

(2) 인물의 말과 행동을 살펴보면 인형극에서 재미있는 부분을 찾을 수 있습니다. (○ , ×)

문해력을 높이는 어휘

• 오늘 배울 중요 어휘를 따라 쓰며 익혀 보세요.

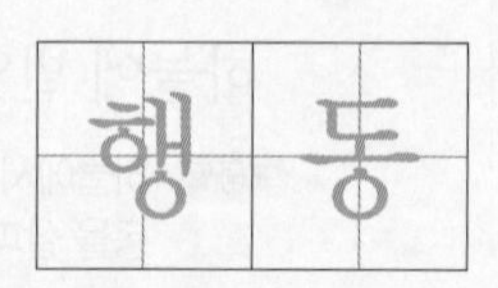

행동

뜻 몸을 움직여 동작을 하거나 어떤 일을 함.

예 내 짝은 힘든 일도 앞장서서 행동해요.

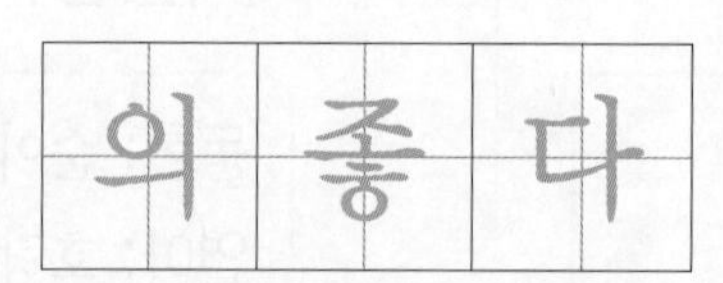

의좋다

뜻 정이 두텁다.

예 오빠와 나는 의좋은 남매예요.

소단원2

의좋은 형제

• 정답 20쪽

❶ 아우에게 벼 베는 법을 알려 주는 형

등장 인물 ① 등장 인물 ②

아우: 이제 이 벼를 잘 베면 되지요?

형: 그래, 올해도 농사가 잘됐구나. 다치지 않도록 해라.

아우: 예. (낫을 찾으며) 옳지, 잘 들게 생겼다.

❷ 형: (벼를 베며) 읏차!

아우: 으힛! (벼를 베려 애쓰며) 으라차차!

형: 허어, 뭐 하는 거야? (고개를 저으며) 그렇게 하는 게 아니야. 요 낫을 밑에다가 바짝 대고 (벼를 베며) 이렇게. 앞으로 잡아 당겨야지.

아우: 아하, 밑동에 대고요? 어디 (벼를 베며) 앞으로.

❸ 형: 그래.

아우: 아하, 역시. 이번에도 앞으로!

형: (고개를 끄덕이며) 잘하면서…….

아우: 역시! 형님은 모르시는 게 없습니다.

• 글의 종류: 인형극
• 글의 특징: 서로를 생각하는 사이좋은 형제의 이야기입니다.

› 장면 ❶~❸에서 일어난 일

장면 ❶	농사가 잘되어, 벼를 베는 형과 아우
장면 ❷	아우에게 벼를 베는 방법을 알려 주는 형
장면 ❸	형은 모르는 것이 없다며 형을 칭찬하는 아우

베는 날이 있는 연장 등으로 무엇을 끊거나 자르거나 가르는.
낫 곡식, 나무, 풀 등을 베는 데 쓰는 농기구.
밑동 채소 등의 식물의 굵게 살진 뿌리 부분.

1 이해 **이 이야기의 등장인물은 누구인지 쓰세요.**

형과 (   )

2 이해 **이 이야기에서 형은 아우에게 무엇을 알려 주고 있나요? (   )**

① 벼를 베는 방법
② 밥을 짓는 방법
③ 농사를 짓는 방법
④ 벼를 옮기는 방법
⑤ 벼를 키우는 방법

★ **3** 추론 **장면 ❷에서 아우의 마음은 어떠했을지 알맞은 것에 ○표 하세요.**

(1) 혼자서만 벼를 열심히 베는 형이 얄밉습니다. (   )
(2) 벼를 베는 방법을 알려 주는 형에게 고맙습니다. (   )

4 이해 **장면 ❸에서 아우는 어떤 말과 행동을 했나요? (   )**

① 형은 행동이 느리다고 나무랐습니다.
② 형이 농사를 망쳤다며 슬퍼했습니다.
③ 형은 힘이 세다며 형을 칭찬했습니다.
④ 형은 모르는 것이 없다며 형을 칭찬했습니다.
⑤ 형은 벼를 잘 벤다고 형의 등을 토닥였습니다.

8 단원 4회

❹ 어리둥절한 형제

형: (고개를 갸우뚱하며) 어허, 내가 분명히 **볏단**들을 옮겨 갔는데?
아우 몰래 볏단을 아우의 집에 옮겨 놓은 형

아우: (고개를 갸우뚱하며) 그것참. 아, 왜 그대로 있지?

형: 어, 이상하네.

❺ 아우: 어, 저, 형님!

형: 응?

아우: 별일 없으십니까?

형: (당황해하며) 어, 나 아무 일 없다.

아우: 이상하다……. 내가 볏단을 갖다드렸는데…….
형 몰래 볏단을 형의 집에 옮겨 놓은 아우

❻ 형: 아우야, 내가 깜박 잊은 게 있구나. 집에 좀 다녀와야겠어.

아우: 그럼 어서 휑하니 다녀오세요.

형: 이따가 보자.

아우: 예.

형: 그거 정말 이상한 일도 다 있네.

· 작품 정리

형이 아우에게 벼를 베는 방법을 잘 알려 줌.
⬇
형과 아우가 서로를 위해 몰래 볏단을 가져다 놓음.
⬇
옮겼지만 그대로 있는 볏단을 형과 아우가 발견함.
⬇
형과 아우가 어리둥절해 함.

어리둥절한 무슨 영문인지 잘 몰라서 얼떨떨한.
볏단 벼를 베어 묶은 단.

5 이해 **장면 ❹에서 어떤 일이 일어났나요? (　　　)**

① 누군가 볏단을 훔쳐갔습니다.
② 형과 아우가 볏단을 찾았습니다.
③ 다른 사람이 벼를 베고 있었습니다.
④ 아우가 볏단을 다른 곳으로 옮겼습니다.
⑤ 볏단을 옮겼는데도 그대로 볏단이 있었습니다.

6 추론 **형제의 볏단들이 그대로 있는 까닭으로 알맞은 것에 ○표 하세요.**

(1) 형제가 서로의 집에 몰래 볏단을 가져다 놓았기 때문에 (　　　)
(2) 형과 아우가 서로를 이기기 위해 밤새 벼를 베어다 놓았기 때문에 (　　　)

★ **7** 적용 **볏단이 그대로인 것을 안 형제는 어떻게 생각했나요? (　　　)**

① 신비한 일이 일어났다고 생각했습니다
② 서로가 자신을 위해 준 것을 알았습니다.
③ 볏단이 저절로 늘어났다고 생각했습니다.
④ 누가 벼를 베어다 놓았는지 생각했습니다.
⑤ 어찌 된 일인지 몰라 어리둥절해 했습니다.

서술형 **8** 감상 **이 이야기에 대한 자신의 생각이나 느낌을 쓰세요.**

• ______________________________
______________이 가장 기억에 남습니다.

도움말 인물의 말과 행동을 살펴보면 인상 깊은 부분을 찾을 수 있어요.

마무리하기

• 정답 20쪽

9 적용 **막대 인형을 만들어 인형극을 발표할 때의 자세로 알맞지 않은 것은 무엇인가요? ( )**

① 장난스럽게 발표합니다.
② 몸짓을 실감 나게 표현합니다.
③ 또박또박한 목소리로 말합니다.
④ 알아듣기 쉽게 천천히 말합니다.
⑤ 인물의 마음을 생각하며 말합니다.

★
10 이해 **친구가 이야기를 읽고 느낀 점을 발표하려고 합니다. 친구에게 해 줄 수 있는 말로 알맞은 것은 무엇인가요? ( )**

① 줄거리를 길게 말해야 해.
② 느낌은 짧게 말할수록 좋아.
③ 인물의 좋은 점만 찾는 거야.
④ 최대한 어려운 말을 써서 발표해.
⑤ 인물의 말이나 행동을 떠올리고, 어떤 느낌이 들었는지 말해 봐.

11 이해 **보기에서 알맞은 말을 찾아 인형극 속 인물의 마음을 짐작하는 방법을 쓰세요.**

보기

마음　　행동　　빠르기

(1) 인물의 ( )을/를 자세히 살펴봅니다.
(2) 인물의 ( )이/가 드러나는 말을 찾아봅니다.
(3) 목소리의 크기와 ( )이/가 어떠한지 듣습니다.

어법 더하기

12 적용 **다음 밑줄 친 낱말을 소리 나는 대로 쓰세요.**

나는 <u>구름을</u> 먹어 보고 싶어.

[ ]

어법 더하기+ 받침이 뒷말 첫소리가 되는 낱말

우리말에는 받침이 뒷말 첫소리로 넘어가서 소리 나는 낱말들이 있습니다.

예를 들어 '구름'과 '이'가 합쳐진 말인 '구름이'는 '구름'의 받침 'ㅁ'이 뒷말 첫소리로 넘어가 [구르미]로 소리 납니다. 받침 'ㅁ'이 뒷말 첫소리에 자연스럽게 이어져서 '구름에'는 [구르메]로, '구름을'은 [구르믈]로 소리 납니다.

글자	소리
구름이	[구르미]
구름에	[구르메]
구름을	[구르믈]

나의 실력에 색칠하세요.

| 1~2 | 다음 시를 읽고, 물음에 답하세요.

신호

너랑 만나기로 했다
신발 끈도 못 묶고 달려 나갔다
건널목에서 우리 마주쳤다
빨간 신호등이 켜졌다
내가 빙긋 웃자
너도 빙긋
고개를 까딱하자
너도 까딱
팔을 휘휘 흔들자 너도 휘휘
[㉠] 뛰자 너도 뛴다
빨간불이 막아도
너랑 나랑 마주 보며
너랑 나랑 신호 중.

1 '내'가 고개를 까딱하자 '너'가 한 행동은 무엇인가요? (　　　)

① 손을 흔들었습니다.
② 집에 가 버렸습니다.
③ 고개를 까딱했습니다.
④ 신발 끈을 묶었습니다.
⑤ 건널목을 건너왔습니다.

2 다음 낱말의 뜻을 보고, ㉠에 들어갈 알맞은 낱말에 ○표 하세요.

(1) 폴짝폴짝: 작은 것이 자꾸 세차고 가볍게 뛰어오르는 모양. (　　)
(2) 빙긋: 입을 슬쩍 벌릴 듯하면서 소리 없이 가볍게 한 번 웃는 모양. (　　)

| 3~5 | 다음 글을 읽고, 물음에 답하세요.

가 두꺼비가 자기 집 현관 앞에 앉아 있었어요. 개구리가 와서 물었지요.
"㉠무슨 일이 있니, 두꺼비야? 너 슬퍼 보인다."
두꺼비가 말했지요.
"응, 지금이 하루 중 가장 슬픈 때야. 편지 오기를 기다리는 때거든. 이때가 되면 나는 늘 불행해."
개구리가 물었어요. / "왜?"
두꺼비가 대답했지요.
"㉡나는 편지를 한 번도 못 받았거든."

나 얼마 뒤에 개구리가 말했어요.
"㉢두꺼비야, 나 이제 집에 가야겠다. 해야 할 일이 있거든."
개구리는 서둘러 집으로 왔어요.
개구리는 연필을 찾고 종이를 찾았어요.

3 ㉠~㉢ 중에서 속상한 마음이 드러나는 부분의 기호를 쓰세요.

(　　　　　　　　)

4 글 가에서 알 수 있는 개구리의 성격은 어떠한가요? (　　　)

① 다정함. ② 조용함. ③ 심술궂음.
④ 시끄러움. ⑤ 화를 잘 냄.

서술형
5 이 글의 뒤에 이어질 내용을 짐작하여 쓰세요.

• 개구리는 두꺼비에게 [　][　]를 쓸 것입니다.

도움말 두꺼비는 개구리에게 편지를 한 번도 받지 못해 슬프다고 말했어요.

정답 21쪽

| 6~10 | 다음을 보고, 물음에 답하세요.

❶

엄마는 산 너머 있는 잔칫집에 일을 도우러 가시며 돌이와 순이에게 모르는 사람이 오면 절대 문을 열어 주지 말라고 하셨습니다.

❷

잔칫집에서 집으로 돌아오던 엄마는 고개에서 호랑이를 만났습니다. 호랑이에게 떡을 주고 두 고개를 넘었지만, 마지막 고개에서 호랑이는 엄마를 잡아먹었습니다.

❸

호랑이는 오누이를 찾아가 엄마의 목소리를 흉내 내어 은근하게 말했습니다. / "엄마가 왔단다."

6 장면 ❶에서 엄마가 돌이와 순이에게 하신 말씀으로 알맞은 것에 ○표 하세요.

(1) "어려운 사람을 도와줘라." ( )

(2) "모르는 사람이 오면 절대 문을 열어 주지 말아라." ( )

7 장면 ❷에서 엄마가 고개를 넘을 수 있었던 까닭은 무엇인가요? ( )

① 호랑이보다 힘이 세서

② 호랑이에게 떡을 주어서

③ 걸음이 호랑이보다 빨라서

④ 호랑이가 등에 태워 주어서

⑤ 지나온 길을 떡으로 표시해 두어서

8 장면 ❷에서 엄마의 마음으로 알맞은 것은 무엇인가요? ( )

① 재미있다. ② 화가 난다.

③ 반갑고 신난다. ④ 놀라고 무섭다.

⑤ 슬프고 힘이 든다.

9 장면 ❶과 ❷는 어디에서 일어난 일인지 각각 알맞은 곳을 선으로 이으세요.

(1) 장면 ❶ • • ㉮ 집

(2) 장면 ❷ • • ㉯ 고개

10 장면 ❸에 나타난 호랑이의 말이나 행동에서 알 수 있는 마음으로 알맞은 것에 ○표 하세요.

> 엄마의 목소리를 흉내 내어 오누이에게 은근하게 말한다.
> "엄마가 왔단다."

(1) 오누이를 사랑하는 마음 ( )

(2) 오누이를 속이려는 마음 ( )

11 인형극을 보고 인물의 마음을 짐작하는 방법을 알맞게 말한 친구의 이름을 쓰세요.

> 시원: 인물의 생김새를 살펴봐야 해.
> 예나: 인물의 말과 행동을 자세히 관찰해야 해.

( )

정답 21쪽

| 12~14 | 다음을 보고, 물음에 답하세요.

❶ 어리둥절한 형제
형: (고개를 갸우뚱하며) 어허, 내가 분명 히 볏단들을 옮겨 갔는데?
아우: (고개를 갸우뚱하며) 그것참. 아, 왜 그대로 있지?
형: 어, 이상하네.
❷ 아우: 어, 저, 형님!
형: 응?
아우: 별일 없으십니까?
형: (당황해하며) 어, 나 아무 일 없다.
아우: 이상하다……. 내가 볏단을 갖다드 렸는데…….

12 형과 아우는 어떤 사이인가요? (　　　)

① 서로를 생각하는 사이입니다.
② 서로를 질투하는 사이입니다.
③ 서로를 이기려는 사이입니다.
④ 서로를 걱정하는 사이입니다.
⑤ 서로에게 미안해 하는 사이입니다.

13 형에게 볏단을 가져다 놓은 사람은 누구인지 쓰세요.

(　　　　　　　　　)

서술형
14 형제는 서로가 몰래 볏단을 가져다 놓은 것을 알고 어떤 마음이 들었을까요?

• 서로를 위하는 마음에 ________________.

도움말 형제는 서로의 집에 몰래 볏단을 가져다 두었습니다.

수행 평가
15 다음 글을 읽고, 물음에 답하세요.

가 하루는 할아버지가 길을 가다가 웅덩이에서 헤엄치고 있는 올챙이 몇 마리를 보았어. 가만 보니 오랫동안 비가 오지 않아 올챙이가 다 죽게 생겼네. / “저런, 딱하기도 하지!”
할아버지는 올챙이들을 곱게 떠서 근처 연못에 옮겨 주었어.
나 어느 날 집 밖에서 개굴개굴 소리가 요란하게 들리는 거야. 할아버지가 나가 보니 예전에 연못으로 옮겨 준 올챙이들이 커서 개구리가 된 거야. 그 개구리들은 할아버지 앞에 냄비 하나를 놓고 가 버리네.
다 할아버지와 할머니는 깜짝 놀랐지.
“요술 냄비구나!” / 할아버지와 할머니는 그때부터 밥걱정하지 않고 편안하게 잘 살았대.

1단계 할아버지에 대한 개구리들의 마음은 어떠했을지 쓰세요.

• 할아버지께 [　][　][　] 마음

도움말 일이 일어난 차례를 생각하며 개구리들의 마음을 짐작해 보아요.

2단계 보기와 같이 이 글을 읽고 든 생각이나 느낌을 쓰세요.

보기
은혜를 갚으려고 할아버지를 다시 찾아온 개구리들의 행동이 멋지다고 생각합니다.

____

____

도움말 이 글을 읽고 든 생각과 느낌을 자유롭게 떠올려 보아요.

낱말 놀이터

좋아하는 음식을 찾아 주세요!

동물들이 말하는 낱말의 뜻을 읽고 알맞은 낱말을 찾아 그림에 ○표 하세요.

거꾸로 정답 낭송, 편지, 인형극, 행동

8 단원 5회

나의 실력에 색칠하세요.

2022 개정 교육과정

백점

국어 2·1

평가북

- 학교 시험 대비 수준별 **단원 평가**

∘ 평가북 구성과 특징

1 수준별 단원 평가 A단계

학교에서 실시하는 객관식 문항의
단원 평가를 완벽하게 대비할 수 있습니다.

2 수준별 단원 평가 B단계

학교에서 실시하는 서술형 문항이 포함된
단원 평가를 확실하게 대비할 수 있습니다.

백점

국어 2·1

평가북

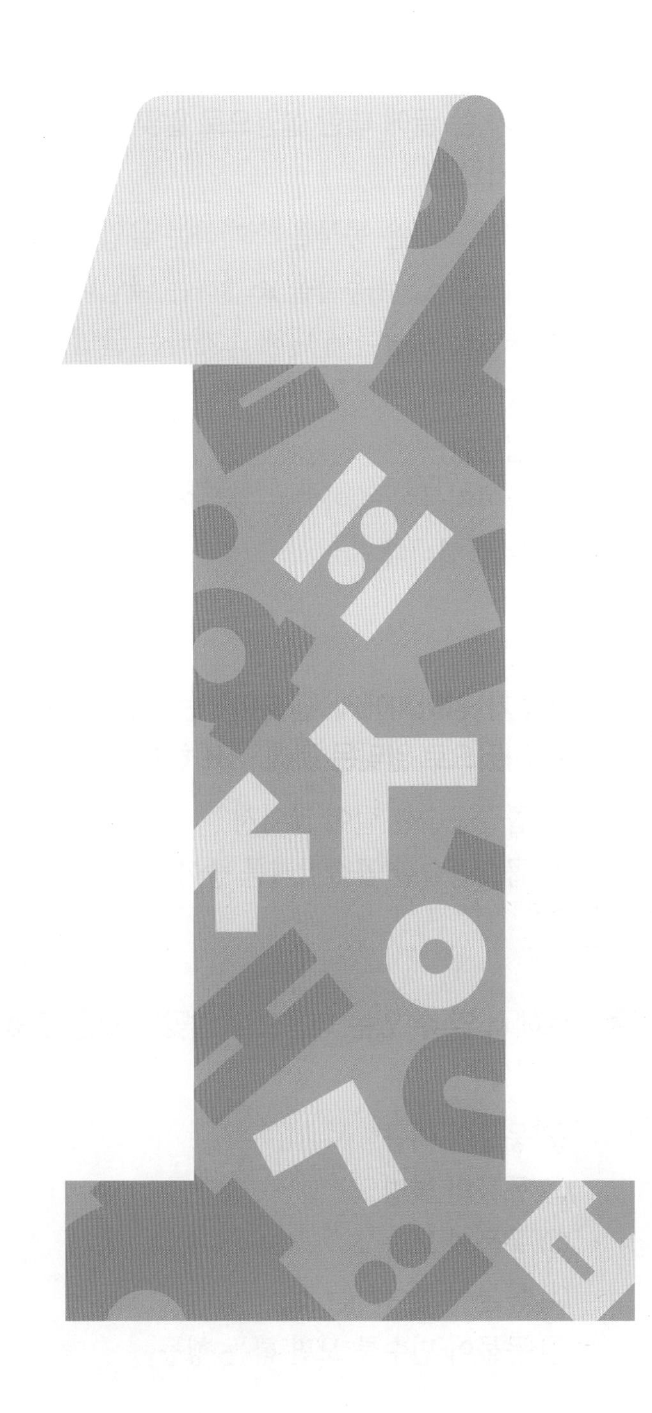

차례

| 1~3 | 다음 민수가 쓴 글을 읽고, 물음에 답하세요.

> 저는 강아지를 기르고 있습니다. 곱슬곱슬한 털이 많아 이름도 곱슬이입니다. ㉠몸집은 작지만 귀는 아주 커서 얼굴을 다 덮을 정도입니다. 눈은 동그라면서 크고 코는 까만색이며 코끝은 반질거립니다. 제가 학교에 갔다 오면 겅중겅중 높이 뛰어오르며 반겨 줍니다.

1 **민수가 쓴 글에 대한 설명으로 알맞은 것은 무엇인가요? (　　　)**

① 기르고 싶은 동물을 소개하는 글입니다.
② 기르고 있는 동물을 소개하는 글입니다.
③ 좋아하는 동물에 대해 소개하는 글입니다.
④ 강아지의 이름을 짓는 방법을 설명하는 글입니다.
⑤ 강아지들이 좋아하는 행동에 대해 설명하는 글입니다.

2 **민수가 강아지에게 '곱슬이'라는 이름을 지어 준 까닭으로 알맞은 것에 ○표 하세요.**

⑴ 곱슬곱슬한 털이 많아서 (　　　)
⑵ 곱슬곱슬한 곱슬머리를 좋아해서 (　　　)

3 **㉠에서 알 수 있는 내용으로 알맞은 것은 무엇인가요? (　　　)**

① 동물의 이름
② 동물의 별명
③ 동물의 모습
④ 동물이 좋아하는 것
⑤ 동물이 민수를 보면 하는 행동

| 4~5 | 다음 그림을 보고, 물음에 답하세요.

4 **이 그림에서 동현이의 친구가 잘못한 점은 무엇인가요? (　　　)**

① 말차례를 지키지 않았습니다.
② 너무 작은 목소리로 말하였습니다.
③ 대화 내용과 관계없는 말을 하였습니다.
④ 자신이 아닌 친구의 꿈을 말하였습니다.
⑤ 선생님께서 말씀하시는 중에 말하였습니다.

5 **그림의 내용을 보고 알맞게 말하지 못한 친구의 이름을 쓰세요.**

> 지안: 동현이와 친구는 친한 사이라 같은 꿈을 가지고 있었을 거야.
> 나은: 동현이는 친구가 갑자기 끼어들어 말해서 당황스러운 기분이 들었을 거야.
> 서준: 친구에게 대화를 할 때에는 차례를 지켜서 말을 해야 한다고 말해 주고 싶어.

(　　　　　　　　)

● 정답 22쪽

6~8 다음 글을 읽고, 물음에 답하세요.

가 라라가 물려받지 않는 것은 속옷과 신발뿐입니다.
그래서 라라는 신발을 좋아합니다.
신발은 늘 새것이니까요.
어느 날, 라라는 세상 그 어떤 신발보다 멋진 신발을 만났습니다.
"누가 뭐래도 이건 세상에 둘도 없는 나만의 신발이야. 햇빛에 반짝반짝 빛나는 것 좀 봐!"

나 월터는 돌에 채어 넘어졌고 / 맥스는 중심을 잃고 비틀거렸고 / 핀은 엉덩방아를 찧었습니다. / 모두 함빡 젖고 말았어요.
하지만 아무도 신발을 잡지 못했습니다.
신발은 반짝이는 은빛 물고기처럼 시냇물을 따라 흘러갔습니다.
반짝이 신발 한 짝만 남았는데 어떻게 하면 좋을까요?

6 라라가 물려받지 않는 것은 무엇인지 두 가지를 고르세요. (　　　)

① 옷　② 가방　③ 신발
④ 속옷　⑤ 학용품

7 글 가와 나 사이에 일어난 일로 알맞은 것에 ○표 하세요.

(1) 라라가 아끼던 신발을 길에서 잃어버렸습니다. (　　)
(2) 라라가 놀다가 아끼던 신발을 시냇물에 빠뜨렸습니다. (　　)
(3) 라라가 시냇물에 빠지는 바람에 신발 두 짝이 물에 젖어 신을 수 없게 되었습니다. (　　)

8 글 나에서 라라의 마음이 어떠하였을지 알맞게 말한 것은 무엇인가요? (　　　)

① 신나고 흥분됩니다.
② 슬프고 속상합니다.
③ 재미있고 행복합니다.
④ 긴장되고 기대됩니다.
⑤ 지루하고 싫증납니다.

9~10 다음 글을 읽고, 물음에 답하세요.

가 저는 김서준입니다. 저는 태권도를 좋아합니다.

나 저는 정하윤입니다. 저는 머리를 묶고 다닙니다. 지금은 노란색 긴팔 옷을 입고 있습니다. 저는 종이접기를 좋아해서 항상 색종이를 가지고 다닙니다.

9 글 가와 나에 모두 들어간 내용으로 알맞은 것을 두 가지 고르세요. (　　　)

① 이름　② 모습
③ 사는 곳　④ 잘하는 것
⑤ 좋아하는 것

10 글 가와 나 중 소개하는 내용이 잘 드러나게 쓴 글은 무엇인지 기호를 쓰세요.

글 (　　　　　　)

1 발표를 하거나 들을 때 주의할 점으로 알맞지 않은 것은 무엇인가요? (　　　)

① 중요한 내용은 적으면서 듣습니다.
② 발표하는 친구 얼굴을 보면서 바른 자세로 듣습니다.
③ 들은 내용을 잘 이해했다면 미소를 짓거나 끄덕입니다.
④ 궁금한 내용이 있으면 손을 들고 기회를 얻어 질문합니다.
⑤ 발표할 때에는 계속 선생님을 바라보며 무조건 큰 목소리로 말합니다.

| 2~3 | 다음 민수가 쓴 글을 읽고, 물음에 답하세요.

> [　　　㉠　　　]. 곱슬곱슬한 털이 많아 이름도 곱슬이입니다. 몸집은 작지만 귀는 아주 커서 얼굴을 다 덮을 정도입니다. 눈은 동그라면서 크고, 코는 까만색이며 코끝은 반질거립니다. 제가 학교에 갔다 오면 겅중겅중 높이 뛰어오르며 반겨 줍니다. 곱슬이는 우리 집 재롱둥이입니다.

2 ㉠에 들어갈 문장으로 알맞은 것은 무엇인가요? (　　　)

① 저의 이름은 김민수입니다
② 저는 강아지를 기르고 있습니다
③ 강아지는 집에서 가족과 같이 삽니다
④ 제 친구도 강아지를 기르고 있습니다
⑤ 하루에 두 번씩 강아지를 산책시킵니다

서술형

3 민수처럼 친구들에게 소개하고 싶은 내용을 한 가지 떠올려 쓰세요.

• 저는 친구들에게 ________________
________________에 대해 소개하고 싶습니다.

도움말 친구들에게 소개하고 싶은 것을 떠올려 보고, 그 대상에 대해 소개할 내용을 정리해 보아요.

| 4~5 | 다음 그림을 보고, 물음에 답하세요.

4 동현이의 꿈은 무엇인지 쓰세요.

(　　　　　　　　　　　)

5 동현이가 친구에게 할 말로 알맞지 않은 것을 두 가지 고르세요. (　　　)

① 내 말을 귀 기울여 들으면 좋겠어.
② 말차례를 지켜서 말했으면 좋겠어.
③ 중요한 내용을 적으면서 들으면 좋겠어.
④ 대화 내용과 관계없는 말은 하지 않았으면 좋겠어.
⑤ 내 말이 끝났는지 확인하고 난 뒤에 네가 할 말을 했으면 좋겠어.

● 정답 22쪽

| 6~7 | 다음 글을 읽고, 물음에 답하세요.

> 가 라라는 어디를 가든 새 신발을 신고 다녔습니다.
> 주말에 온 가족이 소풍을 갈 때도 라라는 새 신발을 신었어요.
> 나 "시냇물 따라서 모험을 떠나겠어!"
> 월터가 말했습니다.
> "나도." / 맥스가 말했습니다.
> "나도." / 핀이 말했습니다.
> "응, 좋아. 가자!"
> 라라가 말했습니다.
> 모험은 즐거웠습니다.
> 그러다가…….
> 앗, 어떡하지?
> 라라는 허둥지둥 신발을 따라갔습니다.
> 다 한 짝 남은 신발이라도 라라에게는 너무나 소중했습니다.
> 라라는 어찌 됐든 반짝이 신발을 계속 신고 다니기로 마음먹었습니다.

6 글 가에서 알 수 있는 라라의 마음으로 알맞은 것에 ○표 하세요.

(1) 새 신발을 갖고 싶은 마음 (　　)

(2) 새 신발을 아끼고 좋아하는 마음 (　　)

7 라라가 겪은 일은 무엇인지 빈칸에 알맞은 말을 찾아 쓰세요.

• 시냇물을 따라서 (1)☐☐을/를 떠났다가 (2)☐☐ 한 짝을 잃어버렸습니다.

서술형

8 이 글의 라라처럼 소중한 물건을 잃어버렸던 경험을 떠올려 쓰세요.

• 저는 (1)____________을/를 잃어버렸던 적이 있습니다. 그때 (2)____________ 마음이 들었습니다.

도움말 자신이 소중하게 생각했던 것을 잃어버렸던 경험과 그때의 마음을 떠올려 써 보아요.

| 9~10 | 다음 글을 읽고, 물음에 답하세요.

> 제 이름은 김민희입니다. 저는 2학년입니다. 저는 눈이 큽니다. 지난 주말에는 자전거를 탔습니다. ㉠좋아하는 색깔은 주황색입니다. 음식은 된장찌개를 좋아합니다. 저는 종이접기를 잘합니다. 달리기도 잘한다는 말을 많이 듣습니다. ㉡제 동생은 저와 같이 노는 것을 좋아합니다. 제 동생은 생일에 친구들을 초대하려 합니다.

9 이 글에서 소개한 내용으로 알맞지 않은 것은 무엇인가요? (　　)

① 자신의 이름
② 자신의 모습
③ 자신이 잘하는 것
④ 자신이 주말에 한 일
⑤ 자신과 가장 친한 친구

10 ㉠과 ㉡ 중, 이 글에 쓰지 않아도 되는 내용으로 알맞은 것의 기호를 쓰세요.

(　　　　)

| 1~2 | 다음 글을 읽고, 물음에 답하세요.

가는 비가 내리는 날이야.
우산을 쓸까 말까?

가늘게 내리는 비는 가랑비.
[㉠]같이 가늘다고 가랑비.
가랑비보다 더 가는 비는 이슬비.
풀잎에 겨우 이슬이 맺힐 만큼 내려서 이슬비.

1 ㉠에 들어갈 말로 알맞은 것은 무엇인가요? ( )

① 연필 ② 밧줄
③ 사과 ④ 국숫발
⑤ 지우개

2 가랑비보다 더 가늘고, 풀잎에 겨우 이슬이 맺힐 만큼 내리는 비의 이름은 무엇인지 쓰세요.
( )

3 다음은 어떤 글자로 시작하는 낱말을 떠올려 말하는 말놀이인지 쓰세요.

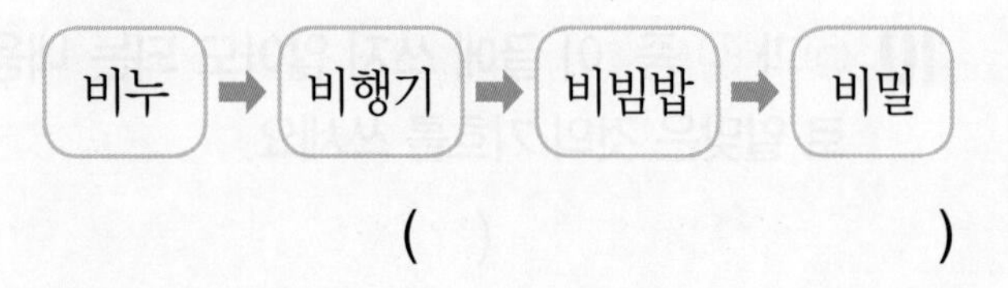

( )

| 4~5 | 다음을 보고, 물음에 답하세요.

가 끼토와 초롱이가 다섯 글자 말놀이를 하기 위해 말을 억지로 늘이거나 끊으며 이상하게 말했습니다. 그 모습을 본 몬덕이는 이상하다며 웃었고, 하니가 다섯 글자로 말하는 방법을 알려 주었습니다.
나 끼토와 초롱이는 다섯 글자로만 말하기가 너무 힘들어 말을 하지 않았습니다. 그 모습을 본 몬덕이는 친구들에게 평소에 잘 쓰는 말을 떠올려 보라고 말해 줍니다. 친구들은 우리가 자주 쓰는 '[㉠]' 같은 다섯 글자의 말을 떠올려 대화를 하였습니다.

4 가에서 친구들이 한 말놀이는 무엇인가요? ( )

① 끝말잇기
② 주고받는 말놀이
③ 꼬리따기 말놀이
④ 문장 만들기 놀이
⑤ 다섯 글자 말놀이

5 ㉠에 들어갈 말로 알맞지 않은 것은 무엇인가요? ( )

① 고맙습니다
② 사랑합니다
③ 안녕하세요
④ 노력할게요
⑤ 언제나함께해

점수 /

● 정답 23쪽

| 6~8 | 다음 노랫말을 읽고, 물음에 답하세요.

어디까지 왔니
아직 아직 멀었다
어디까지 왔니
동네 앞에 왔다

어디까지 왔니
개울가에 왔다
어디까지 왔니
대문 앞에 다 왔다

6 이 노랫말에서 묻는 말은 무엇인지 알맞은 것에 ○표 하세요.

(1) 어디까지 왔니 ( )
(2) 아직 아직 멀었다 ( )

7 이 노랫말에서 친구들이 마지막에 온 곳은 어디인가요? ( )

① 옆집 ② 운동장
③ 개울가 ④ 대문 앞
⑤ 동네 앞

8 이 노랫말을 읽고 알맞게 말한 친구는 누구인지 이름을 쓰세요.

도운: 묻고 답하는 형식으로 되어 있어서 지루하고 어려웠어.
다미: 장소를 나타내는 말을 내가 잘 가는 곳으로 바꾸어서 말해 보니 더 재미있었어.

( )

| 9~10 | 다음 글을 읽고, 물음에 답하세요.

9 가와 나는 각각 어떤 음식을 먹고 '시원하다'는 말을 하였는지 알맞은 것을 찾아 선으로 이으세요.

(1) 가 • • ㉮ 뜨거운 음식
(2) 나 • • ㉯ 차가운 음식

10 이 글을 읽고 재미있었던 장면과 그 까닭을 알맞게 말한 것에 ○표 하세요.

(1) 뜨거운 음식을 먹고 땀을 흘리면서 시원하다고 거짓말을 하는 부분이 재미있었어. ( )
(2) 차가운 음식을 먹고 난 뒤에도, 뜨거운 음식을 먹고 난 뒤에도 똑같이 시원하다고 말하는 게 재미있었어. ( )

2 단원 A단계

| 1~3 | 다음 글을 읽고, 물음에 답하세요.

> 가는 비가 내리는 날이야.
> 우산을 쓸까 말까?
>
> 가늘게 내리는 비는 [㉠].
> 국숫발같이 가늘다고 가랑비.
> 가랑비보다 더 가는 비는 [㉡].
> 풀잎에 겨우 이슬이 맺힐 만큼 내려서 이슬비.

1 이 글을 읽고 알 수 있는 것으로 알맞은 것을 두 가지 고르세요. (   )

① 여러 가지 비의 이름
② 비가 적게 내리는 까닭
③ 비에 이름이 붙여진 까닭
④ 가랑비와 이슬비의 좋은 점
⑤ '비'로 시작하는 여러 가지 낱말

2 ㉠과 ㉡에 들어갈 알맞은 비의 이름을 찾아 각각 쓰세요.

(1) ㉠: (   )
(2) ㉡: (   )

3 이 글의 내용으로 보아, 다음에서 설명하는 비의 이름은 무엇일지 알맞은 것에 ○표 하세요.

> 장대처럼 굵고 거세게 좍좍 내리는 비.

(단비, 장대비)

| 4~5 | 다음 노랫말을 읽고, 물음에 답하세요.

> 사과는 빨개
> 빨가면 딸기
> 딸기는 작아
> 작으면 아기
> 아기는 귀여워
> 귀여우면 곰 인형
> 곰 인형은 포근해
> 포근하면 봄

4 다음은 이 노랫말에 대한 설명입니다. 빈칸에 들어갈 알맞은 말은 무엇인가요? (   )

> [   ]을 떠올려 말을 이어 가는 말놀이입니다.

① 색깔과 관련한 말
② 기분을 나타내는 말
③ 같은 글자로 시작하는 말
④ 앞에서 말한 것과 비슷한 것
⑤ 같은 장소에서 볼 수 있는 것

서술형

5 이 노랫말 뒤에 이어질 말을 떠올려 한 문장으로 쓰세요.

____

____

도움말 '봄'을 생각했을 때 떠오르는 느낌이나 기분을 생각해 보고 '봄은 ~'으로 문장을 만들어 써요.

점수 /

● 정답 23쪽

| 6~7 | 다음 노랫말을 읽고, 물음에 답하세요.

하나는 뭐니? [㉠] 하나	셋은 뭐니? 세발 자전거 바퀴 셋
둘은 뭐니? [㉡] 둘	넷은 뭐니? 책상 다리 넷

6 이 노랫말은 무엇을 떠올려 만든 말놀이인지 알맞은 것에 ○표 하세요.

(숫자, 계절)

7 ㉠과 ㉡에 들어갈 말을 한 가지씩 떠올려 각각 쓰세요.

(1) ㉠: (   )

(2) ㉡: (   )

8 다음 말 덧붙이기 놀이에 이어질 내용으로 알맞은 것에 ○표 하세요.

> 재연: 문구점에 가면 연필도 있고, 지우개도 있고,
> 다인: 문구점에 가면 연필도 있고, 지우개도 있고, 볼펜도 있고,

(1) 문구점에 가면 연필도 있고, 지우개도 있고, 실내화도 있고, (   )

(2) 문구점에 가면 연필도 있고, 지우개도 있고, 볼펜도 있고, 실내화도 있고, (   )

| 9~10 | 다음 글을 읽고, 물음에 답하세요.

9 가와 나는 어떤 상황에서 '시원하다'는 말을 썼는지 알맞은 것을 찾아 기호를 쓰세요.

> ㉠ 막힌 데가 없이 활짝 트여 마음이 후련하다.
> ㉡ 지저분하던 것이 깨끗하고 말끔해져 기분이 좋다.

(1) 가: (   )

(2) 나: (   )

서술형

10 이 글처럼 시원하다고 느낀 경험을 한 가지 떠올려 쓰세요.

____

____

도움말 '시원하다'는 말의 뜻을 생각하며 그런 느낌이 들었던 때를 떠올려 써요.

| 1~2 | **다음 글을 읽고, 물음에 답하세요.**

> 가 오늘 할머니, 할아버지와 옥수수밭에 갔다. 할아버지께서 나를 보고 웃으셨다.
> 나 오늘 할머니, 할아버지와 넓은 옥수수밭에 갔다. 할아버지께서 나를 보고 활짝 웃으셨다.

1 글 가와 나 중 내용이 더 자세하게 나타난 것의 기호를 쓰세요.

글 (　　　　　　　　)

2 글 나에 쓰인 꾸며 주는 말을 두 가지 찾아 쓰세요.

(　　　　　　　　), (　　　　　　　　)

3 다음 문장의 빈칸에 들어갈 알맞은 꾸며 주는 말은 무엇인가요? (　　　)

① 빨간　　② 빠른
③ 예쁜　　④ 즐거운
⑤ 지루한

| 4~5 | **다음을 보고, 물음에 답하세요.**

4 ㉠과 ㉡에 들어갈 꾸며 주는 말로 알맞은 것을 찾아 선으로 이으세요.

(1) ㉠ •　　　• ㉮ 빨간
(2) ㉡ •　　　• ㉯ 활짝

5 꾸며 주는 말을 사용하여 ㉢을 알맞게 바꾸어 쓴 것을 두 가지 고르세요. (　　　)

① 넓은 강아지가 달린다.
② 강아지가 콸콸 달린다.
③ 귀여운 강아지가 달린다.
④ 강아지가 빠르게 달린다.
⑤ 바들바들 강아지가 달린다.

● 정답 24쪽

| 6~8 | 다음 글을 읽고, 물음에 답하세요.

조그만 새싹이 쑥쑥 자라더니 노랑 꽃을 활짝 피웠어.
꽃이 지면 열매가 열리겠지?
그런데 기다리고 기다려도 안 열려.
열매는 어디에 있을까?
어머, 어머!
몰래 땅속에서 조롱조롱 열매를 맺었구나.
[㉠] 껍데기 속에는 고소한 땅콩이 들어 있어.

6 이 글은 어떤 식물이 자라는 모습에 대해 쓴 글인지 찾아 쓰세요.

( )

7 문제 6번 답의 열매는 어디에서 자라는지 알맞은 것에 ○표 하세요.

(땅 위, 땅속)

8 ㉠에 들어갈 꾸며 주는 말로 알맞은 것은 무엇인가요? ( )

① 깜빡 ② 훌쩍
③ 우수수 ④ 올록볼록
⑤ 한들한들

| 9~10 | 다음을 읽고, 물음에 답하세요.

가 소율이가 겪은 일

아침	날씨가 맑아서 기분이 좋았습니다.
	학교 가는 길에 교통 봉사를 해 주시는 분께 인사를 했습니다.
낮	화단에서 봄철 식물을 관찰했습니다.
	운동장에서 달리기를 했습니다.
	수업을 마치고 집으로 돌아왔습니다.
저녁	저녁을 먹고 도서관에 가서 동생과 그림책을 읽었습니다.

나 소율이가 쓴 일기

오늘 수업 시간에 달리기를 했다. 선생님께서 출발하는 방법과 빠르게 달리는 방법을 가르쳐 주셨다. 나는 달리기를 좋아해서 열심히 연습했다. 연습이 끝나고 세 명씩 달리기를 했다. 출발선에 서 있는데 너무 긴장되고 떨렸다. 그래도 용기를 내서 끝까지 달렸다. 반 친구들이 박수를 치며 달리기를 잘한다고 칭찬해 주었다. 기분이 참 좋았다.

9 소율이가 일기로 쓴 내용은 언제 일어난 일인지 가에서 찾아 쓰세요.

( )

10 소율이가 일기로 쓴 내용으로 알맞은 것에 ○표 하세요.

(1) 수업 시간에 달리기를 한 일 ( )
(2) 동생과 달리기 연습을 한 일 ( )
(3) 달리기 하는 방법을 친구에게 가르쳐 준 일 ( )

3 단원 A단계

| 1~2 | 다음 글을 읽고, 물음에 답하세요.

오늘 할머니, 할아버지와 [㉠] 옥수수밭에 갔다. 할아버지께서 나를 보고 활짝 웃으셨다.

1 '내'가 오늘 한 일은 무엇인지 쓰세요.

• 할머니, 할아버지와 (　　　　　　)에 갔습니다.

2 ㉠에 들어갈 꾸며 주는 말로 알맞은 것은 무엇인가요? (　　　)

① 넓은　② 훨훨
③ 톡톡　④ 시원한
⑤ 빙글빙글

3 그림을 보고 색칠한 부분과 바꾸어 쓸 수 있는 알맞은 꾸며 주는 말을 쓰세요.

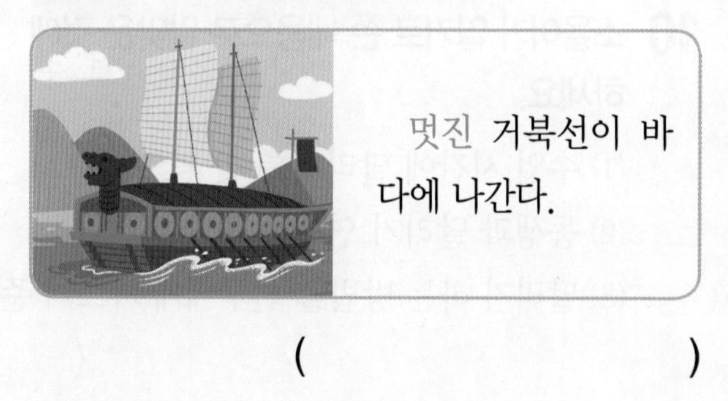

멋진 거북선이 바다에 나간다.

(　　　　　　　　　　)

| 4~5 | 다음을 보고, 물음에 답하세요.

말이 [㉠] 달려온다.

아이들이 비행기를 [㉡] 날린다.

[㉢] 황새가 날갯짓을 한다.

4 ㉠에 들어갈 꾸며 주는 말로 알맞은 것은 무엇인가요? (　　　)

① 거센　② 예쁜
③ 힘차게　④ 새로운
⑤ 깡충깡충

5 ㉡과 ㉢에 들어가기에 알맞은 꾸며 주는 말을 보기에서 찾아 쓰세요.

보기
힘껏　넓은　멋진　활짝

(1) ㉡: (　　　　　　　)
(2) ㉢: (　　　　　　　)

• 정답 24쪽

| 6~8 | 다음 글을 읽고, 물음에 답하세요.

동글동글 잎이 연못 위에 동동.
나뭇잎이 ㉠우수수 떨어진 걸까?
아니, 물 위에 떠서 자라는 개구리밥이야.
개구리가 먹는 밥이냐고?
아니, 아니.
개구리가 물속에서 나올 때 입가에 밥풀처럼 붙는다고 개구리밥이라 부른대.

6 개구리밥이 자라는 곳은 어디인가요? (　　　)

① 밭　② 물속
③ 물 위　④ 나무 위
⑤ 나무 아래

7 ㉠의 뜻으로 알맞은 것에 ○표 하세요.

(1) 꽃잎 따위가 한껏 핀 모양.　(　　　)
(2) 바람에 나뭇잎 따위가 많이 떨어지는 소리나 모양.　(　　　)

8 이 글을 읽고 든 생각이나 느낌을 알맞게 말한 친구의 이름을 쓰세요.

새롬: 한 문장에는 꾸며 주는 말을 하나만 쓸 수 있다는 것을 알았어.
지민: 다른 식물이나 동물이 자라는 모습이 담긴 책을 더 찾아보고 싶어.
예나: 꾸며 주는 말을 쓰니까 식물이 자라는 모습을 실감 나게 느끼기 어려워.

(　　　　　　　　)

| 9~10 | 다음 소율이가 쓴 글을 읽고, 물음에 답하세요.

20○○년 4월 23일 수요일	날씨: 화창하게 맑은 날

제목: 끝까지 달리기를 한 날

오늘 수업 시간에 달리기를 했다. 선생님께서 출발하는 방법과 빠르게 달리는 방법을 가르쳐 주셨다. 나는 달리기를 좋아해서 열심히 연습했다. 연습이 끝나고 세 명씩 달리기를 했다. 출발선에 서 있는데 너무 긴장되고 떨렸다. 그래도 용기를 내서 끝까지 달렸다. 반 친구들이 박수를 치며 달리기를 잘한다고 칭찬해 주었다. 기분이 참 좋았다.

9 소율이에게 있었던 일로 알맞지 않은 것은 무엇인가요? (　　　)

① 세 명씩 달리기를 했습니다.
② 빠르게 달리는 방법을 배웠습니다.
③ 출발선에서 긴장이 되고 떨렸습니다.
④ 달리기할 때 출발하는 방법을 배웠습니다.
⑤ 용기를 냈지만 끝까지 달리지 못했습니다.

서술형

10 소율이는 친구들과 달리기를 할 때에 어떤 생각이나 느낌이 들었을지 쓰세요.

달리기를 하기 전	긴장되고 떨렸습니다.
달리기를 끝낸 뒤	

도움말 소율이가 달리기를 하면서 느꼈던 생각이나 느낌을 일기에 어떻게 썼는지 살펴 보아요.

| 1~2 | 다음 시를 읽고, 물음에 답하세요.

넓고 넓은 밤하늘엔
누가 누가 잠자나.
하늘 나라 아기별이
깜박깜박 잠자지.

깊고 깊은 숲속에선
누가 누가 잠자나.
산새 들새 모여 앉아
꼬박꼬박 잠자지.

포근포근 엄마 품엔
누가 누가 잠자나.
우리 아기 예쁜 아기
새근새근 잠자지.

1 이 시에서 아기가 잠을 자는 장소는 어디인가요? (　　　)

① 숲속
② 밤하늘
③ 엄마 품
④ 하늘 나라
⑤ 산새 들새 모여 앉은 나무

2 이 시에 쓰인 '모여 앉아'를 바르게 읽은 것에 ○표 하세요.

(1) [모여 안아]　(　　)
(2) [모여 안자]　(　　)

| 3~4 | 보기의 낱말들을 보고, 물음에 답하세요.

보기
가위, 학교, 강물, 없다,
오리, 있다, 나라, 쉬다, 흙

3 다음은 보기의 낱말을 어떻게 나눈 것인지 바르게 말한 친구의 이름을 쓰세요.

가위, 오리, 나라, 쉬다	학교, 강물, 없다, 있다, 흙

현우: 받침의 종류에 따라 낱말을 나누었어.
혜리: 받침이 있는지 없는지에 따라 낱말을 나누었어.
지호: 받침에 사용한 자음자의 개수에 따라 낱말을 나누었어.

(　　　　　)

4 보기에서 겹받침이 있는 낱말을 바르게 읽은 것을 찾아 각각 선으로 이으세요.

(1) 흙 •　　• ㉮ [흑]
　　　　　• ㉯ [흘]

(2) 없다 •　　• ㉮ [업타]
　　　　　• ㉯ [업따]

• 정답 25쪽

| 5~6 | 다음 글을 읽고, 물음에 답하세요.

플라스틱 쓰레기가 바다에 모이는 것을 막으려고 많은 사람이 노력하고 있어요. 환경 단체들은 해안가에 있는 플라스틱 쓰레기를 줍거나 바다에 떠다니는 쓰레기를 모아 없애기도 해요. 우리도 함께 노력할 수 있어요. 평소에 일회용 플라스틱을 덜 사용하거나 플라스틱 제품을 재활용할 수 있도록 ㉠분류해서 버려요.

5 **환경 단체들이 해안가에서 줍는 것은 무엇인지 쓰세요.**

• (   ) 쓰레기

6 **㉠의 뜻으로 알맞은 것에 ○표 하세요.**

(1) 종류에 따라서 나눔. (   )

(2) 많은 물건이 한데 모여 쌓인 큰 덩어리. (   )

| 7~8 | 다음 시를 읽고, 물음에 답하세요.

바람이 마루 위에 놓인
신문지 한 장을 끌고
슬그머니 골목으로 나간다.

훌훌훌, / 공중에 집어 던져서는
데굴데굴 길거리에 굴려서는
구깃구깃 구겨서는

골목, / 구석진 응달로 찾아가
달달달 떠는 / 어린 민들레꽃에게
쓱, 목도리를 해 준다. ㉠

7 **바람이 신문지로 만든 것은 무엇인지 쓰세요.**

(   )

8 **㉠에서 느껴지는 분위기로 알맞은 것은 무엇인가요? (   )**

① 따뜻한 분위기 ② 차가운 분위기
③ 무서운 분위기 ④ 어두운 분위기
⑤ 긴장되는 분위기

| 9~10 | 다음 시를 읽고, 물음에 답하세요.

입에서 절로 휘파람이 나오는
즐거운 오늘.

안녕! 즐겁게 만날 친구도 많고
야호! 신나게 할 일도 많은

나는 오늘이 좋아.

9 **'나'는 오늘을 어떻게 생각하는지 알맞은 것에 ○표 하세요.**

(1) 할 일이 많아서 힘든 오늘 (   )

(2) 입에서 절로 휘파람이 나오는 즐거운 오늘 (   )

10 **"안녕!", "야호!"는 어떤 목소리로 읽어야 하는지 알맞게 말한 친구의 이름을 쓰세요.**

진우: 밝고 힘찬 목소리로 읽을 거야.
은영: 조용하고 차분한 목소리로 읽을 거야.

(   )

| 1~2 | 다음 시를 읽고, 물음에 답하세요.

㉠깊고 깊은 숲속에선
누가 누가 잠자나.
산새 들새 모여 앉아
㉡꼬박꼬박 잠자지.

포근포근 엄마 품엔
누가 누가 잠자나.
㉢우리 아기 예쁜 아기
새근새근 잠자지.

1 ㉠~㉢ 중에서 흉내 내는 말을 찾아 기호를 쓰세요.

( )

2 이 시를 여러 가지 방법으로 읽고 든 생각이나 느낌을 알맞게 말한 친구의 이름을 쓰세요.

주호: 친구와 시를 주고받으며 읽으니 장면을 잘 떠올릴 수 있었어.
나은: 떠오르는 장면을 행동으로 표현하여 시를 읽으니 시에 나오는 인물의 마음을 알기 어려웠어.

( )

3 다음 낱말 중 겹받침이 있는 낱말을 모두 찾아 쓰세요.

사랑 여덟 낚시 흙

( )

| 4~6 | 다음 글을 읽고, 물음에 답하세요.

가 플라스틱 쓰레기가 ㉠많은 바다가 있다는 말을 들어 본 적이 있나요? 플라스틱 쓰레기 더미는 1997년에 요트 경기를 하던 사람이 발견했어요.

나 환경 단체들은 해안가에 있는 플라스틱 쓰레기를 줍거나 바다에 떠다니는 쓰레기를 모아 없애기도 해요. 우리도 함께 노력할 수 있어요. 평소에 일회용 플라스틱을 덜 사용하거나 플라스틱 제품을 재활용할 수 있도록 분류해서 버려요. 일상생활에서 우리가 해야 할 ㉡몫을 찾아 함께 실천해요.

4 ㉠과 ㉡을 소리 내어 바르게 읽은 것에 ○표 하세요.

(1) ㉠ 많은 [만은, 마는]
(2) ㉡ 몫을 [모글, 목쓸]

5 바다에 있는 플라스틱 쓰레기 더미를 처음으로 발견한 사람은 누구인가요? ( )

① 어부 ② 청소부
③ 해안가 주민 ④ 환경 단체 사람
⑤ 요트 경기를 하던 사람

서술형

6 바다에 플라스틱 쓰레기가 모이는 것을 막기 위해 우리가 일상생활에서 실천할 수 있는 방법은 무엇이 있을지 쓰세요.

• 일회용 플라스틱을 덜 사용합니다.

• ______________________________

도움말 바다에 플라스틱 쓰레기가 모이는 것을 막기 위해 우리가 평소에 어떤 노력을 할 수 있을지 생각해 보아요.

● 정답 25쪽

| 7~8 | 다음 시를 읽고, 물음에 답하세요.

바람이 마루 위에 놓인
신문지 한 장을 끌고
슬그머니 골목으로 나간다.

훌훌훌, / 공중에 집어 던져서는
데굴데굴 길거리에 굴려서는
구깃구깃 구겨서는

골목, / 구석진 응달로 찾아가
달달달 떠는 / 어린 민들레꽃에게
쓱, 목도리를 해 준다.

그러고는 / 힘내렴! / 딱 그 말만 하고
골목을 걸어 나간다, 뚜벅뚜벅.

7 이 시에서 바람이 한 일을 모두 찾아 기호를 쓰세요.

㉠ 신문지로 목도리를 만들었습니다.
㉡ 민들레꽃에게 목도리를 해 주었습니다.
㉢ 버려진 신문지를 쓰레기통에 넣었습니다.

( )

서술형

8 보기 처럼 이 시에 나오는 '신문지'를 보고 떠오르는 자신의 생각이나 느낌을 쓰세요.

보기

민들레꽃	구석진 응달에 홀로 피어 있는 모습이 안쓰럽게 느껴졌습니다.

신문지	신문지가 목도리가 될 때에

도움말 던져지고 굴려지며 구겨진 신문지가 목도리가 될 때에 어떤 마음이 들었는지 생각하며 문장을 완성해요.

| 9~10 | 다음 시를 읽고, 물음에 답하세요.

나는 오늘이 좋아.

오늘 아침 일찍 새들이
나를 깨워 주었고,
저것 봐!
오늘은 좋은 일이 많을 거야.
해가 함빡 웃잖아.

오늘 학교에서는
선생님 질문에
자신 있게
대답할 수 있을 거야. ㉠

입에서 절로 휘파람이 나오는
즐거운 오늘.

9 '나'의 마음을 표정으로 나타낼 때 어울리는 것에 ○표 하세요.

(1)  (2)  (3) 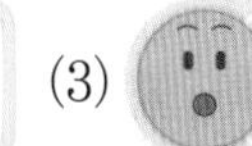

10 자신의 경험을 떠올려 ㉠을 시의 분위기와 어울리게 바꾸어 쓴 것의 기호를 쓰세요.

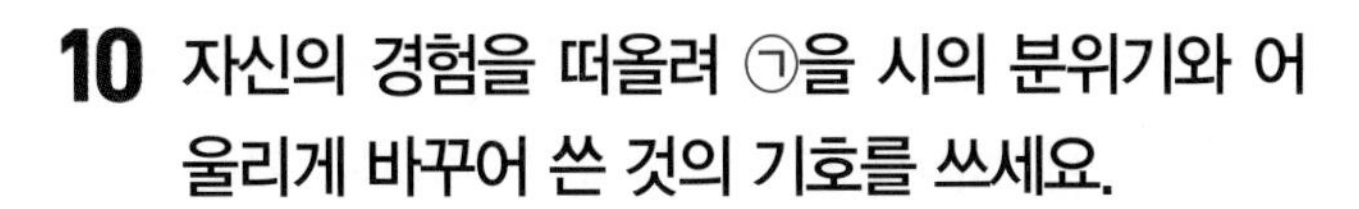

㉮ 오늘 학교에서는 새로운 친구들과 재미있게 놀 수 있을 거야.	㉯ 오늘 학교에서는 숙제도 많고 어려워서 재미없을 거야.

( )

1 인물의 마음을 짐작하는 방법으로 알맞은 것을 찾아 ○표 하세요.

(1) 인물의 생김새를 떠올려 봅니다. (　　)

(2) 인물의 말이나 행동을 찾아봅니다. (　　)

(3) 내가 하고 싶은 경험을 상상해 봅니다. (　　)

| 2~4 | 다음 소영이의 일기를 읽고, 물음에 답하세요.

가 오늘은 아빠와 함께 자전거 타는 연습을 하기로 했다. 아빠와 나는 함께 놀이터로 나갔다. 힘차게 연습을 시작했지만 자꾸만 자전거가 쓰러지려고 했다. ㉠그럴 때마다 아빠가 자전거 뒤를 잡아 주시며 다시 해 보자고 격려해 주셨다. ㉡나는 너무 힘들었다. 그래도 자전거 타는 방법을 빨리 배우고 싶은 마음에 열심히 연습했다.

나 한참을 집중하며 타다 보니 저 멀리서 아빠가 달려오는 모습이 보였다.

㉢"우아, 제가 지금 혼자 타고 있는 거예요?"

"그럼. 아까부터 그랬단다."

아빠가 웃으며 말씀하셨다. 아빠와 나는 손뼉을 마주치며 소리를 질렀다. ㉣자전거를 혼자 탈 수 있게 되어 참 뿌듯한 하루였다.

2 소영이는 어떤 일에 대해 일기를 썼는지 빈칸에 알맞은 말을 찾아 ○표 하세요.

• (1)(아빠, 엄마)와 함께 (2)(놀이터, 학교 운동장)에서 자전거 타는 연습을 한 일

3 ㉠~㉣ 중에서 소영이의 마음을 짐작할 수 있는 부분으로 알맞지 않은 것의 기호를 쓰세요.

(　　　　)

4 글 가와 나에서 소영이의 마음으로 알맞은 것을 찾아 선으로 이으세요.

(1) 글 가 •		• ㉮ 기쁘고 행복한 마음
(2) 글 나 •		• ㉯ 포기하지 않고 노력하는 마음

5 인물의 마음을 짐작하며 글을 읽으면 좋은 점을 알맞게 말한 친구의 이름을 쓰세요.

영서: 낱말의 뜻을 더 잘 알 수 있어.
민정: 인물의 마음이 더 생생하게 느껴져.
기현: 글을 어색하지 않게 띄어 읽을 수 있어.

(　　　　)

점수 /

● 정답 26쪽

6 다음 낱말의 뜻을 보고, ㉮에 들어갈 알맞은 낱말을 보기에서 찾아 쓰세요.

보기
다친: 부딪치거나 넘어져 몸에 상처를 입은.
닫힌: 열린 문, 뚜껑, 서랍 등이 도로 제자리로 간.

사실은 어제는 삼촌이 오시기로 한 날이라 마음이 들떠 있었어. 그래서 자꾸만 걸음이 빨라졌지 뭐니? 그러다 꽈당, 넘어진 거야. [㉮] 무릎이 아파서 눈물이 핑 돌았지.

( )

7 낱말의 뜻으로 알맞은 것을 찾아 선으로 이으세요.

(1) 느리다 • • ㉮ 원래보다 더 길어지게 하다.

(2) 늘이다 • • ㉯ 어떤 동작을 하는 데 걸리는 시간이 길다.

8 빈칸에 들어갈 알맞은 낱말에 ○표 하세요.

(1) 문구점에 다양한 학용품이 (반드시, 반듯이) 놓여 있습니다.

(2) 아버지께서 수세미로 냄비 기름(때, 떼)를 지우고 계십니다.

9~10 다음 글을 읽고, 물음에 답하세요.

가 또야는 애들이 맛있게 먹는 걸 바라보다가 그만, / "으앙!" / 하고 울어 버렸어요.
애들은 눈이 휘둥그레져서 또야를 봤어요. 알고 보니 삶은 밤 다섯 개 다 나눠 주고 또야는 빈손이었지요.

나 골목길에서 우는 소리가 하도 크게 들려 또야네 엄마가 나와 봤어요.
㉠"얘들아, 왜 우니?"
"또야 밤 우리가 다 먹었어요."
코야가 울음을 그치고 얼른 대답했어요.
㉡또야네 엄마는 웃음이 나왔어요. 얼른 앞치마 주머니에서 삶은 밤 한 개를 꺼내었어요.

9 ㉠에서 짐작할 수 있는 또야네 엄마의 마음으로 알맞은 것을 두 가지 고르세요. ( )

① 놀란 마음
② 고마운 마음
③ 궁금한 마음
④ 후회되는 마음
⑤ 안심하는 마음

10 ㉡을 자연스럽게 띄어 읽은 것에 ○표 하세요.

(1) 또야네 엄마는∨웃음이 나왔어요.∨∨얼른 앞치마 주머니에서∨삶은 밤 한 개를 ∨꺼내었어요. ( )

(2) 또야네∨엄마는∨웃음이∨나왔어요.∨얼른∨앞치마∨주머니에서∨삶은∨밤∨한∨개를∨꺼내었어요. ( )

5 단원 A단계

1~3 다음 글을 읽고, 물음에 답하세요.

가 할머니께서 일주일 동안 여행을 떠나시게 되어 그동안 우리 집에서 콩이를 돌보기로 했어요.

㉠'야호! 할머니 댁에서만 볼 수 있었던 콩이를 우리 집에서 돌보게 된다니!'

㉡나는 가슴이 두근거렸어요.

"주영아, 할머니께서 돌아오실 때까지 우리가 잘 돌봐 주자."

㉢엄마 말씀에 나는 설레는 마음으로 고개를 끄덕였어요.

나 간식을 내 손바닥에 올려놓고 내밀자 콩이가 내 앞으로 천천히 다가왔어요. 손바닥 냄새도 맡고 내 주변을 돌면서 살폈어요. ㉣한참을 서성이던 콩이는 마음이 놓였는지 그제야 간식을 먹었어요. 그 뒤로 콩이는 밥도 잘 먹고 물도 잘 마셨어요.

㉤"엄마, 콩이가 우리 집에 적응한 것 같아요. 정말 다행이에요."

다 어느새 콩이가 우리 집에서 지내는 마지막 날이 되었어요. 나는 아침부터 너무 슬펐어요.

"엄마, 일주일이 너무 짧은 것 같아요."

나는 금방이라도 눈물이 날 것만 같았어요.

1 이 글의 내용으로 알맞은 것은 무엇인가요? (　　)

① 주영이는 콩이를 싫어했습니다.
② 주영이는 강아지를 무서워했습니다.
③ 콩이는 간식을 주자 바로 먹었습니다.
④ 콩이는 주영이의 할머니께서 키우시는 강아지입니다.
⑤ 콩이는 주영이네 집에서 일주일 내내 아무것도 먹지 않았습니다.

2 ㉠~㉤ 중에서 주영이의 안심하는 마음을 짐작할 수 있는 부분을 찾아 기호를 쓰세요.

(　　)

서술형

3 글 다에서 주영이의 마음을 짐작하여 쓰세요.

• 콩이와 ______________________

____

도움말 글 다에서 주영이의 마음이 직접 드러난 부분과 주영이의 말을 통해 마음을 짐작해 보아요.

4 다음 문장의 빈칸에 들어갈 알맞은 낱말을 찾아 ○표 하세요.

(1) 나는 학교를 마치고 집으로 (갔다, 갔다).
(2) 뜨거운 음식은 (식혀서, 시켜서) 조심히 먹어야 합니다.

5 ㉠~㉢ 중에서 잘못 쓴 낱말을 찾아 기호를 쓰세요.

가 오늘 오후에 엄마께서 나에게 두부 한 모를 사 오라고 말씀하셨다. 그런데 ㉠가게에서 아무리 찾아보아도 두부가 보이지 않았다. 나는 물건에 가격표를 ㉡부치고 계시는 아주머니께 두부가 있는 곳을 여쭤보았다. 아주머니께서 알려 주신 곳으로 가니 두부가 있었다.

나 계산을 ㉢마치고 장바구니에 두부를 조심스레 넣었다. 나는 아주머니께 감사하다는 인사를 드리고 집으로 돌아왔다.

(　　)

• 정답 26쪽

| 6~9 | 다음 글을 읽고, 물음에 답하세요.

> **가** 또야는 애들이 맛있게 먹는 걸 바라보다가 그만, / "으앙!" / 하고 울어 버렸어요.
> 애들은 눈니 휘둥그레져서 또야를 봤어요. 알고 보니 삶은 밤 다섯 개 다 나눠 주고 또야는 빈손이었지요.
> 애들도 갑자기 어쩔 줄 모르다가 그만 울상을 지었어요.
> 모두가 ㉠ 입을 비쭉비쭉하다가,
> "으앙! 으앙!" / 소리 내어 따라 울었어요.
>
> **나** "얘들아, 왜 우니?"
> "또야 밤 우리가 다 먹었어요."
> 코야가 울음을 그치고 얼른 대답했어요.
> 또야네 엄마는 웃음이 나왔어요. 얼른 앞치마 주머니에서 삶은 밤 한 개를 꺼내었어요.
> 똥그란 삶은 밤 한 개가 또야 손에 쥐어졌어요.
> 또야는 울던 울음을 그쳤어요.
> 애들 모두가 조용해졌어요. 함께 삶은 밤을 맛있게 먹었어요.

6 글 **가**에서 또야에게 일어난 일은 무엇인지 빈칸에 알맞은 말을 쓰세요.

• 친구들에게 삶은 (　　　　　　) 다섯 개를 나누어 주니 자신이 먹을 밤이 없었습니다.

7 ㉠에 알맞은 표정을 찾아 ○표 하세요.

(1) (2) (3)

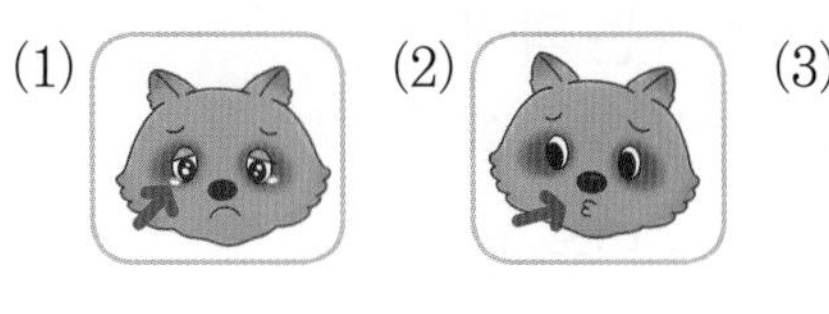

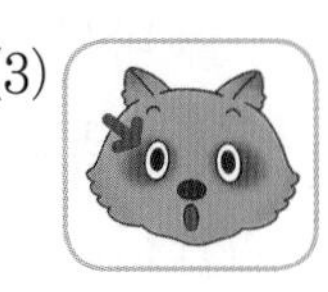

(　　) (　　) (　　)

서술형

8 다음과 같은 질문을 하면 또야네 엄마께서 어떤 대답을 하실지 짐작하여 쓰세요.

> 울음을 그친 또야를 보며 어떤 생각이 드셨어요?

• 또야가 울음을 그치게 되어서 ____________

____

도움말 또야가 울음을 그치고 친구들과 맛있게 밤을 먹는 모습을 본 또야네 엄마의 마음을 생각해 보아요.

9 다음을 자연스럽게 읽기 위해서 띄어 읽을 부분에 ∨과 ⩔를 알맞게 표시하세요.

> 알고 보니∨삶은 밤 다섯 개 다 나눠 주고∨또야는 빈손이었지요. (1) [　] 애들도 (2) [　] 갑자기 어쩔 줄 모르다가∨그만 울상을 지었어요.

10 글을 자연스럽게 띄어 읽는 방법을 알맞게 말한 친구의 이름을 쓰세요.

> 누리: 낱말마다 무조건 쉬어 읽어야 해.
> 유민: 문장이 길더라도 특별히 더 쉬어 읽을 필요는 없어.
> 현서: 문장과 문장 사이는 ∨보다 조금 더 길게 쉬어 읽어야 해.

(　　　　　　　　　　)

5 단원 B단계

| 1~2 | 다음 광고를 보고, 물음에 답하세요.

◀ 버스 안의 다른 사람들을 위해 조용히 통화하였습니다.

◀ 다른 사람이 버린 종이컵과 페트병을 주워 쓰레기통에 넣었습니다.

◀ 함께 배려하면 함께 행복해집니다.

1 이 광고에서 말하고자 하는 것은 무엇인가요? (　　)

① 자연을 보호하자.
② 물건을 아껴 쓰자.
③ 질서를 잘 지키자.
④ 다른 사람을 배려하자.
⑤ 친구들과 사이좋게 지내자.

2 이 광고를 보고 우리가 생활 속에서 배려할 수 있는 일로 알맞은 것에 ○표 하세요.

(1) 놀이터에서 그네를 탈 때 혼자서 오래 타지 않고 뒤에서 기다리는 친구와 번갈아 탑니다. (　　)
(2) 친구에게 가위를 줄 때 내가 안전하게 잡을 수 있게 가위 손잡이가 내 쪽으로 오게 건네줍니다. (　　)

| 3~5 | 다음 글을 읽고, 물음에 답하세요.

가 나무는 필요한 물과 영양분을 뿌리를 이용해 흙에서 얻습니다. 우리가 물과 음식을 먹으며 자라듯이 나무가 자라는 데에도 물과 영양분이 필요합니다. 뿌리는 마치 빨대처럼 흙에서 물과 영양분을 빨아들여서 줄기를 거쳐 잎까지 전달합니다.

나 나무뿌리는 잎에서 만들어진 영양분을 모아 두기도 합니다. 나무뿌리는 나무에 필요한 영양분을 저장하기 때문에 굵고 통통한 모양으로 자라게 됩니다.

3 나무가 뿌리를 통해 흙에서 얻는 것을 두 가지 고르세요. (　　)

① 물　② 잎　③ 공기
④ 열매　⑤ 영양분

4 나무뿌리는 어떤 모양으로 자란다고 하였는지 글에서 찾아 쓰세요.

• (　　　　　　) 모양

5 이 글의 중요한 내용으로 알맞은 것은 무엇인가요? (　　)

① 나무의 생김새
② 나무가 자라는 과정
③ 나무뿌리가 하는 일
④ 나무뿌리를 먹는 방법
⑤ 나무를 잘 키우는 방법

| 6~8 | 다음 글을 읽고, 물음에 답하세요.

아빠: 얘들아, 아빠는 시골에 있는 친척 집에 가면 좋겠어. 오랜만에 친척들을 만나면 반가울 거야. 너희도 가면 좋아할 거야.
엄마: 그것도 좋은 생각이네요. 그런데 산으로 가는 건 어때요? 산에서 부는 시원한 바람을 맞으면 더위를 잊을 수 있을 것 같아요. 얘들아, 너희도 산에 가면 귀여운 다람쥐와 예쁜 꽃도 많이 볼 수 있단다.

6 아빠와 엄마의 생각으로 알맞은 것을 찾아 선으로 이으세요.

(1) 아빠 • • ㉮ 산에 가고 싶다.

(2) 엄마 • • ㉯ 시골 친척 집에 가고 싶다.

7 아빠께서 말씀하신 생각에 대한 까닭은 무엇인가요? (　　　)

① 작년에 갔던 곳이어서
② 시원한 바람이 불어서
③ 다람쥐와 꽃을 볼 수 있어서
④ 수영과 모래놀이를 할 수 있어서
⑤ 오랜만에 친척들을 만나면 반가워서

8 엄마께서 생각에 대해 든 까닭으로 알맞은 것에 ○표 하세요.

(1) 아빠에게 산이 얼마나 큰지 보여 주고 싶어서 (　　　)
(2) 시원한 바람이 불고 다람쥐와 꽃도 볼 수 있어서 (　　　)

| 9~10 | 다음 글을 읽고, 물음에 답하세요.

가 어느 날, 형제는 산길을 가다가 풀숲에서 금덩이 두 개를 보았습니다. 아우는 기쁜 마음에 큰 것은 형에게 건네주고 작은 것은 자신이 가졌습니다. 그러고 나서 다시 길을 가는데 아우는 점점 형의 큰 금덩이에 욕심났습니다.
나 배를 타고 강 한가운데쯤 왔을 때, 아우는 갑자기 금덩이를 강물 속에 휙 던져 버렸습니다. 형은 눈이 휘둥그레졌습니다.
"아우야, 그 귀한 금덩이를 왜 버렸니?"
그러자 아우가 대답했습니다.
"금덩이를 갖고 나서부터 자꾸 형님이 미워지고 더 욕심이 나서 버렸습니다. 저에게는 형님이 더 소중해요."
이 말을 듣고 보니 형도 부끄러워져서 금덩이를 강물 속에 던져 버렸습니다.

9 배를 타고 가던 아우가 갑자기 금덩이를 강물에 던져 버린 까닭은 무엇인가요? (　　　)

① 형을 속이기 위해서
② 금덩이가 너무 무거워서
③ 금덩이가 필요 없어져서
④ 형이 미워지고 욕심이 나서
⑤ 금덩이를 강물 속에 숨기기 위해서

10 아우에게 금덩이보다 더 소중한 것은 무엇인지 쓰세요.

(　　　　　　　　　　)

| 1~3 | 다음 글을 읽고, 물음에 답하세요.

> 가 여러분은 줄넘기를 해 본 적이 있나요? 줄넘기는 양손으로 줄의 끝을 잡고 크게 돌리면서 뛰어넘는 운동입니다. 줄넘기를 하면 좋은 점이 많습니다. 줄넘기의 좋은 점을 알아봅시다.
>
> 나 먼저, 줄넘기를 하면 몸이 튼튼해집니다. 줄넘기는 몸 전체를 움직여서 하는 운동이기 때문입니다. 줄넘기를 하면 심장, 뼈 따위가 튼튼해지고 몸에 근육이 더 많아집니다.

1 이 글에서 반복하는 낱말은 무엇인지 찾아 쓰세요.

( )

서술형

2 글 나에서 중요한 내용을 찾아 쓰세요.

도움말 글에서 반복하는 낱말을 찾아보고, 글을 통해 알 수 있는 내용을 떠올리면 글에서 중요한 내용을 찾을 수 있어요.

3 이 글에 이어질 내용으로 알맞은 것은 무엇인가요? ( )

① 근육의 종류
② 심장의 생김새
③ 줄넘기의 종류
④ 줄넘기의 좋은 점
⑤ 몸이 튼튼해지는 방법

| 4~5 | 다음 글을 읽고, 물음에 답하세요.

> 가 먹이에 따라서도 생김새가 많이 달라요. 같은 새라도 참새처럼 곡식을 쪼아 먹는 새는 부리가 짧고 뭉툭해요. 딱따구리처럼 나무를 파서 벌레를 먹는 새는 부리가 매우 뾰족하지요. 매나 독수리처럼 고기를 먹고 사는 새는 부리가 고기를 찢기에 알맞게 생겼어요.
>
> 나 사는 곳에 따라서도 생김새가 많이 달라요. 같은 곤충이라도 물속에서 사는 물방개는 뒷다리가 헤엄을 치기 좋게 생겼어요. 하지만 땅속에서 사는 땅강아지는 앞다리가 땅을 파기 좋게 생겼지요. 또 같은 물고기라도 물속 바닥에 납작 엎드려 사는 가자미와 멀리 헤엄쳐 다니는 고등어는 생김새가 많이 다르답니다. 저마다 자기가 사는 곳에 맞게 모습을 바꾸었기 때문이지요.

4 이 글의 내용으로 알맞지 않은 것은 무엇인가요? ( )

① 땅강아지는 땅속에서 삽니다.
② 참새는 부리가 짧고 뭉툭합니다.
③ 가자미와 고등어는 생김새가 같습니다.
④ 물방개는 뒷다리가 헤엄치기 좋게 생겼습니다.
⑤ 매는 고기를 찢기에 알맞은 부리를 가졌습니다.

5 이 글에서 알 수 있는 동물의 생김새가 달라지는 까닭으로 알맞은 것에 모두 ○표 하세요.

(1) 먹이에 따라서 ( )
(2) 이름에 따라서 ( )
(3) 사는 곳에 따라서 ( )

점수 /

• 정답 27쪽

| 6~10 | 다음 글을 읽고, 물음에 답하세요.

가

초대장

우리 별이 생겨난 날을 기념하는 자리에 지구의 친구를 초대합니다. 지구를 대표할 수 있는 동물이 누구인지 알려 주시고 아래 날짜에 별나라로 보내 주세요.

때: 20○○년 ○월 ○○일

곳: 별나라 꽃동산

이 초대장을 보고 많은 동물이 몰려들었습니다. 서로 자기가 지구를 대표해 별나라에 가야 한다고 한마디씩 했습니다.

먼저, 동물 마을에서 나이가 가장 많은 거북 할아버지께서 말씀하셨습니다.

"나는 아주 오래전부터 지구에서 살았습니다. 그래서 지구에 대해 누구보다 잘 알고 있지요. 여러분이 태어나기 훨씬 전에 일어났던 일들도 나는 많이 알고 있습니다. 그러니까 내가 별나라에 가야 합니다."

나 거북 할아버지 옆에서 듣고 있던 아기 곰도 자리에서 일어나 말했습니다.

"저는 나이는 어리지만 지구를 무척 사랑해요. 만약 제가 별나라에 가게 된다면 지구가 얼마나 아름답고 살기 좋은 곳인지 알려 주겠어요. 지구를 사랑하는 마음보다 더 중요한 것이 있을까요?"

그 자리에 모인 동물들은 아기 곰의 말을 듣고 모두 고개를 끄덕였습니다.

6 많은 동물이 무엇을 보고 몰려들었는지 글에서 찾아 쓰세요.

• 별나라에서 온 (　　　　　　　　)

7 거북 할아버지의 생각으로 알맞은 것에 ○표 하세요.

(1) 지구는 오래된 별입니다. (　　)

(2) 내가 별나라에 가야 합니다. (　　)

(3) 나는 지구에 대해 잘 모릅니다. (　　)

8 아기 곰은 자신이 어떤 마음을 가지고 있다고 하였는지 쓰세요.

• 지구를 (　　　　　　　　) 마음

서술형

9 아기 곰이 별나라에 가야 하는 까닭은 무엇인지 쓰세요.

____

____

도움말 아기 곰이 한 말을 살펴보면 아기 곰의 생각과 그 까닭을 찾을 수 있어요.

10 별나라에서 온 초대장에 쓸 답장의 내용으로 알맞지 않은 것은 무엇인가요? (　　)

① 지구의 좋은 점

② 첫인사와 끝인사

③ 초대에 대한 감사 인사

④ 받는 사람과 보내는 사람

⑤ 별나라에 보낼 동물과 그 까닭

| 1~2 | 다음 글을 읽고, 물음에 답하세요.

오늘 나는 아빠와 함께 문구점에 가려고 승강기를 탔다. 그런데 승강기 문이 열리자마자 작고 귀여운 토끼가 그려진 머리핀이 보였다. 나는 아빠에게 누가 머리핀을 잃어버린 것 같다고 이야기했다. 아빠는 머리핀을 잃어버린 사람이 우리 아파트에 사는 사람 가운데 한 명일 거라고 하셨다. 아빠 말씀을 들으니, 머리핀을 잃어버리고 속상해하고 있을 누군가의 모습이 떠올랐다. 나도 얼마 전 승강기에서 아끼는 우산을 잃어버렸을 때 무척 속상했기 때문이다.

1 '내'가 머리핀을 발견한 곳은 어디인지 쓰세요.

□□□

2 '내'가 머리핀을 잃어버린 사람이 속상해할 것이라고 생각한 까닭으로 알맞은 것에 ○표 하세요.

(1) '나'도 머리핀을 사러 가려고 했기 때문에 ( )

(2) '나'도 토끼가 그려진 머리핀을 갖고 싶었기 때문에 ( )

(3) '나'도 아끼는 우산을 잃어버렸을 때 속상했기 때문에 ( )

| 3~5 | 다음 글을 읽고, 물음에 답하세요.

지난 토요일 오후, 아빠와 나는 도서관에 가서 열대어 기르기와 관련한 책을 읽었다. 그리고 책에서 열대어를 기르기 전에 꼭 알아야 할 내용들을 찾아보았다.

열대어는 더운 지방에 사는 물고기이기 때문에 물의 온도에 예민하다. 또 어항 속의 물을 잘 관리해야 열대어가 오래 살 수 있다. 그리고 열대어에게 많은 관심과 사랑을 주는 것이 중요하다는 것을 알았다.

도서관에서 책을 다 읽고 열대어를 기르는 데 필요한 물품을 사서 집으로 돌아왔다. 열대어가 살 수 있는 물속 환경이 만들어지면 열대어를 우리 집으로 데려오기로 했다.

3 '내'가 집으로 데려오기로 한 동물은 무엇인가요? ( )

① 강아지　② 고양이
③ 거북이　④ 앵무새
⑤ 열대어

4 '내'가 도서관에 간 까닭으로 알맞은 것에 ○표 하세요.

(1) 열대어를 구경하기 위해서 ( )

(2) 물의 온도에 대한 책을 찾아 읽기 위해서 ( )

(3) 열대어 기르기에 대한 책을 찾아 읽기 위해서 ( )

• 정답 28쪽

5 '나'처럼 자신의 경험을 말한 친구의 이름을 쓰세요.

> 서은: 제 꿈은 국어 선생님입니다.
> 지연: 우리 반은 합창 대회에 나가기로 했습니다.
> 시원: 지난 주말에 삼촌과 함께 낚시를 하러 갔었습니다.

( )

6 자신의 경험을 바른 자세로 발표하는 방법으로 알맞은 것에 ○표 하세요.

• 듣는 사람을 (1)(바라보며, 보지 않고) 자신의 경험을 (2)(작은 크기, 알맞은 크기)의 목소리로 또박또박 말해요.

7 다음 고운 말에 어울리는 상황을 찾아 선으로 이으세요.

(1) 괜찮아. •	• ㉮ 친구가 금메달을 땄을 때
(2) 축하해! •	• ㉯ 친구의 그림을 실수로 망쳤을 때
(3) 미안해. •	• ㉰ 친구가 내 색연필을 실수로 부러트렸을 때

8~10 다음 그림을 보고, 물음에 답하세요.

8 여자아이와 남자아이는 어디에 있나요? ( )

① 교실 ② 부엌
③ 화장실 ④ 수돗가
⑤ 수영장

9 남자아이는 무엇을 하고 있나요? ( )

① 수영을 배우고 있습니다.
② 냄비에 물을 받고 있습니다.
③ 친구와 물장난을 하고 있습니다.
④ 수돗가에서 물을 마시고 있습니다.
⑤ 수돗가에서 친구에게 물을 튀기며 세수하고 있습니다.

10 그림의 상황에서 남자아이가 여자아이에게 할 말로 알맞은 것에 ○표 하세요.

• (미안해, 감동이야). 물을 튀기지 않도록 조심할게.

7 단원 A단계

1 바른 자세로 발표한 친구의 이름을 쓰세요.

하영: 말끝을 흐리면서 말했어.
소은: 알맞은 목소리 크기와 빠르기로 말했어.
준서: 발표를 듣는 친구들의 눈을 바라보지 않고 말했어.

( )

| 2~4 | 다음 그림을 보고, 물음에 답하세요.

2 그림의 상황으로 알맞은 것은 무엇인가요? ( )

① 씨름을 하고 있습니다.
② 민철이가 무릎을 다쳤습니다.
③ 이어달리기를 하고 있습니다.
④ 운동장 청소를 하고 있습니다.
⑤ 민철이와 영지가 다투고 있습니다.

3 ㉠에 들어갈 고운 말로 알맞은 것에 ○표 하세요.

(1) 괜찮아? 많이 아프겠다. ( )
(2) 무거우니까 내가 같이 들어 줄게. ( )

4 그림의 상황에서 이어지는 내용입니다. ㉮에 들어갈 말로 알맞은 것에 ○표 하세요.

민철: (무릎을 잡고 아파하면서) 괜찮아. 걱정해 줘서 고마워.
영지: (친구를 부축해 주며) 보건실에 가서 치료받자. 내가 같이 가 줄게.
민철: (㉮) 고마워.

(1) 미소를 보이며 ( )
(2) 의심스러운 표정으로 ( )

| 5~6 | 다음 글을 읽고, 물음에 답하세요.

잉어가 가리키는 곳을 보니 낯선 물고기가 헤엄쳐 오고 있었습니다. 그 물고기는 험상궂게 생긴 데다가 입은 옆으로 길게 찢어져 있었습니다. 그리고 입 양쪽에는 긴 수염도 나 있었습니다.

험상궂은 모습을 본 물고기들은 슬금슬금 피하기 시작했습니다.

"안녕? 나는 메기란다. 이번 비로 내가 살던 강이 넘쳐 이 연못에 들어오게 되었지. 앞으로 잘 지내자."

• 정답 28쪽

서술형

5 물고기들이 메기를 피한 까닭을 쓰세요.

____

____

도움말 메기의 모습을 설명한 부분을 글에서 찾아 써 보아요.

6 메기가 연못에 들어오게 된 까닭은 무엇인가요? (　　　)

① 낯선 환경에서 살기 위해
② 물고기 친구들을 사귀기 위해
③ 잉어의 생김새를 알아보기 위해
④ 비 때문에 메기가 살던 강이 넘쳐서
⑤ 메기가 살던 강이 말라 버렸기 때문에

7 그림을 보고 듣는 사람의 기분을 생각하며 말한 친구의 이름을 쓰세요.

은경: 쓰레기를 함부로 버리지 않았으면 좋겠어.
지연: 쓰레기를 함부로 버렸다고 선생님께 이를 거야!

(　　　　　　　　　　)

8~10 다음 시를 읽고, 물음에 답하세요.

> 기분 좋은 [㉠]
>
> 엄마는 나를 보고
> ㉡"넌 할 수 있어."라고 말해요.
>
> 나도 친구에게
> "[㉢]"라고 말해요.
>
> 하하 호호
> 기분이 참 좋아져요.

8 ㉠에 들어갈 말은 무엇인가요? (　　　)

① 반말　　② 말실수
③ 존댓말　　④ 고운 말
⑤ 토박이말

9 ㉡과 같이 말해 주면 좋은 상황에 ○표 하세요.

(1) 전학 온 친구가 혼자서 놀고 있을 때 (　　)

(2) 동생이 신발 끈을 묶으려는데 잘 안 될 때 (　　)

서술형

10 ㉢에 들어갈 고운 말을 쓰세요.

____

____

도움말 친구가 나에게 해 주는 말을 들었을 때 기분이 좋았던 경험을 떠올려 보세요.

7 단원 B단계

| 1~2 | 다음 시를 읽고, 물음에 답하세요.

두 개보다는
한 개
큰 것보다는
작은 것

우산 속에서 팔짱 낀 두 사람
어깨동무한 두 사람
더 따뜻해
더 정다워

1 이 시의 '두 사람'은 무엇을 하고 있나요? ( )

① 장난을 치고 있습니다.
② 우산을 고르고 있습니다.
③ 우산을 자랑하고 있습니다.
④ 우산을 함께 쓰고 있습니다.
⑤ 아픈 친구를 도와주고 있습니다.

2 이 시에서 '두 사람'의 마음은 어떠할까요? ( )

① 정답습니다. ② 슬픕니다.
③ 답답합니다. ④ 억울합니다.
⑤ 부끄럽습니다.

3 시를 낭송하는 방법으로 알맞은 것에 ○표 하세요.

(1) 무조건 큰 목소리로 읽습니다. ( )
(2) 시의 장면을 상상하며 읽습니다. ( )

| 4~5 | 다음 글을 읽고, 물음에 답하세요.

가 하루는 할아버지가 길을 가다가 웅덩이에서 헤엄치고 있는 올챙이 몇 마리를 보았어. 가만 보니 오랫동안 비가 오지 않아 올챙이가 다 죽게 생겼네.
"저런, 딱하기도 하지!"
할아버지는 올챙이들을 곱게 떠서 근처 연못에 옮겨 주었어.

나 할아버지와 할머니는 냄비에 쌀 한 주먹을 넣고 물을 부어 밥을 했어. 그런데 냄비 뚜껑을 열어 보니 냄비 안에 흰밥이 가득한 거야. 할아버지와 할머니는 깜짝 놀랐지.
"요술 냄비구나!"
할아버지와 할머니는 그때부터 밥걱정하지 않고 편안하게 잘 살았대. 그뿐인가? 배고픈 사람은 누구든지 집으로 찾아와 배불리 먹게 했다니 얼마나 좋은 일이야!

4 할아버지가 올챙이들을 근처 연못에 옮겨 준 까닭으로 알맞은 것에 ○표 하세요.

(1) 올챙이들을 잡아먹기 위해서 ( )
(2) 올챙이들을 살려 주기 위해서 ( )
(3) 올챙이들과 개구리들을 만나게 해 주기 위해서 ( )

5 이 글에서 알 수 있는 할아버지의 성격은 어떠한가요? ( )

① 겁이 많습니다.
② 화를 잘 냅니다.
③ 장난스럽습니다.
④ 욕심이 많습니다.
⑤ 남을 잘 돕습니다.

● 정답 29쪽

6~7 다음 글을 읽고, 물음에 답하세요.

두꺼비가 말했어요.
"개구리야, 너는 왜 자꾸만 창밖을 내다보니?"
"응, 편지를 기다리고 있거든."
"편지가 올 리 없잖아."
그러자 개구리가 이렇게 말했어요.
"아니야, 분명히 편지가 올 거야. 내가 너한테 편지를 보냈거든."
"네가 편지를 보냈다고? 뭐라고 썼는데?"

> 안녕, 두꺼비야.
> 네가 나의 가장 친한 친구인 게 기뻐.
> 너의 가장 친한 친구 개구리가.

"이렇게 썼어."
두꺼비가 말했어요.
"와, 정말로 멋진 편지다."
그다음에 개구리와 두꺼비는 편지를 기다리러 현관 앞으로 나갔어요.
개구리와 두꺼비는 현관 앞에 나란히 앉았지요.
둘 다 행복해하면서 말이에요!

6 개구리는 누구에게 편지를 썼는지 쓰세요.

( )

7 편지를 기다리는 두꺼비의 마음은 어떠한가요? ( )

① 무섭습니다. ② 행복합니다.
③ 부럽습니다. ④ 심심합니다.
⑤ 안타깝습니다.

8~10 다음을 보고, 물음에 답하세요.

❶

잔칫집에서 집으로 돌아오던 엄마는 고개에서 호랑이를 만났습니다. 호랑이에게 떡을 주고 두 고개를 넘었지만, 마지막 고개에서 호랑이는 엄마를 잡아먹었습니다.

❷

호랑이는 오누이를 찾아가 엄마의 목소리를 흉내 내어 은근하게 말했습니다. / "엄마가 왔단다."

8 엄마께서는 어떻게 고개를 넘었는지 알맞은 것에 ○표 하세요.

• (호랑이에게 떡을 주고, 호랑이와 내기를 하고 이겨서) 고개를 넘었습니다.

9 오누이를 찾아간 호랑이의 행동으로 알맞은 것에 ○표 하세요.

(1) 크고 무서운 목소리로 말한다. ( )
(2) 엄마의 목소리를 흉내 내어 은근하게 말한다. ( )

10 이 인형극에 대한 생각이나 느낌을 알맞게 말한 친구의 이름을 쓰세요.

> 민기: 호랑이는 떡을 더 먹고 싶어서 오누이를 찾아갔어.
> 윤아: 호랑이가 갑자기 나타났을 때 엄마는 놀랍기도 하고 무섭기도 했을 거야.

( )

8 단원 A단계

| 1~2 | 다음 시를 읽고, 물음에 답하세요.

너랑 만나기로 했다
신발 끈도 못 묶고 달려 나갔다
건널목에서 우리 마주쳤다
빨간 신호등이 켜졌다
내가 빙긋 웃자
너도 빙긋
고개를 까딱하자
너도 까딱
팔을 휘휘 흔들자 너도 휘휘
폴짝폴짝 뛰자 너도 뛴다
빨간불이 막아도
너랑 나랑 마주 보며
너랑 나랑 신호 중.

1 이 시에서 '나'와 '너'가 만난 곳은 어디인지 쓰세요.

( )

서술형

2 이 시에서 '나'와 '너'는 어떤 마음일지 생각하여 쓰세요.

• 친구를 만나서 ______________________

____

도움말 시의 장면을 상상해 보아요.

3 시를 낭송하는 방법으로 알맞지 않은 것은 무엇인가요? ( )

① 친구와 주고받으며 낭송합니다.
② 시의 분위기에 맞게 낭송합니다.
③ 손뼉을 치며 마음속으로 읽습니다.
④ 장면을 몸짓으로 표현하며 낭송합니다.
⑤ 시 속 인물의 마음을 생각하며 낭송합니다.

| 4~5 | 다음 글을 읽고, 물음에 답하세요.

가 두꺼비가 자기 집 현관 앞에 앉아 있었어요. 개구리가 와서 물었지요.

"㉠무슨 일이 있니, 두꺼비야? 너 슬퍼 보인다."

두꺼비가 말했지요.

"㉡응, 지금이 하루 중 가장 슬플 때야. 편지 오기를 기다리는 때거든. 이때가 되면 나는 늘 불행해."

개구리가 물었어요. / "왜?"

두꺼비가 대답했지요.

"나는 편지를 한 번도 못 받았거든."

나 개구리는 서둘러 집으로 왔어요. / 개구리는 연필을 찾고 종이를 찾았어요. / 그러고는 편지를 썼어요. / 개구리는 편지를 봉투에다 넣었어요. / 봉투에는 이렇게 썼지요.

두꺼비에게

4 ㉠과 ㉡에 나타난 인물의 마음으로 알맞은 것을 찾아 선으로 이으세요.

(1) ㉠ • • ㉮ 속상한 마음

(2) ㉡ • • ㉯ 걱정되는 마음

5 개구리가 두꺼비에게 편지를 쓴 까닭으로 알맞은 것에 ○표 하세요.

(1) 두꺼비에게 사과하려고 ( )
(2) 두꺼비를 기쁘게 해 주려고 ( )
(3) 두꺼비에게 무엇을 부탁하려고 ( )

● 정답 29쪽

| 6~7 | 다음을 보고, 물음에 답하세요.

호랑이가 나무 밑까지 쫓아와 오누이에게 나무 위에 올라가는 방법을 물었습니다. 똘이는 ㉠손에 기름을 바르고 나무에 올라오라고 하였습니다.

❷

그 말을 들은 호랑이는 손에 기름을 바르고 나무에 올라가려고 했지만 미끄러워서 나무에 올라갈 수 없었습니다.

❸

순이가 실수로 나무를 도끼로 찍어서 올라오면 된다고 말하였습니다. 호랑이가 도끼를 가지러 가자, 오누이는 하늘을 향해 빌었습니다.

"저희를 살려 주세요"

6 똘이가 호랑이에게 ㉠과 같이 말한 까닭은 무엇인가요? (　　　)

① 기름이 필요해서
② 호랑이가 불쌍해서
③ 잘난 척을 하고 싶어서
④ 호랑이가 나무에 올라오지 못하게 하려고
⑤ 호랑이가 나무에 올라올 때 뛰어 내려가려고

7 하늘에 동아줄을 내려달라고 비는 오누이의 마음은 어떠할지 알맞은 것에 ○표 하세요.

(1) 즐겁고 기대하는 마음 (　　　)
(2) 다급하고 간절한 마음 (　　　)

| 8~9 | 다음 글을 읽고, 물음에 답하세요.

❹ 어리둥절한 형제

형: (고개를 갸우뚱하며) 어허, 내가 분명히 볏단들을 옮겨 갔는데?
아우: (고개를 갸우뚱하며) 그것참. 아, 왜 그대로 있지?
형: 어, 이상하네.

❹ 아우: 어, 저, 형님!
형: 응?
아우: 별일 없으십니까?
형: (당황해하며) 어, 나 아무 일 없다.
아우: 이상하다……. 내가 볏단을 갖다드렸는데…….

8 장면 ❹에서 형제의 마음으로 알맞은 것은 무엇인가요? (　　　)

① 고마움　② 미안함
③ 답답함　④ 지겨움
⑤ 어리둥절함

서술형

9 이 인형극에 대한 자신의 생각이나 느낌을 쓰세요.

• 형제가 ________________________________

________________________ 재미있습니다.

도움말 인형극에 등장하는 인물의 말과 행동을 따라 해 보면 재미있게 느껴지는 부분을 찾을 수 있어요.

10 인형극을 감상하고 자신의 생각이나 느낌을 표현하는 방법으로 알맞은 것에 ○표 하세요.

(1) 인물의 수를 세어 봅니다. (　　　)
(2) 인물에게 편지를 써 봅니다. (　　　)
(3) 인형극의 길이를 살펴봅니다. (　　　)

따라 쓰기

글씨를 바르게 따라 쓰며 각 단원에서 배운 낱말을 다시 한번 익혀 보세요.

1. 만나서 반가워요!

꿈	꿈	꿈	꿈	꿈	꿈
대	화	대	화	대	화
만	화	만	화	만	화
말	차	례	말	차	례
모	험	모	험	모	험
몸	집	몸	집	몸	집

세	상	세	상	세	상
속	옷	속	옷	속	옷
신	발	신	발	신	발
중	심	중	심	중	심
함	빡	함	빡	함	빡
흉	흉	흉	흉	흉	흉

2. 말의 재미가 솔솔

개	울	가	개	울	가
국	숫	발	국	숫	발
낱	말	낱	말	낱	말
대	문	대	문	대	문
동	네	동	네	동	네
말	놀	이	말	놀	이

방	법	방	법	방	법
생	각	생	각	생	각
이	슬	이	슬	이	슬
장	면	장	면	장	면
재	미	재	미	재	미
채	소	채	소	채	소

3. 겪은 일을 나타내요

껍	데	기	껍	데	기
달	리	기	달	리	기
덩	굴	손	덩	굴	손
새	싹	새	싹	새	싹

식	물	식	물	식	물
알	맹	이	알	맹	이
열	매	열	매	열	매
활	짝	활	짝	활	짝

4. 분위기를 살려 읽어요

값	값	값	값	값	값
많	다	많	다	많	다
몫	몫	몫	몫	몫	몫
실	천	실	천	실	천

쓰	레	기	쓰	레	기
앉	다	앉	다	앉	다
없	다	없	다	없	다
오	늘	오	늘	오	늘

5. 마음을 짐작해요

걸	음	걸	음	걸	음
낯	선	낯	선	낯	선
다	섯	다	섯	다	섯
마	음	마	음	마	음

마	지	막	마	지	막
삶	은	삶	은	삶	은
엄	마	엄	마	엄	마
왠	지	왠	지	왠	지

6. 자신의 생각을 표현해요

고	개	고	개	고	개
고	정	고	정	고	정
뛰	다	뛰	다	뛰	다
뿌	리	뿌	리	뿌	리

생	각	생	각	생	각
역	할	역	할	역	할
줄	넘	기	줄	넘	기
중	요	한	중	요	한

7. 마음을 담아서 말해요

경	험	경	험	경	험
고	운	고	운	고	운
다	음	다	음	다	음
머	리	핀	머	리	핀

상	황	상	황	상	황
수	염	수	염	수	염
주	인	주	인	주	인
함	께	함	께	함	께

8. 다양한 작품을 감상해요

건	널	목	건	널	목
달	팽	이	달	팽	이
두	꺼	비	두	꺼	비
무	척	무	척	무	척

오	누	이	오	누	이
우	편	함	우	편	함
인	형	극	인	형	극
행	동	행	동	행	동

평가북

백점 국어 2·1

초등학교 학년 반 번 이름

백점

국어 2·1

해설북

- 한눈에 보이는 **정확한 답**
- 한번에 이해되는 **쉬운 풀이**

모바일
빠른 정답

차례

백점 국어 빠른 정답

QR코드를 찍으면 **정답과 풀이**를
쉽고 빠르게 확인할 수 있습니다.

모바일
빠른 정답

모바일 빠른 정답
QR코드를 찍으면 정답 및 풀이를 쉽고 빠르게 확인할 수 있습니다.

1. 만나서 반가워요!

1회 교과서 학습 10~13쪽

개념 확인 (1) ○ (2) ×
1 ① 2 곱슬이 3 ⑤ 4 (1) ○ 5 ① 6 과학자 7 예 당황스러웠을 것입니다. 8 (2) ○ 9 (1) ㉯ ○ (2) ㉮ ○ (3) ㉯ ○ 10 (1) ㉯ (2) ㉱ 11 ④

개념 확인 (1) 대화할 때 대화 내용과 관계없는 말은 하지 않아야 합니다.
(2) 말차례를 지키며 말할 기회를 얻어서 해야 합니다.

1 민수는 자신이 기르는 강아지에 대해 소개하는 글을 썼습니다.
2 곱슬곱슬한 털이 많아서 이름이 '곱슬이'라고 하였습니다.
3 코는 까만색이며 코끝이 반질거린다고 하였습니다.
4 소개하는 글에는 소개하는 대상과 특징이 잘 나타나야 하고, 읽을 사람이 궁금해하는 내용을 써야 합니다.
5 자신의 꿈에 대해 대화를 나누었습니다.
6 동현이는 과학자가 되고 싶다고 하였습니다.
7 동현이는 자신이 말하고 있는데 친구가 갑자기 끼어들어 당황스러운 마음이 들었을 것입니다.

채점 기준
'당황스럽다', '기분이 상한다' 처럼 동현이의 상황에 알맞은 마음을 나타내는 말을 넣어 썼으면 정답으로 합니다.

8 친구에게 말차례를 지키지 않은 것에 대해 말하는 문자 메시지를 보냈을 것입니다.
9 친구와 대화할 때에는 자신의 말차례가 되었을 때 말을 해야 하고, 손을 들어 말차례를 표현해야 합니다. 그리고 말을 들으며 궁금한 점이 생겼을 때에는 말이 끝날 때까지 기다렸다가 물어보아야 합니다.
10 ㉯, ㉰는 자신이 말을 시작한다는 것을 표현할 때 알맞은 방법이고, ㉮, ㉱는 상대에게 말차례를 넘길 때 알맞은 방법입니다.
11 하고 싶은 말이 있을 때에는 손을 들고 말할 기회를 얻어 차례대로 해야 합니다.

2회 교과서 학습 14~17쪽

개념 확인 (1) × (2) ○
1 ② 2 신발 3 (1) ○ 4 ㉮ 5 ④ 6 (1) ○ 7 ④ 8 로아 9 ⑤ 10 월터 11 (1) ○ 12 예 곰인형, 어릴 때부터 함께 해 왔기

개념 확인 (1) 친구들과 이야기를 나눌 때에도 말차례를 지켜야 합니다.
(2) 인물의 경험과 비슷한 자신의 경험을 떠올리면 인물의 마음을 이해하는 데 도움이 됩니다.

1 라라는 오빠가 세 명이라고 하였습니다.
2 라라가 물려받지 않는 것은 속옷과 신발뿐이며 그중 신발을 좋아한다고 하였습니다.
3 라라는 물려받지 않는 물건 중 신발이 늘 새것이라서 좋아한다고 하였습니다.
4 라라는 그 어떤 신발보다 멋진 신발을 만나 기쁘고 행복한 마음이 들었을 것입니다.
5 엄마께서는 라라가 신발을 좀 더 오래 신게 하기 위해서 라라의 발에 좀 큰 신발을 사 주셨습니다.
6 주말에 온 가족이 소풍을 갔습니다.
7 월터는 시냇물을 따라서 모험을 하겠다고 말하였습니다.
8 '앗, 어떡하지.'라는 라라의 생각과 급하게 신발을 쫓아가는 행동에서 당황스러워하는 라라의 마음을 알 수 있습니다.
9 라라는 시냇가에서 오빠들을 따라 놀다가 신발 한 짝을 잃어버렸습니다.
10 월터가 라라의 남은 신발 한 짝을 화분으로 쓰자고 말하였습니다.
11 '짝'은 신발처럼 둘이 어울려 한 쌍을 이루는 것을 세는 단위를 뜻하는 말입니다. (2)는 '모빌'의 뜻입니다.
12 소중한 물건과 그 물건을 소중하게 생각하는 까닭을 제시된 문장의 빈칸에 자연스럽게 이어지도록 씁니다.

채점 기준
자신에게 소중한 물건을 떠올려 보고 그 물건을 소중하게 생각하게 된 까닭을 함께 썼으면 정답으로 합니다.

3회 교과서 학습 18~21쪽

개념 확인 (1) ○ (2) ×

1 자신 **2** 예나 **3** ⑤ **4** (1) 나 (2) 예 자세히 **5** ①, ③ **6** ①, ②, ③ **7** (1) 예 김윤빈 (2) 예 블록 조립 (3) 예 모양 만들기 **8** ㉮, ㉰ **9** (1) ㉯ (2) ㉮ (3) ㉱ (4) ㉰ **10** (1) ㉯, ㉰ (2) ㉮, ㉱ **11** ③, ⑤ **12** (1) 좀 (2) 거꾸로

개념 확인 (1) 자신을 소개하는 글에는 자신의 이름, 모습, 특징을 씁니다.
(2) 읽는 사람이 궁금해할 내용을 골라서 씁니다.

1 서준이와 하윤이는 자신에 대해 소개하는 글을 썼습니다.

2 글 가는 소개하는 내용이 자세하지 않아서 읽는 사람이 서준이에 대해 잘 모를 것입니다.

3 더 소개하고 싶은 내용은 이 글에서 찾을 수 없습니다.

4 글 나가 소개하는 내용이 더 잘 드러나게 쓴 글입니다.

> **채점 기준**
> (1)에 나라고 쓰고, (2)에 자세하게 썼기 때문이라는 말을 포함하여 썼으면 정답으로 합니다.

5 자신의 이름이 이준영이며 치타를 무척 좋아한다고 소개하였습니다.

6 글을 쓰는 까닭, 글을 읽을 사람과 글에 쓸 내용 등을 떠올려야 합니다.

7 자신의 이름과 좋아하는 것, 잘하는 것을 생각하여 문장을 완성합니다.

> **채점 기준**
> 자신의 이름과 자신이 좋아하는 것, 잘하는 것을 알맞게 썼으면 정답으로 합니다.

8 소개하는 내용을 자세하게 써야 합니다.

9 자신이 좋아하는 사람에 대해 소개하는 글에는 이름, 성격, 모습, 좋아하는 것이나 잘하는 것, 더 소개하고 싶은 내용에 대해 쓸 수 있습니다.

10 말을 주고받으며 대화할 때에 지켜야 할 점이 무엇인지 생각해 봅니다.

11 소개하는 글에는 자신의 특징을 한 가지가 아니라 여러 가지 쓰는 것이 좋고, 읽을 사람이 잘 알고 있는 내용보다는 궁금해할 내용을 써야 합니다.

12 '좀'은 [좀], '거꾸로'는 [거꾸로]로 읽습니다.

4회 대단원 평가 22~24쪽

1 강아지 **2** (1) ○ **3** (1) ㉮ (2) ㉯ **4** 꿈 **5** ② **6** 맥스, 핀 **7** ①, ⑤ **8** 시냇물 **9** 소중했습니다 **10** 예 나도 너처럼 아끼던 색연필을 잃어버리고 속상했던 적이 있어. **11** (1) × (2) ○ **12** 태권도 **13** ① **14** 도율 **15** 1단계 예 자신 2단계 (1) 예 이현빈 (2) 예 둥그렇게, 큽니다 (3) 예 역할 놀이 (4) 예 좋아하는 동물

1 민수가 쓴 글의 첫 번째 문장에서 강아지를 기르고 있다고 하였습니다.

2 민수가 집에 오면 강아지가 높이 뛰어오르며 반겨 준다고 하였습니다.

3 ㉮는 강아지의 이름을 소개한 부분이고, ㉯는 강아지의 모습에 대해 소개하는 부분입니다.

4 선생님과 친구들은 자신의 꿈에 대해 이야기를 나누고 있습니다.

5 그림을 통해 대화 중에 친구가 말할 때에는 끼어들면 안 된다는 것을 알 수 있습니다. 친구는 말차례를 지켜 하고 싶은 말을 해야 합니다.

> **더 알아보기**
> **말차례**
> • 뜻: 말을 주고받을 때 말하는 사람과 듣는 사람이 지키는 순서.
> • 특징: 말차례는 먼저 말한 사람에게 있으며, 말차례를 가져가려면 상대의 말이 다 끝나기를 기다리거나 다 말했는지 확인하고 자신이 말해도 되는지 허락을 구해야 함.

6 월터가 입던 옷이 작아지면 맥스가, 맥스가 입다가 작아지면 핀이, 핀에게도 작아진 옷은 라라가 입는다고 하였습니다.

7 ㉠의 멋진 신발은 라라가 처음 신은 새 신발로, 라라는 그 신발을 무척 좋아했습니다. 또 햇빛에 비추면 반짝반짝 빛난다고 하였습니다.

8 오빠들을 따라 시냇가에서 놀던 라라는 신발 한 짝을 시냇물에 떨어뜨렸고 월터, 맥스, 핀, 라라 모두 잡으려고 노력했지만 신발은 시냇물을 따라 흘러갔습니다.

9 한 짝 남은 신발도 계속 신고 다니기로 마음먹은 것으로 보아 라라가 자신의 신발을 소중하게 생각한다는 것을 알 수 있습니다.

더 알아보기

「세상에 둘도 없는 반짝이 신발」의 이어지는 이야기

라라의 반에 엘리가 전학을 왔고, 담임 선생님은 라라에게 엘리의 짝이 되어 도와주라고 하심.

⬇

라라와 엘리는 친해지고, 엘리는 라라의 신발에 눈이 가게 되어 자신이 우연히 주워 가지고 있던 신발을 보여 줌.

⬇

둘은 반짝이 신발 한 짝을 확인한 뒤 기뻐하며 한 개씩 신발을 번갈아 신으며 더 친해지게 됨.

10 라라가 겪은 일과 비슷한 자신의 경험이 잘 드러나게 라라에게 할 말을 써 봅니다.

채점 기준

라라처럼 소중한 물건을 잃어버렸던 자신의 경험을 떠올려 문장이 자연스럽게 이어지도록 썼으면 정답으로 합니다.

11 소개하는 글에는 자신이 좋아하는 음식, 사람, 물건처럼 다양한 내용에 대해 쓸 수 있습니다.

12 글의 두 번째 문장에서 태권도를 좋아한다고 하였습니다.

13 자신의 이름은 글의 첫 번째 문장에 쓰여 있습니다.

14 도율이는 친구가 자신에 대해 소개하는 내용을 듣고 친구를 칭찬하는 말을 하였습니다.

15 1단계 정하윤이 자기 자신을 소개하기 위해 쓴 글입니다.

채점 기준

상	'자신'처럼 스스로를 소개하기 위해 쓴 글임을 알 수 있는 내용을 정확하게 썼습니다.
중	'자신'과 같이 정확하게 쓰지 못했으나 '나'처럼 자신을 소개하는 글임을 알 수 있는 말을 썼습니다.
하	'정하윤'처럼 소개하는 대상의 이름을 그대로 써서 문장이 어색하게 이어지도록 썼습니다.

2단계 자신의 이름, 모습, 잘하는 것, 더 소개하고 싶은 내용을 정리해 씁니다.

채점 기준

상	(1)~(4)에 알맞은 내용을 문장이 자연스럽게 이어지도록 모두 썼습니다.
중	(1)~(4) 중 알맞은 내용을 세 가지 썼습니다.
하	(1)~(4) 중 알맞은 내용을 두 가지 썼습니다.

2. 말의 재미가 솔솔

1회 교과서 학습 28~31쪽

개념 확인 (1) × (2) ○

1 가랑비 **2** 적게 **3** (1) ㉯ (2) ㉮ **4** 예 비밀, 비빔밥, 비둘기 등 **5** ⑤ **6** (2) ○ **7** 예 안녕 반가워 **8** ①, ⑤ **9** ② **10** ① **11** ⑤ **12** 지유

개념 확인 (1) 말놀이를 하면 재미있고 다양한 말로 내 생각을 표현할 수 있습니다.
(2) 말놀이를 하면 자연스럽게 여러 가지 낱말을 익힐 수 있습니다.

1 가랑비의 모습을 나타낸 그림입니다.

2 '이슬비'는 이슬처럼 작은 물방울이 맺힐 만큼 비가 적게 온다는 뜻에서 붙여진 이름입니다.

3 '잠비'는 '잠'과 '비', '단비'는 '단(달다)'과 '비'가 합쳐져서 만들어진 말임을 생각해 보면 뜻을 알 수 있습니다.

4 '비누', '비행기'처럼 '비'로 시작하는 낱말을 떠올려 씁니다.

5 끼토와 초롱이는 다섯 글자로 된 말로 대화하고 있습니다.

6 다섯 글자로 말하기 위해서 말이 되지 않아도 억지로 늘이거나 끊어서 말하는 것이 이상하다고 하였습니다.

7 말을 억지로 줄이거나 늘이거나 끊지 않고, 자연스럽게 이어지도록 말놀이의 규칙에 맞게 대답을 씁니다.

채점 기준

친구의 말에 할 수 있는 알맞은 대답을 다섯 글자로 떠올려 썼으면 정답으로 합니다.

8 말이 되는 말로 이어 가야 하고, 말을 억지로 늘이거나 끊지 않습니다.

9 낱말들의 서로 비슷한 것을 떠올려 말을 이어 가는 꼬리따기 말놀이입니다.

10 봄의 특징을 나타내는 말이 와야 합니다. '봄은 포근해'는 앞에 나온 말을 다시 반복하는 것이므로 이어질 내용으로 알맞지 않습니다.

11 셋을 나타내는 말은 '세발자전거 바퀴'입니다.

12 앞의 친구가 한 말을 똑같이 반복한 뒤에, 같은 장소에서 볼 수 있는 물건을 떠올려 말을 덧붙여야 합니다. 규칙에 알맞게 말한 친구는 지유입니다.

2회 교과서 학습 32~35쪽

개념 확인 (1) ○ (2) ×

1 ②, ⑤ 2 ②, ⑤ 3 개울가 4 예 전통 시장
5 ③ 6 ④ 7 민하 8 ⑤ 9 예 정육점도 있고
10 예 냉동, 낮다, 높다 등 11 (3) ×

개념 확인 (1) '슈퍼마켓, 학교' 등은 우리 주변에서 볼 수 있는 장소입니다.
(2) 자신이 쓴 낱말 가운데 자신의 마음에 드는 것을 골라 말이 되도록 문장을 만듭니다.

1 어디까지 왔는지 묻고 답하면서 내용을 이어 가고 있으며, 동네 앞, 개울가, 대문 앞처럼 장소를 나타내는 말이 나옵니다.

2 '어디까지 왔니'라고 묻는 말과 '~에 왔다'라고 대답하는 말이 번갈아서 쓰였습니다.

3 동네 앞을 지나 개울가로, 개울가를 지나 대문 앞으로 갔습니다.

4 자신이 좋아하는 장소를 떠올려 씁니다.

> **채점 기준**
> 자신이 좋아하는 장소, 가고 싶은 장소 등을 떠올려 썼으면 정답으로 합니다.

5 ㉠에 연결된 생각그물의 내용은 놀이터에서 볼 수 있는 것들을 떠올려 적은 것입니다.

6 채소 가게에서 볼 수 있는 것과 교실에서 볼 수 있는 것이 알맞게 짝 지어진 것을 찾아봅니다.

7 민하는 두 개의 낱말 중 '당근'만 사용해서 문장을 만들었습니다.

8 '예쁜 것은 ~'과 같은 말로 이어 가야 하므로 ⑤는 알맞지 않습니다.

9 말 덧붙이기 놀이를 할 때에는 앞에 한 말을 반복해서 그대로 하고 새로운 말을 덧붙여야 합니다.

> **채점 기준**
> 시장에서 볼 수 있는 가게를 떠올려 '~도 있고'의 형태로 썼으면 정답으로 합니다.

10 첫소리가 'ㄴㄷ'으로 시작하는 낱말을 떠올려 봅니다. 사물의 이름뿐만 아니라 움직임이나 상태를 나타내는 말도 여러 가지 떠올려 봅니다.

11 말놀이 문장은 소리 내며 읽어야 더 정확하게 읽을 수 있습니다.

3회 교과서 학습 36~39쪽

개념 확인 (1) ○ (2) ×

1 (1) ㉯ (2) ㉮ 2 ❶ 3 ⑤ 4 (2) ○ 5 (1) ㉯
(2) ㉮ 6 (2) ○ 7 선우 8 예 여름에 선풍기 바람을 쐬었을 9 ②, ③ 10 (1) 예 책 먹는 여우
(2) 예 만복이네 떡집 11 책갈피 12 ⑤ 13 (1)
예 궁금해 (2) 예 즐거워

개념 확인 (1) 책을 읽으며 재미있는 문장이나 장면을 찾아보면 생각이나 느낌을 나누는 데 도움이 됩니다.
(2) 가장 재미있었던 문장이나 장면을 떠올립니다.

1 ❶에서는 차가운 물을 마시면서, ❷에서는 뜨거운 국물을 마시면서 시원하다는 말을 하였습니다.

2 ❶은 더위를 식힐 정도로 서늘할 때, ❷는 속이 후련할 만큼 음식이 뜨겁고 얼큰할 때에 어울립니다.

3 ❷는 속이 후련할 만큼 음식이 뜨겁고 얼큰할 때에 시원하다고 느낀 상황입니다.

4 '시원하다'는 말을 쓰는 상황이 여러 가지인 것을 통해 하나의 낱말이 다양한 상황에 쓰인다는 것을 알 수 있습니다.

5 ❸은 폭포 아래에서 내는 소리를 들으며, ❹는 양치질을 하며 시원하다고 말하는 상황입니다.

6 ❹와 어울리는 상황은 (2)입니다.

7 지호는 글을 읽으며 더 알아보고 싶은 점에 대해 말하였습니다.

8

> **채점 기준**
> 글을 읽으며 알게 된 '시원하다'고 느끼는 상황을 생각하며 자신의 경험을 알맞게 떠올려 썼으면 정답으로 합니다.

9 제목이 재미있는 책이나 친구에게 소개하고 싶은 책을 고를 수 있습니다.

10

> **채점 기준**
> 도서관에서 본 책 중 제목이 재미있는 책 한 권과 친구에게 소개하고 싶은 책 한 권을 찾아 제목을 썼으면 정답으로 합니다.

11 책갈피를 만들어 앞면에는 좋아하는 문장을 쓰고, 뒷면에는 책 제목을 써서 소개하였습니다.

12 첫소리가 'ㅅㅅㅎ'인 말이 들어가야 하며, 심심할 때에 하는 일로는 '상상해'가 가장 알맞습니다.

13 제시된 첫소리를 넣어 알맞은 말로 표현해 봅니다.

4회 대단원 평가 40~42쪽

1 (1) ㉯ (2) ㉮ 2 ② 3 예 가로수 등 4 예 자랑스러워. / 넌 밝게 웃어. 5 ③ 6 매우면 7 ④ 8 ㉮, ㉯ 9 (2) ○ 10 어디까지 11 (1) 예 당근, 고추, 오이 등 (2) 예 칠판, 책상, 의자 등 12 예 진아가 칠판에 당근을 그렸습니다. 13 (1) ㉮ (2) ㉯ 14 소이 15 1단계 셋 2단계 (1) 예 책상 다리, 소의 다리, 네발자전거 바퀴 등 예 발가락, 손가락, 공기 알 등

1 가늘게 내리는 비는 가랑비, 가랑비보다 더 가는 비는 이슬비입니다.

2 글의 내용을 보면 비의 특징을 나타내는 말을 앞에 붙여 비의 이름을 만들었다는 것을 알 수 있습니다. 설명하는 내용은 '잠비'의 뜻입니다.

더 알아보기

여러 가지 비의 이름
- 찬비: 차갑게 느껴지는 비.
- 단비: 꼭 필요할 때 알맞게 내리는 비.
- 장대비: 장대처럼 굵고 거세게 좍좍 내리는 비.

3 '가족, 가을, 가끔'처럼 '가'로 시작하는 낱말을 떠올려 씁니다.

4 뜻이 통하는 다섯 글자의 말로 친구에게 하고 싶은 말을 해 봅니다.

채점 기준

친구에게 해 주고 싶은 말을 다섯 글자로 썼으면 정답으로 합니다.

5 ㉠의 다음 줄에 '아기'로 시작하는 문장이 이어지므로 빈칸에는 '아기'가 들어가는 것을 알 수 있습니다.

6 앞에 한 말과 비슷한 점을 떠올려 말을 이어가야 하므로 '매우면 ○○'로 말이 이어져야 합니다.

7 과일 가게에서 볼 수 있는 것들로 말을 이어 가야 하므로 '소고기도 있고'는 알맞지 않습니다.

왜 답이 아닐까?

소고기는 과일 가게에서 파는 물건이 아니므로 알맞지 않습니다.

8 말놀이를 할 때에는 앞사람이 하는 말을 집중해서 듣고, 규칙이나 방법을 생각하며 자신의 차례가 되었을 때 말합니다.

더 알아보기

여러 가지 말놀이 예

수수께끼 놀이	• 어떤 사물에 빗대어 묻고 알아맞히는 놀이 • 이름이나 특징, 서로 다른 점을 생각해 만들 수 있음.
다섯 고개 놀이	• 다섯 번의 질문과 답을 하며 답을 알아맞히는 놀이 • 한 친구가 마음속으로 어떤 것을 정하고 다른 친구들은 다섯 가지 질문을 하여 답을 듣고 마음속으로 정한 것을 알아맞힘.

9 어디까지 왔는지 묻고 답하는 형식으로 이루어져 있으며 동네 앞, 개울가, 대문 앞처럼 장소를 나타내는 말이 나옵니다.

10 '어디까지 왔니'라는 질문이 반복하여 쓰였습니다.

11 채소 가게에서 볼 수 있는 다양한 채소의 이름과 교실에서 볼 수 있는 물건의 이름을 떠올려 씁니다.

12 서로 관계가 없는 낱말이라도 읽을 때에 어색한 부분이 없도록 문장을 자연스럽게 만들어 씁니다.

채점 기준

문제 **11**번에 쓴 낱말 중 자신이 고른 두 낱말을 사용하여 문장을 만들어 썼으면 정답으로 합니다.

13 가는 속이 후련할 만큼 음식이 뜨겁고 얼큰할 때, 나는 지저분하던 것이 깨끗하고 말끔해져 기분이 좋을 때 '시원하다'라는 말을 사용한 것입니다.

14 소이는 나에서처럼 지저분하던 것이 깨끗하고 말끔해져 기분이 좋다고 느낀 상황에서 '시원하다'라는 말을 사용했습니다.

15 1단계 하나, 둘에 이어지는 내용이므로 '셋'이 들어가야 합니다.

채점 기준

상	'셋'이라는 표현을 바르게 썼습니다.
하	'셋'이라는 표현을 바르게 쓰지 못하였습니다.

2단계 주고받는 말놀이를 하는 방법을 생각하여 빈칸에 들어갈 알맞은 말을 씁니다.

채점 기준

상	(1)에는 '넷'을 나타내는 말을, (2)에는 '다섯'을 나타내는 말을 떠올려 알맞게 썼습니다.
중	(1)과 (2) 중 하나만 알맞은 말을 떠올려 썼습니다.
하	(1)과 (2) 중 하나에만 알맞은 말을 썼으나 어색한 부분이 있습니다.

3. 겪은 일을 나타내요

1회 교과서 학습 46~49쪽

개념 확인 (1) × (2) ○

1 ⑤ 2 ③, ⑤ 3 지원 4 (2) ○ (3) ○ 5 (1) ㉯ (2) ㉮ 6 (1) 멋진 (2) 예 멋져 보였기 때문입니다. 7 ② 8 ③, ④ 9 예 귀여운 10 ④ 11 힘껏 12 (2) ○ 13 (1) 커다란 (2) 시커먼 (3) 넓은 14 (2) ○ (3) ○

개념 확인 (1) 꾸며 주는 말을 사용하면 글을 읽을 때에 재미를 느낄 수 있습니다.
(2) 꾸며 주는 말을 사용하면 글의 내용을 더 자세하고 실감 나게 표현할 수 있습니다.

1 '나'는 할머니, 할아버지와 옥수수밭에 갔습니다.

2 '넓은'은 옥수수밭의 크기를, '활짝'은 할아버지께서 어떻게 웃으셨는지를 나타내는 말입니다.

3 꾸며 주는 말을 사용하면 생각이나 느낌을 실감 나게 표현할 수 있습니다.

4 일기에는 그날 겪은 일 가운데에서 기억하고 싶은 일과 겪은 일에 대한 생각이나 느낌을 함께 씁니다.

5 '노란'은 우산의 색깔을, '예쁜'은 우산의 모양을 나타내는 말입니다.

6 자신이 고른 꾸며 주는 말이 더 어울린다고 생각한 까닭을 씁니다.

채점 기준
자신이 고른 꾸며 주는 말과 그렇게 생각한 까닭을 서로 관련 있게 썼으면 정답으로 합니다.

7 '꽃'을 꾸며 주는 말로는 '예쁜'이 알맞습니다.

8 꾸며 주는 말을 알맞게 사용한 문장은 ③, ④입니다.

9 '강아지'를 꾸며 주는 말을 떠올려 씁니다.

10 '살금살금'은 남이 알아차리지 못하도록 눈치를 살펴 가면서 살며시 행동하는 모양을 뜻하는 말이므로 사진 속 말의 모습을 나타내기에 알맞지 않습니다.

11 그림에 어울리는 꾸며 주는 말은 '힘껏'입니다.

12 ㉠에는 '거센', ㉡에는 '끝없이'가 들어가야 어울립니다.

13 사진에 어울리는 꾸며 주는 말을 찾아 씁니다.

14 꾸며 주는 말을 사용하여 문장을 쓰면 읽는 사람이 재미를 느낄 수 있습니다.

2회 교과서 학습 50~53쪽

개념 확인 (1) × (2) ○

1 ③ 2 ② 3 (1) ㉮ (2) ㉯ 4 예 고소한 군밤을 먹었어요. 5 포도 6 ⑤ 7 ③ 8 (2) ○ 9 ④ 10 (1) 커다란, 다소곳이 (2) 뜨거운, 모락모락 11 ⑤ 12 예 뒤뚱뒤뚱

개념 확인 (1) 꾸며 주는 말은 한 문장에 여러 개 쓸 수 있습니다.
(2) 글에 나오는 꾸며 주는 말이 어떤 말을 꾸며 주는지 찾아보며 읽습니다.

1 고소한 땅콩이 열리는 식물은 노랑 꽃을 활짝 피웠다고 하였습니다.

2 땅콩 열매는 땅속에서 맺히고 자랍니다.

3 '활짝'과 '조롱조롱'의 뜻으로 알맞은 것을 찾아 선으로 이어 봅니다.

4 꾸며 주는 말인 '고소한'의 뜻에 어울리게 문장을 만들어 씁니다.

채점 기준
'고소한'의 뜻과 어울리는 문장을 떠올려 썼으면 정답으로 합니다.

5 덩굴손이 꼬불꼬불 뻗어 가며 자라는 나무에서 열리는 과일은 포도입니다.

6 개구리가 물속에서 나올 때 입가에 밥풀처럼 붙는다고 해서 개구리밥이라는 이름이 붙었습니다.

7 '땀방울이나 물방울, 열매 등이 작게 많이 맺힌 모양.'을 뜻하는 말은 '송알송알'입니다.

8 '우수수'는 '바람에 나뭇잎 따위가 많이 떨어지는 소리나 모양.'을 뜻하므로 (2)와 같이 쓰는 것이 알맞습니다.

9 ㉱에는 '울퉁불퉁한'과 같은 꾸며 주는 말이 들어가야 합니다.

10 (1) '커다란 부엉이', '다소곳이 앉아 있다'와 같이 쓰는 것이 알맞습니다.
(2) '뜨거운 김', '모락모락 난다'와 같이 쓰는 것이 알맞습니다.

11 '솔솔'은 '물이나 가루가 틈이나 구멍으로 조금씩 가볍게 새어 나오는 모양.'을 뜻하는 말이므로 ⑤의 문장은 어색합니다.

12 어미 괭이갈매기가 걸어가는 모습에 어울리는 꾸며 주는 말을 떠올려 봅니다.

3회 교과서 학습 54~57쪽

개념 확인 (1) × (2) ○

1 ㉥, ㉣, ㉮, ㉢ **2** ⑤ **3** 예 끝까지 달리기를 한 날 **4** (1) ㉠ (2) ㉢ (3) ㉡ (4) ㉣ **5** (1) 예 선생님께 칭찬받은 일 (2) 예 친한 친구가 전학 간 일 **6** ⑤ **7** ③ **8** ⑤ **9** (1) 시원한 (2) 빙글빙글 **10** ③ **11** (1) ㉮ (2) ㉯

개념 확인 (1) 일기의 글감은 하루 동안 겪은 일 중에서 정합니다.

(2) 자신이 겪은 일 중에서 가장 기억에 남는 일을 골라 일기로 씁니다.

1 소율이가 겪은 일을 시간의 순서에 따라 정리해 봅니다.

2 소율이는 수업 시간에 운동장에서 있었던 일에 대해 일기를 썼습니다.

3 일기 전체의 내용을 잘 드러낼 수 있는 제목을 떠올려 씁니다.

> **채점 기준**
> 소율이가 쓴 일기의 전체 내용을 잘 나타낼 수 있는 제목을 떠올려 썼으면 정답으로 합니다.

4 하루 동안 겪은 일을 (1) 한 것, (2) 본 것, (3) 들은 것, (4) 생각이나 느낌으로 나누어 정리하였습니다.

5 기분이 좋았거나 행복했던 일, 눈물이 나거나 속상했던 일 등으로 나누어 겪은 일을 정리하여 씁니다.

> **채점 기준**
> 자신의 하루 동안 기뻤던 경험과 슬펐던 경험을 떠올려 썼으면 정답으로 합니다.

6 ⑤는 생각이나 느낌이 아니라 무슨 일을 했는지에 대한 대답입니다.

7 일기는 하루 동안 자신이 겪은 일 가운데 가장 인상 깊었던 일을 골라 쓰는 글입니다.

8 식물 관찰 일기를 쓰는 방법을 정리한 내용입니다.

9 그림에 어울리는 꾸며 주는 말은 (1)은 '시원한', (2)는 '빙글빙글'입니다.

10 일기에는 날짜와 날씨를 모두 쓰고, 언제 어디에서 누구와 무엇을 했는지 떠올려 겪은 일에 대한 자신의 생각이나 느낌을 꾸며 주는 말로 생생하게 씁니다.

11 '보드레하다'의 뜻은 ㉮, '잘바닥잘바닥하다'의 뜻은 ㉯입니다.

4회 대단원 평가 58~60쪽

1 ㉡ **2** ①, ④ **3** 싱싱한, 맛있게 **4** ② **5** ③ **6** (1) 예 멋진 (2) 예 우아하게 **7** 포도 **8** ① **9** (1) ㉯ (2) ㉮ **10** 달리기 **11** 도윤 **12** ⑤ **13** (1) ○ **14** 예 강아지와 처음으로 단둘이 산책을 한 일 **15** 1단계 멋있는, 힘차게 2단계 예 갈색 말이 빠르게 달려온다.

1 ㉡은 '넓은'이라는 꾸며 주는 말을 사용하여 옥수수밭의 모습을 더 실감 나게 느끼게 합니다.

2 그림 속 거북선에 어울리는 꾸며 주는 말로는 '멋진'과 '튼튼한'이 알맞습니다.

3 '딸기'를 꾸며 주는 말에는 '싱싱한'이 어울리고, '먹었습니다'를 꾸며 주는 말에는 '맛있게'가 어울립니다.

4 사진과 가장 어울리면서 꾸며 주는 말을 알맞게 쓴 것은 '빠르게 달립니다'입니다.

5 ③은 꾸며 주는 말을 사용하지 않은 문장입니다.

> **왜 답이 아닐까?**
> ① '떨며'를 꾸며 주는 말로 '덜덜'이 쓰였습니다.
> ② '말'을 꾸며 주는 말로 '멋있는', '달려옵니다'를 꾸며 주는 말로 '힘차게'가 쓰였습니다.
> ④ '날립니다'를 꾸며 주는 말로 '힘껏'이 쓰였습니다.
> ⑤ '파도'를 꾸며 주는 말로 '거센'이 쓰였습니다.

6 '황새'를 꾸며 주는 말과 '날갯짓을 한다'를 꾸며 주는 말을 떠올려 씁니다.

> **채점 기준**
> 황새의 모습과 황새가 날갯짓을 하는 모습이 어떠할지 생각하여 썼으면 정답으로 합니다.
> 이런 답도 가능해!
> (1) 커다란
> (2) 힘차게

7 글 가는 포도가 자라는 모습을 설명하는 글입니다.

8 개구리밥은 물 위에 떠서 자란다고 하였습니다.

> **왜 답이 아닐까?**
> ②, ④ 포도가 자라는 모습에 대한 설명입니다.
> ③ 개구리밥은 동글동글 잎이 연못 위에 동동 떠 있다고 하였습니다.
> ⑤ 개구리밥은 개구리가 먹는 밥이 아니라 개구리가 물속에서 나올 때 입가에 밥풀처럼 붙어서 개구리밥이라고 불린 것입니다.

9 ㉠에 들어갈 꾸며 주는 말은 '빙글빙글', ㉡에 들어갈

꾸며주는 말은 '우수수'입니다.

10 수업 시간에 운동장에서 달리기를 한 일에 대해 일기를 썼습니다.

11 소율이의 생각이나 느낌을 알맞게 말한 친구는 도윤이입니다.

12 자신이 겪은 일에 대한 생각이나 느낌을 쓴 일기이므로 친구와 바꾸어 읽으며 고쳐 쓸 부분을 찾는 것은 알맞지 않습니다.

더 알아보기

겪은 일을 일기로 쓰는 방법
- 자신이 겪은 일을 떠올립니다.
- 인상 깊었던 일을 중심으로 글감을 찾고 인상 깊었던 일을 정리합니다.
- 날짜와 날씨 – 제목 – 겪은 일 – 생각이나 느낌의 순서로 일기를 씁니다.
- 일기를 다 쓴 다음 고쳐 쓸 부분은 없는지 스스로 확인합니다.

13 제목은 일기에 쓴 겪은 일이 잘 나타나도록 붙여야 합니다.

14 자신이 하루 동안 겪은 일 중에서 인상 깊었던 일을 골라 씁니다.

채점 기준

자신이 하루 동안 겪은 일 중에서 일기로 쓰고 싶은 것을 정리하여 썼으면 정답으로 합니다.

이런 답도 가능해!
- 부모님과 함께 저녁 식사를 준비한 일
- 수업 시간에 짝꿍과 함께 발표를 한 일

15 1단계 '멋있는'과 '힘차게'가 꾸며 주는 말입니다.

채점 기준

상	'멋있는'과 '힘차게' 두 가지를 알맞게 썼습니다.
중	'멋있는'과 '힘차게' 두 가지 중 한 가지만 알맞게 썼습니다.
하	문장에 쓰인 꾸며 주는 말을 모두 쓰지 못했습니다.

2단계 '말'의 모습을 꾸며 주는 말과 '달려온다'라는 행동을 꾸며 주는 말을 떠올려 씁니다.

채점 기준

상	'말'을 꾸며 주는 말과 '달려온다'를 꾸며 주는 말 모두 알맞게 바꾸어 썼습니다.
중	'말'을 꾸며 주는 말과 '달려온다'를 꾸며 주는 말 두 가지 중 한 가지만 알맞게 바꾸어 썼습니다.
하	'말'을 꾸며 주는 말과 '달려온다'를 꾸며 주는 말 모두 알맞게 바꾸어 쓰지 못했습니다.

4. 분위기를 살려 읽어요

1회 교과서 학습 64~67쪽

개념 확인 (1) ○ (2) ○

1 ⑤ **2** ⑤ **3** 세영 **4** (1) ○ **5** (1) ○ **6** 흙 **7** (1) 쌍받침 (2) 겹받침 **8** ④ **9** (1) ㉣ (2) ㉮ (3) ㉯ (4) ㉰ **10** 얹다 **11** ④ **12** 혜지 **13** 예 나는 사이 나쁜 친구가 없다.

개념 확인 (1) 친구와 주고받으며 시를 읽으면 장면을 더 잘 떠올릴 수 있습니다.
(2) 시를 읽을 때에는 손뼉을 치거나 발을 구르면 노래를 부르는 느낌이 듭니다.

1 묻고 답하는 방식으로 이루어져 있으며 반복되는 말과 흉내 내는 말을 사용하였습니다.

2 '누가 누가'는 '누가'를 반복하여 쓴 말입니다.

3 여러 가지 방법으로 시를 읽으면 시의 내용과 인물의 마음을 더 잘 이해할 수 있습니다.

4 '넓고 넓은'에서 겹받침 'ㄼ'은 'ㄹ'로 발음됩니다.

5 받침이 있는지 없는지에 따라 낱말을 나누었습니다.

6 받침에 사용한 자음자가 하나인 낱말과, 받침에 사용한 자음자가 두 개인 낱말로 나누었습니다.

7 받침의 종류에 따라 쌍받침을 사용한 낱말과 겹받침을 사용한 낱말로 나누었습니다.

8 '있다'의 받침은 쌍받침, '앉다'의 받침은 겹받침입니다.

9 (1)은 '밟다', (2)는 '몫', (3)은 '끓다', (4)는 '값'의 뜻을 나타내는 그림입니다.

10 '위에 올려놓다.'의 뜻을 가진 '얹다'가 알맞습니다.

11 '맑다'의 받침 'ㄺ'은 'ㄱ'으로 발음되어 [막따]로 읽습니다.

12 '앉다[안따]', '얹다[언따]'의 'ㄵ' 받침은 'ㄴ'으로 발음되고, '앉다[안따]', '끊다[끈타]'와 같이 '다'로 끝나는 낱말은 '따' 또는 '타'로 발음합니다.

13 '없다'의 뜻을 잘 모를 때에는 국어사전에서 뜻을 찾아보고 문장을 만들어 씁니다.

채점 기준

'없다'의 뜻이 잘 나타나도록 문장을 만들어 썼으면 정답으로 합니다.

2회 교과서 학습 68~71쪽

개념 확인 (1) ○ (2) ×
1 ⑤ 2 ④ 3 ④, ⑤ 4 (1) ㉯ (2) ㉮ 5 하늘
6 ③, ④ 7 ④ 8 (1) ○ 9 ② 10 ③ 11 예 엄마처럼 따뜻한 마음이 느껴졌습니다. 12 준서

개념 확인 (1) 겹받침을 발음하는 규칙에 따라 주의하며 읽어야 합니다.
(2) 서로 같은 두 개의 자음으로 이루어진 받침을 쌍받침, 서로 다른 두 개의 자음으로 이루어진 받침을 겹받침이라고 합니다.

1 이 글은 바다에 있는 플라스틱 쓰레기 더미와 그것이 만들어지는 과정에 대해 설명하는 글입니다.

2 1997년에 요트 경기를 하던 사람이 발견하였습니다.

3 바다에 있는 플라스틱 더미는 바다에서 사용한 그물, 부표 따위가 모여서 만들어지고, 사람들이 함부로 버리는 페트병과 물휴지, 과자 봉지 따위가 강을 거쳐 바다로 흘러들어 가서 더 커진다고 하였습니다.

4 어려운 낱말은 앞뒤의 내용을 통해 뜻을 짐작하며 읽을 수 있습니다.

5 이 글에서는 플라스틱 쓰레기가 바다에 모이는 것을 막기 위한 많은 사람의 노력에 대해 이야기하고 있습니다.

6 환경 단체들은 해안가에 있는 플라스틱 쓰레기를 줍거나 바다에 떠다니는 쓰레기를 모아 없애기도 합니다.

7 바다에 떠다니는 쓰레기를 매일 줍는 것은 일상생활에서 우리가 쉽게 실천할 수 있는 일이 아닙니다.

8 '없애기도'는 [업쌔기도], '몫을'은 [목쓸]로 발음합니다.

9 바람이 마루 위에 놓인 신문지 한 장을 끌고 슬그머니 골목으로 나간다고 하였습니다.

10 바람은 신문지를 공중에 집어 던지고, 길거리에 굴리고, 구겨서는 민들레꽃에게 목도리를 만들어 주었습니다.

11 신문지로 어린 민들레꽃에게 목도리를 해 주는 모습에서 바람의 따뜻한 마음을 느낄 수 있습니다.

채점 기준
바람의 따뜻한 마음이 느껴진다는 내용으로 문장을 완성하여 썼으면 정답으로 합니다.

12 신문지가 바람에 이끌려 던져지고 굴려지는 장면에서는 속상하거나 안타까운 분위기가 잘 나타나게 읽어야 합니다.

3회 교과서 학습 72~75쪽

개념 확인 (1) ○ (2) ×
1 ①, ④ 2 예 큰 소리로 선생님과 / 친구들에게 웃으며 / 인사할 수 있을 거야. 3 (1) ○ 4 ㉮, ㉯
5 당나귀 6 ② 7 지우 8 ④ 9 (1) ㉯ (2) ㉮
10 (1) 목 (2) 귀찮타 11 ㉮

개념 확인 (1) 시 속 인물의 마음을 생각하며 읽으면 시의 분위기를 쉽게 파악할 수 있습니다.
(2) 자신의 경험과 관련지어 시의 일부나 전체를 바꾸어 쓸 수 있습니다.

1 '나'는 오늘 아침 일찍 새들이 깨워 주었고, 해가 함빡 웃어서 오늘은 좋은 일이 많을 거라고 생각하였습니다.

2 자신이 기분 좋았던 하루를 떠올려 시의 운율에 맞추어 씁니다.

채점 기준
학교에서 기분이 좋을 때 할 수 있는 말과 행동, 혹은 생각을 운율에 맞게 바꾸어 썼으면 정답으로 합니다.

3 '나'의 즐겁고 신나는 마음에 어울리는 목소리로 읽어야 합니다.

4 '나'는 오늘 좋은 일이 많을 것 같아 즐겁고 신나는 기분입니다.

5 '나'는 당나귀가 좋아서 당나귀를 그린다고 하였습니다.

6 선생님은 이 세상에 노란 당나귀는 없다며 이제부터 당나귀는 그리지 말라고 하셨습니다.

7 자신만의 당나귀를 그리겠다고 다짐하는 '나'의 마음과 시의 밝은 분위기에 어울리도록 읽어야 합니다.

8 시를 낭송할 때에는 시의 내용에 어울리는 목소리로 읽습니다.

9 '품삯'은 [품싹], '가엾다'는 [가엽따]로 읽습니다.

더 알아보기
'품삯'의 'ㄳ' 받침은 'ㄱ'으로 발음되고, '가엾다'의 'ㅄ' 받침은 'ㅂ'으로 발음됩니다.
또한 '가엾다'와 같이 '다'로 끝나는 낱말은 '타' 또는 '따'로 발음합니다.

10 '몫'은 [목], '귀찮다'는 [귀찬타]로 발음합니다.

11 '해거름'은 해가 서쪽으로 넘어가는 일이나 그런 때를 뜻하는 말입니다.

4회 대단원 평가 76~78쪽

1 (1) ㉯ (2) ㉮ **2** 다미 **3** (2) ○ **4** 많다, 앉다 **5** (1) 밥따 (2) 끈타 **6** 예 내 몫이야. **7** (2) ○ **8** ㉯ **9** 업쌔기도 **10** 신문지 **11** 예 아껴 주는 **12** 오늘 **13** ⑤ **14** ① **15** 1단계 예 따뜻한 2단계 예 다정한 목소리로 읽습니다.

1 넓고 넓은 밤하늘에는 하늘 나라 아기별이 깜박깜박 잠자고, 깊고 깊은 숲속에선 산새 들새 모여 앉아 꼬박꼬박 잠잔다고 하였습니다.

2 이 시는 아기별과 산새 들새가 밤에 잠을 자는 고요한 분위기의 시입니다.

더 알아보기

시를 읽는 여러 가지 방법
- 친구와 시를 주고받으며 읽습니다.
- 손뼉을 치거나 발을 구르며 읽습니다.
- 떠오르는 장면을 행동으로 표현하며 읽습니다.

3 받침에 사용한 자음자의 개수가 한 개인지 두 개인지에 따라 나누었습니다.

왜 답이 아닐까?

(1) '강물'과 '많다, 낚시, 앉다' 모두 받침이 있는 낱말입니다.
(2) '강물'은 자음자 한 개를 받침으로 사용한 낱말이고, '많다, 낚시, 앉다'는 자음자 두 개를 받침으로 사용한 낱말입니다.

4 'ㄳ, ㄶ, ㄵ, ㄺ'과 같은 겹받침이 쓰인 낱말은 '많다', '앉다'입니다.

더 알아보기

쌍받침과 겹받침

쌍받침	낱말에 사용하는 받침 가운데에서 ㄲ, ㄸ, ㅃ, ㅆ, ㅉ과 같이 서로 같은 두 개의 자음으로 이루어진 받침
겹받침	낱말에 사용하는 받침 가운데에서 'ㄳ, ㄵ, ㄶ, ㅄ'과 같이 서로 다른 두 개의 자음으로 이루어진 받침

5 '밟다'는 [밥따], '끊다'는 [끈타]로 읽습니다.

6 '몫'은 여럿으로 나누어 가지는 각 부분을 뜻합니다. 낱말의 뜻을 생각하며 문장을 이어서 완성합니다.

채점 기준

제시된 문장이 자연스럽게 이어질 수 있도록 '몫'을 사용해서 문장을 완성하여 썼으면 정답으로 합니다.

7 글 나에서는 플라스틱 쓰레기 더미를 줄이기 위해 환경 단체가 하는 일과 우리가 할 수 있는 일에 대해 말하고 있습니다.

8 ㉮는 '분류'의 뜻입니다.

9 '없애기도'는 [업쌔기도]로 읽습니다.

10 바람은 마루 위에 놓인 신문지 한 장을 끌고 슬그머니 골목으로 나갔습니다. 그리고 그 신문지로 목도리를 만들었습니다.

11 바람이 왜 어린 민들레꽃에게 신문지로 목도리를 해 주었을지 떠올려 씁니다.

채점 기준

바람이 어린 민들레꽃에게 한 행동을 살펴보고 어떤 마음이었을지 생각하여 빈칸에 알맞은 말을 썼으면 정답으로 합니다.

12 1연에서 '나'는 오늘이 좋다고 하였고 2연에서 그 까닭을 말하고 있습니다.

13 기분 좋게 보냈던 하루와 관련된 경험을 떠올릴 수 있습니다.

14 이 시는 기분 좋게 하루를 시작하는 '나'의 마음이 잘 나타난 시입니다. 따라서 이 시에는 밝고 즐거운 분위기가 느껴집니다.

15 1단계 시의 각 장면에서 느낀 점을 떠올려 알맞은 말을 씁니다.

채점 기준

상	각 장면에서 느낄 수 있는 바람, 신문지, 민들레꽃에 대한 자신의 생각과 느낌을 떠올리며 이 시의 분위기에 알맞은 말을 썼습니다.
중	각 장면에서 느낄 수 있는 바람, 신문지, 민들레꽃에 대한 자신의 생각과 느낌을 떠올렸으나 이 시의 분위기에 알맞은 말을 쓰지 못했습니다.
하	각 장면에서 느낄 수 있는 바람, 신문지, 민들레꽃에 대한 자신의 생각과 느낌을 떠올리지 못하여 이 시의 분위기에 맞지 않는 말을 썼습니다.

2단계 시를 읽고 떠오르는 장면을 어떻게 표현하고 싶은지 생각하여 씁니다.

채점 기준

상	바람이 어린 민들레꽃을 아껴 주는 마음을 생각하며 시를 읽는 여러 가지 방법 중 한 가지를 썼습니다.
중	바람이 어린 민들레꽃을 아껴 주는 마음을 생각하였으나 시를 읽는 방법을 바르지 쓰지 못했습니다.
하	바람이 어린 민들레꽃을 아껴 주는 마음과 시를 읽는 방법을 모두 바르게 쓰지 못했습니다.

5. 마음을 짐작해요

1회 교과서 학습 82~85쪽

개념 확인 (1) ○ (2) ×
1 ⑤ **2** ③ **3** (2) ○ **4** (1) ㉠ (2) ㉡ **5** 자전거
6 ② **7** 아빠 **8** ㉯ **9** (2) ○ **10** (1) 손뼉 (2) 소리 **11** ㉢ **12** (1) ○

개념 확인 (1) 이야기에서 일어난 일을 정리하면 인물의 마음을 짐작하는데 도움이 됩니다.
(2) 마음이 드러나는 인물의 말이나 행동을 살펴보면 인물의 마음을 짐작하는데 도움이 됩니다.

1 오소리와 너구리는 오랜만에 만나 서로 반가워하고 있습니다.

2 오소리와 너구리는 오랜만에 만나 반가운 마음이 들었을 것으로 짐작할 수 있습니다.

3 '만나서 정말 기뻐.'는 반가운 마음을 표현하는 말입니다.

4 ㉡보다 ㉠처럼 띄어 읽는 것이 문장의 내용을 더 쉽게 이해할 수 있습니다.

5 소영이는 아빠와 함께 놀이터로 나가서 자전거 타는 연습을 했습니다.

6 소영이는 자전거 타는 방법을 빨리 배우고 싶은 마음에 힘들어도 열심히 자전거 타는 연습을 했습니다.

7 아빠께서는 자전거 뒤를 잡아 주시며 소영이를 격려해 주셨습니다.

8 소영이는 자전거 타기가 뜻대로 되지 않아 답답했을 것입니다.

9 아빠께서는 소영이가 다칠까 봐 걱정하시며 내일 다시 연습하자고 하셨습니다.

10 아빠의 말을 듣고 혼자 자전거를 탔다는 것을 알게 된 소영이는 아빠와 손뼉을 마주치며 소리를 질렀습니다.

채점 기준
혼자 자전거를 탔다는 것을 알게 된 후 소영이와 아빠가 함께 한 행동을 찾아 써야 하므로 (1)에는 '손뼉', (2)에는 '소리'를 썼으면 정답으로 합니다.

11 소영이의 마음이 직접 드러난 표현은 ㉢입니다.

12 자전거 타기에 성공한 소영이는 신기하고 기쁜 마음이 들었습니다.

2회 교과서 학습 86~89쪽

개념 확인 (1) × (2) ○
1 콩이 **2** ③ **3** ③ **4** ㉱ **5** ① **6** 공 **7** ⑤
8 ㉠ **9** ② **10** ㉡ **11** 예 아쉬운 **12** 현주

개념 확인 (1) 인물의 마음을 짐작하며 글을 읽으면 인물의 마음이 더 생생하게 느껴집니다.
(2) 인물의 마음을 짐작하며 글을 읽으면 글의 내용을 더 잘 이해할 수 있습니다.

1 주영이의 할머니께서 키우시는 강아지의 이름은 '콩이'입니다.

2 할머니께서 여행을 떠나시는 동안 주영이가 할머니의 강아지 콩이를 돌보기로 했습니다.

3 할머니께서 여행을 떠나시는 일주일 동안 강아지 콩이를 돌보게 되었습니다.

4 콩이를 돌보게 되어 가슴이 두근거린다고 하였으므로 '마음이 가라앉지 않고 들떠서 두근거리는.'이라는 뜻의 '설레는'이 들어가는 것이 알맞습니다.

5 주영이는 콩이와 친해질 수 있는 방법을 고민했습니다.

6 저녁이 되자 콩이는 장난감 공을 물고 주영이에게 다가갔습니다.

7 콩이에 대한 걱정을 내려놓고 안심하는 마음이 들었을 것입니다.

8 '전에 본 기억이 없어 익숙하지 않은.'이라는 뜻의 낱말은 '낯선'입니다.

9 주영이는 엄마와 함께 콩이를 데리고 집 근처 공원으로 산책을 나갔습니다.

10 ㉡이 할머니의 고마운 마음을 짐작할 수 있는 부분입니다.

왜 답이 아닐까?
㉠, ㉢은 주영이의 마음을 짐작할 수 있는 부분입니다.

11 주영이는 일주일이 짧게 느껴질 만큼 콩이와 헤어지는 것이 아쉬운 마음이 들었습니다.

채점 기준
시간이 짧게 느껴지는 마음은 어떤 마음일지 생각하며 '아쉬운' 마음 등으로 썼으면 정답으로 합니다.

12 현주는 전학을 가는 친구와 헤어지기 아쉬운 마음을 느꼈던 경험을 말했습니다.

3회 교과서 학습 90~93쪽

개념 확인 (1) ○ (2) ×

1 (3) ○ **2** 예 고마운 **3** 윤아 **4** 밤 **5** ⑤
6 ㉢ **7** (1) ○ **8** ④ **9** (2) ○ **10** (1) ㉰ (2) ㉮
(3) ㉯

개념 확인 (1) 문장과 문장 사이에서는 조금 더 쉬어 읽어야 합니다.
(2) 문장이 너무 길면 문장의 뜻을 생각해서 한 번 더 쉬어 읽습니다.

1 예린이는 삼촌이 오시기로 한 날이라 마음이 들떠서 걸음이 빨라졌습니다.

2 예린이는 윤아에게 고마운 마음을 전하기 위해 편지를 썼습니다.

> **채점 기준**
> 도움을 받았을 때 예린이의 마음이 어떠했을지 생각하며 '고마운' 마음 등으로 썼으면 정답으로 합니다.

3 윤아는 공원 문이 닫아지기 전에 빨리 가자고 말하고 있으므로 '열린 문, 뚜껑, 서랍 등이 도로 제자리로 가다.'라는 뜻의 '닫히다'를 써야 합니다.

4 또야네 엄마께서 또야에게 삶은 밤 다섯 개를 주셨습니다.

5 또야는 밤 다섯 개를 다섯 친구들에게 전부 나누어 주고 빈손이 되었습니다.

6 "으앙!" 하고 울어 버린 것으로 보아 또야는 자신이 먹을 밤이 남지 않아 속상한 마음이 들었을 것이라고 짐작할 수 있습니다.

7 (2)처럼 읽으면 띄어 읽는 부분이 많아서 어색하게 느껴집니다. 그리고 문장과 문장 사이에서는 조금 더 쉬어 읽어야 합니다.

8 또야네 엄마께서는 또야가 먹을 밤이 없어 또야와 친구들이 울고 있다는 것을 알고는 또야에게 삶은 밤 한 개를 주셨습니다.

9 또야네 엄마는 또야와 친구들이 우는 소리를 듣고 골목길로 나와 울고 있는 까닭을 물어봤으므로, 또야네 엄마께 '골목길에서 우는 소리가 들렸을 때 놀라셨겠어요.'와 같이 말하는 것이 알맞습니다.

10 (1) '울상을 짓다'는 울려고 하는 ㉰의 표정이, (2) '눈이 휘둥그레지다'는 눈이 커진 ㉮의 표정이, (3) '입을 비쭉비쭉하다'는 입을 내민 ㉯의 표정이 어울립니다.

4회 대단원 평가 94~96쪽

1 행동 **2** (1) ○ **3** ㉰-㉯-㉮ **4** (1) ㉢ (2) ㉡
5 예 신기하고 기쁜 마음 **6** 강아지 **7** ㉠ **8** 예 기쁜 **9** (1) 마치고 (2) 걸음 (3) 다친 **10** (1) ㉯
(2) ㉰ **11** 맡습니다 **12** ⑤ **13** ㉯ **14** (1) ○
15 1단계 예 기대되고 설레는 2단계 (1) ∨ (2) ⩔
(3) ∨ (4) ∨

1 인물의 말이나 행동을 살펴보면 인물의 마음을 짐작할 수 있습니다.

2 반가운 마음을 표현하는 말입니다.

3 소영이에게 있었던 일을 순서대로 정리하면 ㉰-㉯-㉮입니다.

4 소영이의 마음이 드러나 있는 말은 ㉢이고, 행동은 ㉡입니다.

5 글 가에서는 소영이의 포기하지 않고 노력하는 마음을, 글 나에서는 혼자 자전거를 타게 되어 신기하고 기쁜 마음을 알 수 있습니다.

> **채점 기준**
> 힘들지만 계속 자전거 타는 연습을 하여 혼자 자전거 타기에 성공했을 때 소영이의 마음이 어떠했을지 생각하며 '신기하고 기쁜 마음' 등으로 썼으면 정답으로 합니다.

6 할머니께서 키우시는 강아지인 콩이를 일주일 동안 주영이네 집에서 돌보기로 하였습니다.

7 ㉠은 엄마께서 주영이에게 하신 말씀으로 주영이의 마음을 짐작할 수 있는 부분이 아닙니다.

8 콩이가 자신을 잘 따라 줄지 걱정하던 주영이는 콩이와 꽤 친해진 기분이 들어 기쁜 마음이 들었을 것입니다.

> **채점 기준**
> 콩이와 친해진 기분이 든 주영이의 마음을 생각하며 '기쁜' 마음 등으로 썼으면 정답으로 합니다.

9 (1)에는 어떤 일을 끝낸다는 뜻의 '마치고'가, (2)에는 걷는 동작을 말하는 '걸음'이, (3)에는 넘어져 몸에 상처를 입었다는 뜻의 '다친'이 들어가야 합니다.

더 알아보기
- 맞히고: 목표를 겨냥한 지점에 맞게 하고.
- 거름: 식물이 잘 자라라고 흙에 넣어 주는 것.
- 닫힌: 열린 문, 뚜껑, 서랍 등이 도로 제자리로 간.

10 ⑴에는 틀림없이 꼭 하는 것이라는 뜻의 '반드시'가 들어가야 하고, ⑵에는 행동을 같이하는 무리라는 뜻의 '떼'가 들어가야 합니다.

더 알아보기

- 반듯이: 물건이나 행동이 비뚤지 않고 바르게 된 것.
- 때: 옷이나 몸에 묻은 더러운 먼지.

11 꽃에서 나는 향기를 맡고 있는 그림이므로 코로 냄새를 느낀다는 뜻의 '맡습니다'가 그림에 어울리는 말입니다.

더 알아보기

'맞습니다'는 '문제의 답이 틀리지 않습니다.'라는 뜻입니다.

12 또야의 친구들은 빈손으로 우는 또야를 보며 어쩔 줄 몰라 하다가 울상을 짓고 같이 소리 내어 따라 울었습니다.

13 또야가 우는 것을 본 친구들은 미안하고 걱정되고 당황스러운 마음이 들었을 것입니다. 기대되는 마음은 또야 친구들의 마음으로 알맞지 않습니다.

14 낱말 사이를 모두 띄어 읽으면 띄어 읽는 부분이 많아서 어색하게 느껴지므로 ㉠을 자연스럽게 띄어 읽은 것은 ⑴입니다.

15 **1단계** 또야는 친구들에게 삶은 밤을 나눠 주게 되어 기대되고 설레는 마음이 들었을 것입니다.

채점 기준

상	글을 읽고 또야의 마음을 짐작하여 '기대되고 설레는' 마음 등 상황에 어울리는 또야의 마음을 썼습니다.
중	상황에 어울리는 또야의 마음을 짐작하여 썼지만 구체적이지 않습니다.
하	글을 읽고 또야의 마음을 짐작하지 못하여 상황과 어울리지 않는 또야의 마음을 썼습니다.

2단계 '누가(무엇이)' 다음에는 조금 쉬어 읽고, 문장이 너무 길면 문장의 뜻을 생각하며 한 번 더 쉬어 읽고, 문장과 문장 사이에서는 조금 더 쉬어 읽는다는 것을 생각하며 빈칸에 알맞은 띄어 읽기 부호를 씁니다.

채점 기준

상	모든 칸에 알맞은 띄어 읽기 부호를 썼습니다.
중	한 칸 이상 알맞은 띄어 읽기 부호를 쓰지 못했습니다.
하	두 칸 이상 알맞은 띄어 읽기 부호를 쓰지 못했습니다.

6. 자신의 생각을 표현해요

1회 교과서 학습 100~103쪽

개념 확인 (1) × (2) ○
1 배려 **2** ① **3** 편하게 **4** 수아 **5** (1) ○ **6** 크게 돌리면서 뛰어넘는 운동입니다. **7** ⑤ **8** (1) ○ **9** ① **10** ②, ③ **11** ㉠ **12** 지원

개념 확인 (1) 제목을 먼저 읽고 글의 내용을 생각해 본 후에 내용을 읽습니다.
⑵ 글에서 반복하는 낱말을 알면 글의 중요한 내용을 파악하는 데 도움이 됩니다.

1 이 광고에서 반복하는 낱말은 '배려'입니다.

2 버스에서 다른 사람을 배려하여 조용히 통화했습니다.

3 유모차와 함께 승강기를 타며 승강기 단추를 누르는 것이 힘들다는 것을 알고 아이 엄마가 편하게 탈 수 있도록 배려하여 한 행동입니다.

4 이 광고를 보고 생각이나 느낌을 알맞게 말한 친구는 수아입니다.

5 이 글의 제목은 '줄넘기의 좋은 점'이므로 줄넘기를 하면 좋은 점을 설명하는 글일 것입니다.

6 줄넘기는 양손으로 줄의 끝을 잡고 크게 돌리면서 뛰어넘는 운동이라고 하였습니다.

채점 기준

줄을 크게 돌리면서 뛰어넘는 운동이라는 말을 찾아 썼으면 정답으로 합니다.

7 줄넘기는 몸 전체를 움직여서 하는 운동이기 때문에 줄넘기를 하면 몸이 튼튼해진다고 하였습니다.

8 줄넘기를 하면 몸이 튼튼해진다는 것이 글 ❷의 중요한 내용입니다.

9 글 ❸에서 줄넘기는 여러 명이 함께 할 수도 있다고 하였습니다.

10 줄넘기는 간단한 도구인 줄과 줄넘기를 할 수 있는 작은 공간만 있으면 언제든지 할 수 있다고 하였습니다.

11 글 ❹에서 가장 중요한 내용은 ㉠입니다.

12 이 글의 제목은 '줄넘기의 좋은 점'으로, 글쓴이는 줄넘기의 좋은 점을 설명하기 위해 이 글을 썼습니다.

2회 교과서 학습 104~107쪽

개념 확인 (1) × (2) ○

1 (3) ○ 2 나무뿌리 3 ④ 4 땅속 5 (1) ○ (3) ○ 6 ⑤ 7 (1) 흙 (2) 잎 8 건우 9 생김새 10 ⑤ 11 곡식 12 예 사는 곳에 따라서 동물의 생김새가 어떻게 다른지 알고 싶습니다.

개념 확인 (1) 글을 읽은 후에 새롭게 안 내용을 정리합니다.
(2) 글을 읽고 글의 내용과 짜임을 정리하면 중요한 내용을 아는 데 도움이 됩니다.

1 나무뿌리를 본 경험을 알맞게 말한 것은 (3)입니다.

2 이 글의 제목은 '나무뿌리는 무슨 일을 할까'이므로 나무뿌리가 하는 일에 대해 설명하는 글임을 알 수 있습니다.

3 땅속에 있는 뿌리가 단단하게 고정해 주기 때문에 거센 바람이 불거나 비가 와도 쉽게 넘어지지 않는다고 하였습니다.

4 글 ❷의 첫 번째 문장이 나무뿌리가 하는 일을 설명해 주는 부분으로 가장 중요한 내용입니다.

5 나무가 자라는 데에는 물과 영양분이 필요하다고 하였습니다.

6 나무뿌리는 잎에서 만들어진 영양분을 모아 두고 저장하기 때문에 굵고 통통한 모양으로 자라게 된다고 하였습니다.

7 글 ❸과 ❹의 첫 번째 문장이 중요한 내용이므로 문장의 내용을 정리하여 씁니다.

8 글을 읽고 새롭게 안 내용을 알맞게 말한 친구는 건우입니다.

9 이 글은 사는 곳, 사는 방식, 먹이 등에 따라 다른 동물의 생김새에 대하여 설명하는 글입니다.

10 빨리 달리려고 발끝만 쓰다 보니 가운뎃발가락의 발톱이 단단해져서 발굽이 되었다고 하였습니다.

11 그림의 새는 참새로, 부리가 짧고 뭉툭한 것으로 보아 곡식을 먹고 사는 새임을 알 수 있습니다.

12 글을 읽고 동물의 생김새에 대해 더 알아보고 싶은 내용을 씁니다.

채점 기준
동물의 생김새에 대해 더 알아보고 싶은 내용을 떠올려 썼으면 정답으로 합니다.

3회 교과서 학습 108~111쪽

개념 확인 (1) ○ (2) ×

1 ⑤ 2 친척 집 3 (2) ○ 4 연아 5 ④ 6 ②, ④ 7 (1) 바다 (2) 예 수영도 할 수 있고 모래놀이도 할 수 있기 8 ①, ③ 9 (2) ○ 10 (1) ㉮ (2) ㉯ 11 (1) ○ 12 승환

개념 확인 (1) 인물이 처한 상황을 알면 인물의 생각을 찾기 쉽습니다.
(2) 인물의 말, 행동, 표정 등을 살펴보아야 합니다.

1 수연이네 가족은 가족여행 갈 곳을 정하려고 회의를 했습니다.

2 아빠께서는 시골에 있는 친척 집에 가고 싶다고 하셨습니다.

3 아빠께서는 오랜만에 친척들을 만나면 반가울 것이므로 시골에 있는 친척 집을 가면 좋겠다고 하셨습니다.

4 첫 번째 문장에서는 아빠께서 여행을 가고 싶으신 곳을 알 수 있고, 두 번째 문장에서는 그 까닭을 알 수 있습니다.

5 엄마께서는 산에 가고 싶어하시고, 수연이는 바다에 가고 싶어합니다.

왜 답이 아닐까?
이 글은 가족여행으로 갈 곳을 정하고 있으며, 수연이는 엄마의 말씀을 잘 듣고 좋은 생각이라고 말하였습니다.

6 ②, ④가 엄마께서 말씀하신 까닭입니다.

7 수연이는 수영과 모래놀이를 하려고 바다에 가고 싶어합니다.

채점 기준
(1)의 빈칸에 '바다'를 쓰고, (2)에 수영과 모래놀이를 할 수 있다는 내용을 썼으면 정답으로 합니다.

8 인물이 한 말의 내용과 행동을 살펴보면, 인물의 생각과 그 까닭을 찾을 수 있습니다.

9 수진이는 지난번에 놀이기구를 많이 못 타서 아쉬웠다고 하였습니다.

10 수진이의 생각은 ㉮, 그 까닭은 ㉯입니다.

11 수연이네 가족은 생각이 각자 달라서 여행 갈 곳을 정하지 못하였습니다.

12 자신의 생각과 그 까닭을 알맞게 말한 친구는 승환이입니다.

4회 교과서 학습 112~115쪽

개념 확인 (1) ○ (2) ×

1 ⑤ **2** (3) ○ **3** 별나라 **4** ③ **5** ① **6** 보고 들은 **7** 예 아기곰 / 예 지구를 사랑하는 동물이 지구를 대표할 수 있기 때문입니다. **8** 금덩이 **9** ③ **10** ④ **11** 예 형제의 우애가 감동적이어서 나도 동생과 더욱 사이좋게 지내야겠다고 생각했습니다.

개념 확인 (1) 자신의 생각을 쓸 때에는 그 까닭도 밝혀 씁니다.
(2) 인물의 생각과 똑같이 생각하지 않아도 됩니다.

1 별나라가 생겨난 날을 기념하는 자리에 지구의 친구를 초대하기 위해 보낸 초대장입니다.

2 별나라에서 지구를 대표할 수 있는 동물을 초대하였습니다.

3 거북 할아버지는 자신이 별나라에 가야 한다고 말하였습니다.

4 거북 할아버지는 자신이 지구에 대해 누구보다 잘 알고 있기 때문에 지구를 대표하여 별나라에 가야 한다고 말씀하셨습니다.

5 아기 곰과 원숭이는 모두 자신이 별나라에 가야 한다는 생각을 말하였습니다.

6 원숭이는 별나라에서 보고 들은 일을 생생하게 전할 수 있다고 하였습니다.

7 별나라에 누구를 보내면 좋을지 자신의 생각과 그 까닭을 씁니다.

채점 기준
별나라에 보낼 동물을 거북 할아버지, 아기곰, 원숭이 중 하나 골라 쓰고, 그 까닭을 알맞게 썼으면 정답으로 합니다.

8 형제는 산길을 가다가 금덩이 두 개를 발견했습니다.

9 아우는 배를 타고 가다가 갑자기 금덩이를 강물에 던져 버렸습니다.

10 아우가 금덩이보다 더 소중하게 생각하는 것은 형입니다.

11 형제의 모습에 대한 생각을 까닭을 들어 씁니다.

채점 기준
서로를 소중하게 생각하는 형제의 모습을 보고 자신의 생각을 까닭을 들어 알맞게 썼으면 정답으로 합니다.

5회 대단원 평가 116~118쪽

1 ③ **2** ④ **3** ③ **4** ㉠, ㉢, ㉣ **5** (1) ○ **6** ⑤ **7** ④ **8** 예 나무뿌리는 땅속에서 나무가 흔들리지 않게 잡아 줍니다. **9** ② **10** (2) ○ **11** 대표 **12** ④ **13** 자신 있고 또렷한 **14** 예 저는 친구가 많기 **15** 1단계 가족여행 2단계 (1) 예 동물원 (2) 예 책에서 본 동물들을 직접 보고 싶기

1 장면 ❶~❸의 사람들 모두 다른 사람을 배려하는 행동을 하였습니다.

2 배려는 남을 도와주거나 보살펴 주려고 마음을 쓰는 것이므로 배려를 받은 사람들은 고맙고 따뜻한 마음이 들었을 것입니다.

3 이 광고는 여러 사람이 이용하는 공공장소에서 다른 사람들을 배려하는 내용이므로, '공공장소에서의 예절'이 제목으로 알맞습니다.

왜 답이 아닐까?
④는 장면 ❸에는 나타나지만 이 공익 광고의 전체 내용을 나타내지는 않습니다.

4 이 글은 줄넘기의 좋은 점을 설명하는 내용이므로 ㉠, ㉢, ㉣이 이 글의 중요한 내용입니다.

5 이 글의 내용과 어울리는 제목은 '줄넘기의 좋은 점'입니다.

왜 답이 아닐까?
제목은 글의 전체 내용을 잘 나타낼 수 있는 것으로 붙여야 합니다. 이 글은 줄넘기를 하는 방법이 나타나 있지 않으므로 (2)는 알맞은 제목이 아닙니다.

6 이 글에서 반복하는 낱말은 '나무뿌리'입니다.

7 '고정해'는 '한 곳에 꼭 붙어 있게 하여.'라는 뜻입니다.

왜 답이 아닐까?
① '무엇을 받게 하여.'는 '전달해'의 뜻입니다.
② '일이나 상황을 끝내.'는 '종료해'의 뜻입니다.
③ '움직여 자리를 바꾸어.'는 '이동해'의 뜻입니다.
⑤ '다르게 바꾸어 새롭게 고쳐.'는 '변경해'의 뜻입니다.

8 나무뿌리는 땅속에서 나무가 흔들리지 않게 잡아 준다고 하였습니다.

채점 기준
나무뿌리가 땅속에서 나무를 흔들리지 않게 잡아 준다는 내용을 썼으면 정답으로 합니다.

개념북 6단원

9 물방개와 땅강아지는 사는 곳이 달라서 생김새가 다릅니다.

10 이 글은 여러 동물의 생김새에 대해 알려 주는 글입니다.

더 알아보기

글의 제목과 글에서 자주 반복하는 낱말을 살펴보고, 글을 통해 알 수 있는 내용 등을 떠올리면 글의 중요한 내용을 찾을 수 있습니다.

11 원숭이는 별나라의 모습을 잘 전할 수 있는 자기가 지구의 대표가 되어야 한다고 말하였습니다.

12 원숭이는 자신이 별나라에서 보고 들은 일을 생생하게 전할 수 있기 때문에 자신이 별나라에 가야 한다고 말하였습니다.

13 원숭이의 말은 자신 있고 또렷한 목소리로 읽어야 합니다.

왜 답이 아닐까?

원숭이는 자기가 별나라에 가야 한다는 생각과 그 까닭을 말하고 있으므로, 힘없고 작은 목소리는 상황과 어울리지 않습니다.

14 별나라에 가야 하는 까닭을 떠올려 문장이 자연스럽게 이어지도록 씁니다.

채점 기준

지구를 대표할 수 있는 까닭을 알맞게 썼으면 정답으로 합니다.

15 1단계 수연이네 가족은 가족여행을 어디로 갈지 정하려고 합니다.

채점 기준

상	수연이네 가족이 회의한 까닭을 파악하여 빈칸에 '가족여행'을 알맞게 썼습니다.
하	수연이네 가족이 회의한 까닭을 파악하지 못하여 빈칸에 '가족여행'을 쓰지 못했습니다.

2단계 여름 방학에 가고 싶은 곳을 정확하게 쓰고, 그 까닭을 알맞게 씁니다.

채점 기준

상	자신이 여름 방학에 가고 싶은 곳을 쓰고, 생각을 뒷받침할 수 있는 까닭을 알맞게 썼습니다.
중	자신이 여름 방학에 가고 싶은 곳을 썼으나, 생각을 뒷받침할 수 있는 까닭을 알맞게 쓰지 못했습니다.
하	자신이 여름 방학에 가고 싶은 곳과 그 까닭을 모두 쓰지 못했습니다.

7. 마음을 담아서 말해요

1회 교과서 학습 122~125쪽

개념 확인 (1) ○ (2) ×

1 ① **2** ④ **3** (1) × **4** 예 친구의 기분이 상할 수 있기 때문입니다. **5** ③ **6** ⑤ **7** ㉡ **8** ③ **9** ④ **10** ⑤ **11** ② **12** 은우

개념 확인 (1) 이야기를 들을 때에는 인물의 경험과 비슷한 자신의 경험을 떠올립니다.

(2) 이야기를 들은 후에는 인물의 경험에 대한 자신의 생각을 이야기해 봅니다.

1 여자아이는 책상을 옮기고 있습니다.

2 남자아이가 혼자서 그것도 못 옮기냐고 말했으므로 여자아이는 속상한 마음이 들었을 것입니다.

3 남자아이가 줄넘기를 못해 속상해하는 상황이므로 (2), (3)과 같이 말하는 것이 알맞습니다. (1)은 상황에 맞지 않는 말입니다.

4 친구에게 고운 말을 하지 않으면 친구의 기분이 상할 수 있습니다.

채점 기준

친구에게 고운 말을 하지 않았을 때의 상황을 생각해 썼으면 정답으로 합니다.

5 지우는 아빠와 함께 문구점에 가려고 승강기를 탔습니다.

6 지우는 승강기에서 작고 귀여운 토끼가 그려진 머리핀을 발견했습니다.

7 지우는 머리핀을 주운 뒤 주인을 찾아 주려고 했습니다.

8 머리핀을 잃어버린 것을 알고 속상한 마음이 들었을 것입니다.

9 지우는 머리핀 주인을 찾는 안내문을 만들어 승강기에 붙였습니다.

10 지우는 머리핀 주인을 찾아 주어 뿌듯하고 행복한 마음이 들었습니다.

11 머리핀 주인을 찾기 위한 안내문에 들어가는 말이므로 빈칸에 "머리핀 주인을 찾습니다!"가 들어가는 것이 알맞습니다.

12 은우가 누군가 잃어버린 물건을 찾아 준 지우와 비슷한 경험을 말했습니다.

2회 교과서 학습 126~129쪽

개념 확인 (1) ○ (2) ×

1 ④ **2** ③ **3** 영민 **4** ③ **5** 예 열대어를 기르기 전에 꼭 알아야 할 내용들을 찾아보았습니다. **6** (1) × **7** ③ **8** (2) ○ **9** 당황스러웠을 **10** (1) ㉯ (2) ㉮

개념 확인 (1) 발표를 할 때에는 알맞은 크기의 목소리로 말해야 합니다.
(2) 발표를 할 때에는 듣는 사람의 눈을 보고 말해야 합니다.

1 주미는 도서관에서 책을 빌렸습니다.

2 영민이는 친구들과 축구를 했는데 골을 넣었다고 하였고, 기쁜 마음이 들었을 것입니다.

3 선생님의 게시물에 알맞은 댓글을 쓴 친구는 영민입니다.

왜 답이 아닐까?

발표를 할 때는 말끝을 흐리지 않고 말해야 하고, 자신의 경험을 말할 때는 자신이 경험한 일, 자신의 생각이나 느낌을 말해야 합니다.

4 석현이는 알록달록한 색과 선명한 무늬를 지닌 열대어가 헤엄치는 모습을 보고 있으면 마음이 편안해진다고 했습니다.

5 석현이는 열대어 기르기에 대한 책에서 열대어를 기르기 전에 꼭 알아야 할 내용들을 찾아보았습니다.

채점 기준

석현이가 도서관에 가서 읽은 책의 내용을 찾아 썼으면 정답으로 합니다.

6 (1)은 이 글에서 알 수 있는 석현이의 경험이 아닙니다.

7 여자아이는 걸려 있는 줄 몰랐던 남자아이의 가방에 걸려 넘어졌습니다.

8 남자아이가 화를 낸 까닭은 여자아이가 실수로 남자아이의 그림을 망쳤기 때문입니다.

9 여자아이는 일부러 남자아이의 그림을 망친 것이 아니어서 당황스럽고 억울했을 것입니다.

10 그림의 친구들이 다시 사이좋게 지내기 위해서는 남자아이는 ㉯와 같이 말하고, 여자아이는 ㉮와 같이 말하는 것이 좋습니다.

3회 교과서 학습 130~133쪽

개념 확인 (1) × (2) ○

1 연못 **2** ㉮ **3** ⑤ **4** 요란하게 **5** ⑤ **6** 예 강이 넘쳤기 때문입니다. **7** (1) ○ **8** (1) ㉯ (2) ㉮ **9** (2) ○ **10** ② **11** 고마워 **12** 민주

개념 확인 (1) 친구가 상을 받은 상황에 알맞은 고운 말은 "축하해."입니다.
(2) 무거운 짐을 든 친구를 본 상황에 알맞은 고운 말은 "내가 도와줄까?"입니다.

1 잉어와 붕어는 작은 연못에 살고 있습니다.

2 물고기들이 살던 연못에 비가 많이 온 후 만난 상황이므로 '너도 무사했구나.'와 같이 인사하는 것이 알맞습니다.

3 연못에 비가 며칠 동안이나 그치지 않고 계속 내렸습니다.

4 개구리들이 울고 있는 상황에서는 시끄러운 소리가 난다는 뜻의 낱말이 들어가야 하므로 '요란하게'가 알맞습니다.

더 알아보기

'서운하게'의 뜻은 '마음에 모자라 아쉽거나 섭섭한 느낌이 있게.'입니다.

5 글에서 메기는 험상궂게 생긴 데다가 입은 옆으로 길게 찢어져 있고, 입 양쪽에는 긴 수염도 나 있다고 했습니다.

6 메기가 살던 강이 넘쳐 연못에 오게 되었습니다.

채점 기준

메기가 자신을 소개하는 말을 읽고 연못에 오게 된 까닭을 찾아 썼으면 정답으로 합니다.

7 물고기들은 메기의 험상궂은 모습을 보고 슬금슬금 피했습니다.

8 '슬금슬금'의 뜻은 ㉯, '반짝반짝'의 뜻은 ㉮입니다.

9 붕어와 잉어는 몸에 물장군들이 달라붙어서 도와달라고 소리쳤습니다.

10 메기는 물살을 일으켜서 물장군들을 쫓아 버렸습니다.

11 메기가 물고기들을 도와주었기 때문에 물고기들은 메기에게 고맙다는 인사를 해야 합니다.

12 메기처럼 친구를 도와주었던 경험을 말한 친구는 민주입니다.

4회 대단원 평가 134~136쪽

1 ⑤ 2 (2) ○ 3 ③ 4 (3) ○ 5 (1) 기쁘고 (2) 고마운 6 ① 7 예 기분이 나쁘지 않을 것입니다. 8 (1) ○ (2) ○ 9 ② 10 (2) ○ 11 마음 12 (2) ○ 13 순서 14 ③, ⑤ 15 1단계 (1) 예 친구 이태민 (2) 예 고마운 마음 (3) 예 무거운 책을 같이 들어 주어서 (4) 예 나를 도와주어서 고마워. 2단계 예 태민이에게 / 태민아 안녕? / 지난번에 내가 무거운 책을 들고 가고 있을 때 나를 도와주어서 고마웠어. 다음에는 나도 너를 도와줄게. / 그럼 학교에서 만나자. 안녕.

1 남자아이는 줄넘기를 하려는데 줄에 자꾸 걸렸기 때문에 표정이 좋지 않았을 것입니다.

2 친구가 자신의 마음을 이해해 주지 않아 속상했을 것입니다.

3 친구가 자신의 마음을 이해해 주고 도와준다고 하여 고마웠을 것입니다.

4 '나'는 머리핀 주인을 찾는 안내문을 만들기 위해 문구점에서 예쁜 색 도화지를 사서 집으로 돌아왔습니다.

5 머리핀 주인은 자신이 가장 아끼는 물건을 찾았으므로 기쁘고, 머리핀을 찾아준 '나'에게는 고마운 마음이 들 것입니다.

6 여자아이는 가방에 걸려 넘어져 남자아이의 그림을 실수로 망쳤기 때문에 남자아이에게 사과의 말을 해야 합니다.

7 "정말 미안해!"는 듣는 사람의 마음을 생각해서 한 사과의 말이므로 듣는 사람의 기분이 나쁘지 않을 것입니다.

채점 기준

듣는 사람의 마음을 생각해서 말하면 좋은 점을 떠올려 썼으면 정답으로 합니다.

8 자신의 경험을 발표하려면 친구가 보거나 들은 일이나 선생님의 생각이나 느낌이 아니라 자신이 겪은 일, 자신의 생각이나 느낌을 떠올려야 합니다.

더 알아보기

자신의 경험을 발표할 때는 떠올린 경험에 대한 생각이나 느낌을 구체적으로 표현해야 합니다.

9 메기는 붕어와 잉어의 곁으로 다가가 물살을 일으켜서 붕어와 잉어의 몸에 달라붙은 물장군들을 모두 쫓아 주었습니다.

10 '빙그레'의 뜻으로 알맞은 것은 '입을 약간 벌리고 소리 없이 부드럽게 웃는 모양.'입니다.

더 알아보기

'자꾸 들어왔다 나갔다 하는 모양.'은 '들락날락'의 뜻입니다.

11 고운 말을 사용하여 듣는 사람의 마음이 상하지 않게 말해야 하므로 빈칸에는 마음이 들어가는 것이 알맞습니다.

12 그림은 승헌이가 순서를 어기고 다른 친구의 앞자리에 끼어드는 상황입니다.

13 승헌이가 순서를 어기고 있는 상황이므로 빈칸에는 순서가 들어가는 것이 알맞습니다.

14 ③, ⑤는 다른 사람의 마음을 생각하는 고운 말이 아닙니다.

더 알아보기

친구에게 사용할 수 있는 고운 말에는 '힘내!, 난 널 믿어, 네 덕분이야, 정말 대단해, 넌 나의 소중한 친구야' 등이 있습니다.

15 1단계 고운 말로 자신의 마음을 전하고 싶은 사람 가운데 한 사람을 고르고 전하고 싶은 마음, 전하고 싶은 까닭, 전하고 싶은 고운 말 등을 정리해 씁니다.

채점 기준

상	고운 말로 마음을 전하고 싶은 사람을 떠올려 물음에 대한 답을 알맞게 썼습니다.
중	고운 말로 마음을 전하고 싶은 사람을 떠올려 물음에 대한 답을 알맞게 썼지만 구체적이지 않습니다.
하	고운 말로 마음을 전하고 싶은 사람을 떠올리지 못했거나 전하고 싶은 마음, 까닭, 고운 말 등을 쓰지 못했습니다.

2단계 1단계에서 정리한 내용을 바탕으로 고운 말을 사용해 전하고 싶은 마음을 담은 쪽지를 씁니다.

채점 기준

상	1단계에서 정리한 내용으로 고운 말을 사용해 전하고 싶은 마음을 담은 쪽지를 알맞게 썼습니다.
중	1단계에서 정리한 내용으로 고운 말을 사용해 전하고 싶은 마음을 담은 쪽지를 썼지만 구체적이지 않습니다.
하	1단계에서 정리한 내용으로 고운 말을 사용해 전하고 싶은 마음을 담은 쪽지를 쓰지 못했습니다.

8. 다양한 작품을 감상해요

1회 교과서 학습 140~143쪽

개념 확인 (1) ◯ (2) ×

1 ② **2** ①, ③ **3** 예 친구와 함께 우산을 쓴 적이 있습니다. **4** 영주 **5** '너' **6** ③ **7** (1) ㉯ (2) ㉮ **8** (1) ◯ **9** 예 반가워하는 **10** ④ **11** ① **12** (1) ◯ **13** 진아

개념 확인 (1) 장면을 떠올리며 시를 읽습니다.
(2) 장면을 몸짓으로 표현하며 시를 낭송할 수 있습니다.

1 이 시를 읽고 떠오르는 모습은 친구와 함께 우산을 쓴 모습입니다.

2 이 시는 따뜻하고 정다운 분위기가 느껴집니다.

3 누군가와 우산을 함께 쓴 경험을 씁니다.

> **채점 기준**
> 누군가와 우산을 함께 쓴 경험을 떠올려 썼으면 정답으로 합니다.

4 시를 낭송하는 방법을 알맞게 말한 친구는 영주입니다.

5 '나'는 '너'와 만나기로 했습니다.

6 '너'는 '나'를 만나서 반가울 것입니다.

7 '까딱'의 뜻은 ㉯이고, '휘휘'의 뜻은 ㉮입니다.

8 친구와 주고받으며 이 시를 낭송하고 있습니다.

9 이 시에서는 친구를 만나 반가워하는 마음이 느껴집니다.

> **채점 기준**
> 친구를 만나서 기쁘고 반가운 마음을 썼으면 정답으로 합니다.

10 할아버지는 올챙이들을 곱게 떠서 근처 연못에 옮겨 주었습니다.

11 개구리들은 목숨을 구해 준 할아버지에게 고마웠을 것입니다.

12 (1)에서 작은 생명도 소중히 아끼는 할아버지의 마음이 드러납니다.

13 이 글을 읽고 자신의 생각이나 느낌을 알맞게 말한 친구는 진아입니다.

2회 교과서 학습 144~147쪽

개념 확인 (1) × (2) ◯

1 ⑤ **2** ② **3** ③ **4** ① **5** ③ **6** 달팽이 **7** (1) ㉯ (2) ㉮ **8** 편지 **9** ④ **10** ②, ③ **11** 유리

개념 확인 (1) 인물의 마음은 인물의 행동에도 드러날 수 있습니다.
(2) 기억에 남는 장면이나 인물과 비슷한 경험을 떠올려 생각이나 느낌을 표현합니다.

1 두꺼비는 편지가 오기를 기다리는 때가 하루 중 가장 슬프다고 했습니다.

2 개구리는 두꺼비가 슬퍼 보여서 걱정되는 마음에 무슨 일이 있느냐고 물었습니다.

3 '불행'은 '행복하지 아니함.'이라는 뜻이므로 반대되는 뜻의 낱말은 '행복'입니다.

4 ㉢은 힘없는 목소리로 읽어야 어울립니다.

> **왜 답이 아닐까?**
> 두꺼비는 편지를 한 번도 받지 못해서 편지 기다리는 때가 가장 슬프다고 했으므로, ②~⑤는 어울리지 않습니다.

5 개구리는 집에 와서 두꺼비에게 편지를 썼습니다.

6 개구리는 달팽이에게 편지를 두꺼비 집으로 가져가서 우편함에 넣어 달라고 부탁했습니다.

7 개구리는 편지를 써서 두꺼비를 기쁘게 해 주고 싶어 하고, 두꺼비는 편지를 기다리는 데 지쳤다고 하였습니다.

8 개구리는 두꺼비에게 편지를 써서 달팽이에게 전해 달라고 부탁했습니다.

> **채점 기준**
> 빈칸에 '편지'를 썼으면 정답으로 합니다.

> **더 알아보기**
> 일어난 일을 시간 순서대로 떠올려 보거나, 장소의 변화를 정리하면 이야기의 내용을 쉽게 간추릴 수 있습니다.

9 개구리는 두꺼비가 자신의 가장 친한 친구인 게 기쁘다는 내용의 편지를 썼습니다.

10 개구리가 쓴 편지의 내용을 듣고 기뻐하며 감탄하는 마음이었을 것입니다.

11 유리는 이 글의 인물과 비슷한 경험을 떠올려 말했습니다.

3회 교과서 학습 148~151쪽

개념 확인 (1) ○ (2) ×

1 ④ **2** ⑤ **3** 떡 **4** ① **5** ③ **6** 기름 **7** ④ **8** (1) ○ **9** ⑤ **10** (1) ○ **11** 동아줄을 내려 달라고 **12** 연아

개념 확인 (1) 인물의 말과 행동을 살펴보면 인물의 마음을 짐작할 수 있습니다.
(2) 나라면 어떠했을지 상상하며 인형극을 감상합니다.

1 엄마는 잔칫집에 일을 도우러 가셨습니다.

2 엄마는 돌이와 순이에게 모르는 사람이 오면 절대 문을 열어 주지 말라고 하셨습니다.

3 엄마는 호랑이에게 떡을 주고 고개를 넘었습니다.

4 엄마를 잡아먹은 호랑이는 오누이도 잡아먹기 위해 오누이를 찾아가 엄마인 척하며 문을 열어 달라고 하였습니다.

5 돌이는 엄마가 맞는지 확인하기 위해서 손을 보여 달라고 하였습니다.

6 돌이는 호랑이에게 손에 기름을 바르면 나무에 올라올 수 있다고 거짓말을 하였습니다.

채점 기준
빈칸에 '기름'을 썼으면 정답으로 합니다.

7 호랑이는 손에 기름을 발랐으므로 나무에서 미끄러져 떨어지는 행동이 알맞습니다.

8 오누이는 호랑이가 나무에 올라오지 못해서 다행이라는 생각을 했을 것입니다.

9 순이는 호랑이에게 나무를 도끼로 찍어서 올라오면 된다고 말했습니다.

10 오누이는 호랑이에게 잡힐까 봐 다급하고 간절한 마음이 들었을 것입니다.

11 호랑이는 오누이를 따라 하늘에 동아줄을 내려 달라고 빌었습니다.

채점 기준
동아줄을 내려달라고 한 내용을 썼으면 정답으로 합니다.

12 생각이나 느낌을 알맞게 말한 친구는 연아입니다.

왜 답이 아닐까?
지혜롭고 똑똑한 성격을 가진 인물은 호랑이가 나무에 올라오지 못하게 꾀를 낸 돌이입니다.

4회 교과서 학습 152~155쪽

개념 확인 (1) × (2) ○

1 아우 **2** ① **3** (2) ○ **4** ④ **5** ⑤ **6** (1) ○ **7** ④ **8** 예 형이 볏단을 보고 어리둥절해 하는 장면 **9** ① **10** ⑤ **11** (1) 행동 (2) 마음 (3) 빠르기 **12** 구르믈

개념 확인 (1) 인물에게 쓰는 편지가 친구와 같은 내용이어야 하는 것은 아닙니다.
(2) 인물의 말과 행동을 살펴보면 인형극에서 재미있는 부분을 찾을 수 있습니다.

1 이야기의 등장인물은 형과 아우입니다.

2 이 이야기에서 형은 아우에게 낫으로 벼를 베는 방법을 알려 주고 있습니다.

3 형은 아우에게 벼를 베는 방법을 알려 주었으므로, 아우는 형에게 고마웠을 것입니다.

4 형이 아우에게 벼를 베는 방법을 알려 주자, 아우는 형은 모르는 것이 없다며 형을 칭찬했습니다.

5 형제가 각자 볏단을 옮겼는데도 볏단들이 그대로 있었습니다.

6 형제는 서로를 위해 몰래 볏단을 가져다 놓았습니다.

7 형제는 서로를 위해 몰래 서로의 집에 볏단을 가져다 놓았습니다. 그것을 모르는 형제는 어리둥절해 했습니다.

8 이 이야기에서 인상 깊다고 생각한 부분을 자유롭게 씁니다.

채점 기준
인물의 말과 행동을 살펴보고 인상 깊은 부분을 썼으면 정답으로 합니다.

9 인형극을 발표할 때는 너무 장난스럽지 않도록 합니다.

10 이야기를 읽고 느낀 점을 발표할 때는 인물의 말이나 행동을 떠올리고, 어떤 느낌이 들었는지 말해야 합니다. 또 비슷한 경험을 한 적이 있는지 생각해 보고, 인물에게 하고 싶은 말을 떠올려 봅니다.

11 인형극 속 인물의 마음을 짐작하는 방법을 알맞게 찾아 씁니다.

12 '구름을'은 [구르믈]로 소리 납니다.

5회 대단원 평가 156~158쪽

1 ③ **2** (1) ○ **3** ㉡ **4** ① **5** 편지 **6** (2) ○ **7** ② **8** ④ **9** (1) ㉮ (2) ㉯ **10** (2) ○ **11** 예나 **12** ① **13** 아우 **14** 감동했을 것입니다. **15** 1단계 고마운 / 감사한 2단계 예 나도 할아버지처럼 어려운 상황에 처한 사람을 보면 도와주고 싶습니다.

1 '내'가 고개를 까딱하자 '너'도 똑같이 고개를 까딱했습니다.

더 알아보기

'까딱'은 '고개 따위를 아래위로 가볍게 한 번 움직이는 모양.'을 뜻합니다.

2 뛰는 모습과 어울리는 낱말은 '폴짝폴짝'입니다.

왜 답이 아닐까?

'빙긋'은 웃는 모양을 나타내는 말이므로 '뛰다'와 어울리지 않습니다. '빙긋'은 '동생이 빙긋 웃다.', '빙긋 미소를 띠다.'와 같이 쓰이는 것이 알맞습니다.

3 ㉡에는 편지를 받지 못해서 속상한 두꺼비의 마음이 드러납니다.

더 알아보기

인물의 말과 행동을 살펴보고 인물의 마음을 짐작해 봅니다. 인물과 비슷한 경험을 떠올리는 것도 인물의 마음을 짐작하는 데에 도움이 됩니다.

4 슬퍼 보이는 두꺼비를 걱정하는 것으로 보아 개구리의 성격은 다정합니다.

5 개구리는 편지를 받지 못해 속상해하는 두꺼비를 위해 편지를 쓸 것입니다.

채점 기준

빈칸에 '편지'를 썼으면 정답으로 합니다.

6 장면 ❶에서 엄마는 돌이와 순이에게 모르는 사람이 오면 절대 문을 열어 주지 말라고 하셨습니다.

7 엄마는 호랑이에게 떡을 주고 고개를 넘었습니다.

8 호랑이를 만난 엄마는 놀랍기도 하고 무섭기도 했을 것입니다.

더 알아보기

목소리의 크기와 빠르기로 인물의 마음을 짐작할 수도 있습니다.

9 장면 ❶은 '집'에서 일어난 일이고, 장면 ❷는 '고개'에서 일어난 일입니다.

10 호랑이는 오누이를 속여 문을 열게 하려고 엄마의 목소리를 흉내 내었습니다.

왜 답이 아닐까?

장면 ❸에서 호랑이는 엄마를 잡아먹고 오누이도 잡아먹으려 오누이를 찾아왔습니다. 그러므로 (1)은 호랑이의 마음으로 알맞지 않습니다.

11 인물의 마음을 짐작하는 방법을 알맞게 말한 친구는 예나입니다.

왜 답이 아닐까?

인물의 마음을 짐작하는 것과 인물의 생김새는 관련이 없습니다.

12 형제는 서로를 위해 몰래 서로의 집에 볏단을 가져다 놓았습니다. 따라서 형제는 서로를 생각하는 사이입니다.

13 아우는 몰래 형에게 볏단을 가져다 놓았습니다.

14 형제는 서로의 집에 몰래 볏단을 가져다 둔 것을 알고 서로를 위하는 마음에 감동받았을 것입니다.

채점 기준

감동했다는 내용을 썼으면 정답으로 합니다.

15 1단계 개구리들은 올챙이였을 때 목숨을 구해 준 할아버지에게 고마운 마음일 것입니다.

채점 기준

상	일이 일어난 차례를 살펴보고 감사의 뜻을 담은 말을 알맞게 썼습니다.
하	일이 일어난 차례를 살펴보았으나 감사의 뜻을 담을 말을 쓰지 못했습니다.

2단계 이 글을 읽고 든 생각과 느낌을 씁니다.

채점 기준

상	글의 내용을 파악하고 자신의 생각이나 느낌을 알맞게 썼습니다.
중	글의 내용을 파악하였으나 자신의 생각이나 느낌을 알맞게 쓰지 못했습니다.
하	글의 내용을 파악하지 못해 관련이 없는 내용을 썼습니다.

1. 만나서 반가워요!

A단계 단원 평가 2~3쪽

1 ② 2 (1) ○ 3 ③ 4 ① 5 지안 6 ③, ④
7 (2) ○ 8 ② 9 ①, ⑤ 10 나

1 민수가 기르는 강아지인 곱슬이에 대하여 소개하는 글입니다.
2 곱슬곱슬한 털이 많아서 이름도 곱슬이라고 하였습니다.
3 ㉠은 민수가 기르는 강아지의 모습을 알 수 있는 부분입니다.
4 친구는 말차례를 지키지 않고 동현이가 말을 하는 중에 끼어들어 말하였습니다.

왜 답이 아닐까?

② 친구는 다른 사람들이 들을 수 있는 목소리로 말하였습니다.
③, ④ 친구는 대화 내용인 '자신의 꿈'에 대해 말하였습니다.
⑤ 친구는 선생님이 아닌 동현이의 말을 제대로 듣지 않았고, 말차례를 지키지 않았습니다.

5 동현이와 친구가 같은 꿈을 가지게 된 까닭은 이 그림에서 알 수 없습니다.
6 라라가 물려받지 않는 것은 속옷과 신발뿐이라고 하였습니다.
7 라라는 새로 갖게 된 반짝거리는 새 신발을 시냇물에 빠뜨렸고, 월터, 맥스, 핀과 함께 신발을 잡으려 노력했지만 결국 신발이 시냇물을 따라 흘러갔다는 것을 알 수 있습니다.

왜 답이 아닐까?

(1) 라라는 신발을 시냇물에 빠뜨려 잃어버렸습니다.
(3) 라라는 신발 한 짝을 잃어버렸습니다.

8 라라는 아끼던 신발 한 짝을 잃어버려서 슬프고 속상한 마음이 들었을 것입니다.
9 글 가와 나는 자신의 이름과 좋아하는 것이 무엇인지 소개하고 있습니다.
10 하윤이가 쓴 자신을 소개하는 글인 나가 더 자세하게 쓰였습니다.

B단계 단원 평가 4~5쪽

1 ⑤ 2 ② 3 예 제가 가장 좋아하는 동물
4 과학자 5 ③, ④ 6 (2) ○ 7 (1) 모험 (2) 신발 8 (1) 예 제가 가장 좋아하는 인형 (2) 예 몹시 속상하고 안타까운 9 ⑤ 10 ㉡

1 발표할 때에는 듣는 사람들을 바라보며 알맞은 목소리로 말해야 합니다.
2 자신이 기르는 강아지를 소개하는 글이므로 '저는 강아지를 기르고 있습니다.'라는 문장이 들어가는 것이 알맞습니다.
3 자신이 소개하고 싶은 내용을 문장이 자연스럽게 이어지도록 씁니다.

채점 기준

민수처럼 친구들에게 소개하고 싶은 것을 떠올려 보고, 무엇을 소개하고 싶은지 정확하게 구체적으로 썼으면 정답으로 합니다.

4 동현이는 자신의 꿈이 과학자라고 말하였습니다.
5 친구는 동현이의 말을 듣지 않았고, 말차례를 얻지 않은 채 중간에 끼어들어 말을 했습니다.
6 글 가에서 라라가 새 신발을 아끼고 좋아하는 마음임을 알 수 있습니다.
7 라라는 월터, 맥스, 핀을 따라서 모험을 떠났다가 신발 한 짝을 잃어버렸습니다.
8 자신의 경험을 떠올려 문장이 자연스럽게 이어지도록 빈칸에 알맞은 말을 씁니다.

채점 기준

자신이 소중하게 생각했던 것을 잃어버렸던 경험을 떠올려 (1)에 쓰고, (2)에 그때의 마음을 떠올려 썼으면 정답으로 합니다.

9 이 글에는 자신과 가장 친한 친구에 대해 소개하는 내용은 없습니다.
10 자신에 대해 소개한 내용이 아닌 부분을 찾아봅니다.

왜 답이 아닐까?

㉡은 동생에 대해 말한 부분이므로 자신을 소개하는 글의 내용으로 알맞지 않습니다.

2. 말의 재미가 솔솔

A단계 단원 평가 6~7쪽

1 ④ 2 이슬비 3 비 4 ⑤ 5 ⑤ 6 (1) ○
7 ④ 8 다미 9 (1) ㉯ (2) ㉮ 10 (2) ○

1 '가늘다'는 말과 가장 관계가 있는 낱말인 '국숫발'이 들어가야 합니다.

2 가랑비보다 더 가늘고, 풀잎에 겨우 이슬이 맺힐 만큼 내리는 비의 이름은 '이슬비'입니다.

3 '비누', '비행기', '비빔밥', '비밀'처럼 '비'로 시작하는 낱말을 떠올려 말하고 있습니다.

4 끼토와 초롱이는 다섯 글자 말놀이를 하고 있습니다.

5 다섯 글자로 바르게 말하지 않은 것은 ⑤입니다.

왜 답이 아닐까?

말이 되는 다섯 글자의 말이 들어가야 하므로 ⑤는 알맞지 않습니다.

6 '어디까지 왔니'라고 질문하는 말이 반복하여 쓰였습니다.

7 노랫말의 마지막 줄에서 대문 앞에 다 왔다고 하였습니다.

8 글에 쓰인 장소를 나타내는 말을 자신이 잘 가는 장소로 바꾸어 읽으면 글의 내용이 더 재미있게 느껴질 수 있습니다.

9 ㉮는 차가운 음식, ㉯는 뜨거운 음식을 먹고 시원하다는 말을 하였습니다.

10 '시원하다'는 말에는 '음식이 차고 산뜻하거나, 뜨거우면서 속을 후련하게 하는 점이 있다'라는 뜻이 있습니다. 말의 쓰임을 정확하게 이해하고 재미있었던 장면을 찾아 말한 것은 (2)입니다.

더 알아보기

'시원하다'의 뜻

1. 덥거나 춥지 아니하고 알맞게 서늘하다.
2. 음식이 차고 산뜻하거나, 뜨거우면서 속을 후련하게 하는 점이 있다.
3. 막힌 데가 없이 활짝 트이어 마음이 후련하다.
4. 말이나 행동이 활발하고 서글서글하다.
5. 지저분하던 것이 깨끗하고 말끔하다.
6. 기대, 희망 따위에 부합하여 충분히 만족스럽다.

B단계 단원 평가 8~9쪽

1 ①, ③ 2 (1) 가랑비 (2) 이슬비 3 장대비
4 ④ 5 예 봄은 따뜻해. / 봄은 행복해. 6 숫자
7 (1) 예 숟가락 (2) 예 젓가락 8 (2) ○ 9 (1) ㉠
(2) ㉡ 10 예 방 청소를 깨끗이 했을 때입니다. / 바닷가에 가서 파도치는 소리를 들었을 때입니다.

1 '가랑비', '이슬비'의 이름과 그 이름이 붙여진 까닭을 알 수 있습니다.

2 ㉠에는 가랑비, ㉡에는 이슬비가 들어가야 합니다.

3 '장대비'에 대한 설명입니다.

4 앞에서 말한 것과 비슷한 것을 떠올려 말을 이어 가는 말놀이입니다.

5 '봄은 따뜻해.'처럼 봄을 생각했을 때 떠오르는 것을 문장으로 알맞게 만들어 씁니다.

채점 기준

'봄'을 생각했을 때 떠오르는 느낌이나 기분을 생각하여 '봄은 ~'으로 시작하는 문장을 만들어 썼으면 정답으로 합니다.

6 '하나', '둘', '셋', '넷'처럼 숫자와 관련된 말을 떠올려 하는 말놀이입니다.

7 '하나'를 나타내는 것과 '둘'을 나타내는 것을 생각하여 봅니다.

8 말 덧붙이기 놀이를 할 때에는 앞 친구의 말을 그대로 반복한 뒤에 다른 말을 덧붙여야 합니다.

왜 답이 아닐까?

앞에서 친구가 한 말을 그대로 한 뒤에 말을 이어가야 하므로 '실내화도 있고'라는 말이 바로 오는 것은 알맞지 않습니다.

9 '목소리가 시원시원하다'는 '막힌 데가 없이 활짝 트여 마음이 후련하다.'는 뜻이고, 이를 닦고 '시원하다'는 것은 '지저분하던 것이 깨끗하고 말끔해져 기분이 좋다.'는 뜻입니다.

10 '시원하다'는 말을 사용하는 여러 가지 상황을 떠올려 관련 있는 자신의 경험을 씁니다.

채점 기준

'시원하다'는 말의 여러 가지 뜻을 생각하며 시원하다는 느낌이 들었던 자신의 경험을 구체적으로 떠올려 썼으면 정답으로 합니다.

3. 겪은 일을 나타내요

A단계 단원 평가 10~11쪽

1 나 2 넓은, 활짝 3 ③ 4 (1) 나 (2) 가 5 ③, ④ 6 땅콩 7 땅속 8 ④ 9 낮 10 (1) ○

1 글 나는 꾸며 주는 말을 사용해서 글의 내용이 더 자세하게 나타납니다.

2 글 나에서는 '옥수수밭'을 꾸며 주는 말로 '넓은'과 '웃으셨다'를 꾸며 주는 말로 '활짝'이 쓰였습니다.

3 그림의 내용에 어울리면서 문장과 어색하지 않게 쓰인 꾸며 주는 말은 '예쁜'입니다.

4 '피었다'를 꾸며 주는 말은 '활짝', '딸기'를 꾸며 주는 말은 '빨간'이 알맞습니다.

5 '귀여운 강아지가 달린다.', '강아지가 빠르게 달린다.'는 꾸며 주는 말을 알맞게 사용하여 쓴 것입니다.

왜 답이 아닐까?

① '넓은'은 넓이가 큰 것을 나타내는 말로 사진 속 '강아지'를 꾸며 주는 말에는 알맞지 않습니다.
② '콸콸'은 물과 같은 액체가 급히 쏟아져 흐르는 소리를 나타내는 말로 '달린다'를 꾸며 주는 말에는 알맞지 않습니다.
⑤ '바들바들'은 몸을 자꾸 작게 바르르 떠는 모양을 나타내는 말로 사진 속 '강아지'를 꾸며 주는 말에는 알맞지 않습니다.

6 새싹이 자라 노랑 꽃을 피우고 열매를 맺어 땅콩이 자랐습니다.

7 땅콩의 열매는 땅속에서 자랍니다.

8 '껍데기'를 꾸며 주는 말로 알맞은 것은 '올록볼록'입니다.

더 알아보기

꾸며 주는 말을 사용하여 문장 만들기
- 가로등 불빛이 깜빡 켜졌다가 꺼졌다.
- 사촌 동생이 못 보던 사이에 키가 훌쩍 컸다.
- 나뭇잎이 우수수 떨어졌다.
- 바람이 불자 꽃들이 한들한들 흔들린다.

9 소율이는 낮에 운동장에서 달리기를 했던 일로 일기를 썼습니다.

10 소율이는 수업 시간에 달리기를 한 일에 대해서 일기를 썼습니다.

B단계 단원 평가 12~13쪽

1 옥수수밭 2 ① 3 예 튼튼한 4 ③ 5 (1) 힘껏 (2) 멋진 6 ③ 7 (2) ○ 8 지민 9 ⑤
10 예 친구들이 달리기를 잘했다고 박수를 치고 칭찬해 줘서 기분이 좋았습니다.

1 '나'는 할머니, 할아버지와 옥수수밭에 갔다고 하였습니다.

2 옥수수밭을 꾸며 주는 말로 알맞은 것은 '넓은'입니다.

3 '멋진'처럼 그림에 어울리는 꾸며 주는 말을 생각하여 씁니다.

4 사진 속 말과 어울리고, '달린다'를 꾸며 주는 말에는 '힘차게'가 알맞습니다.

5 ㉡에는 '날린다'를 꾸며 주는 말이 들어가야 하므로 '힘껏'이, ㉢에는 '황새'를 꾸며 주는 말이 들어가야 하므로 '멋진'이 알맞습니다.

6 개구리밥은 물 위에 떠서 자란다고 하였습니다.

7 '우수수'는 '바람에 나뭇잎 따위가 많이 떨어지는 소리나 모양.'을 뜻합니다. '꽃잎 따위가 한껏 핀 모양.'을 뜻하는 말은 '활짝'입니다.

8 이 글을 읽고 든 생각이나 느낌을 알맞게 말한 친구는 지민이입니다.

왜 답이 아닐까?

새롬: 꾸며 주는 말은 한 문장에서 여러 개 쓸 수 있습니다.
예나: 꾸며 주는 말을 쓰면 글의 내용을 더 실감 나게 표현할 수 있습니다.

9 소율이는 긴장되고 떨렸지만 용기를 내서 끝까지 달렸습니다.

10 소율이가 달리기를 끝까지 해낸 뒤에 어떤 생각이나 느낌이 들었을지 떠올려 씁니다.

채점 기준

소율이가 긴장되는 마음을 이겨내고 달리기를 끝까지 해낸 뒤에 느꼈을 생각이나 느낌을 떠올려 썼으면 정답으로 합니다.

이런 답도 가능해!
- 긴장되고 떨렸지만 용기를 내서 끝까지 달려 기분이 좋았습니다.

4. 분위기를 살려 읽어요

A단계 단원 평가 14~15쪽

1 ③ 2 (2) ○ 3 혜리 4 (1) ㉮ (2) ㉯ 5 플라스틱 6 (1) ○ 7 목도리 8 ① 9 (2) ○ 10 진우

1 아기는 포근포근 엄마 품에서 새근새근 잠을 잔다고 하였습니다.

더 알아보기

시 「누가 누가 잠자나」에서 잠자는 것과 잠자는 장소, 모습

잠자는 것	잠자는 장소	잠자는 모습
아기별	밤하늘	깜박깜박
산새 들새	숲속	꼬박꼬박
아기	엄마 품	새근새근

2 '앉아'의 받침 'ㄵ'은 'ㄴ'으로 발음되어 [안자]로 읽습니다.

3 받침이 없는 낱말과 받침이 있는 낱말로 나누었습니다.

더 알아보기

'가위, 오리, 나라, 쉬다'는 받침이 없는 낱말이고, '학교, 강물, 없다, 있다, 흙'은 받침이 있는 낱말입니다.

4 '흙'은 [흑]으로, '없다'는 [업따]로 발음합니다.

더 알아보기

'흙'의 'ㄺ' 받침은 'ㄱ'으로 발음되고, '없다'의 'ㅄ' 받침은 'ㅂ'으로 발음됩니다.
또한 '없다'와 같이 '다'로 끝나는 낱말은 '타' 또는 '따'로 발음합니다.

5 환경 단체들은 플라스틱 쓰레기가 바다에 모이는 것을 막으려고 해안가에 있는 플라스틱 쓰레기를 줍는다고 하였습니다.

6 (2)는 '더미'의 뜻입니다.

7 바람은 신문지로 목도리를 만들어 어린 민들레꽃에게 해 주었습니다.

8 바람이 신문지로 어린 민들레꽃을 덮어 주는 장면이므로 따뜻한 분위기가 느껴집니다.

9 '입에서 절로 휘파람이 나오는 즐거운 오늘'이라고 하였습니다.

10 '나'의 즐겁고 신나는 마음이 드러난 시이므로 밝고 힘찬 목소리로 읽습니다.

B단계 단원 평가 16~17쪽

1 ㉡ 2 주호 3 여덟, 흙 4 (1) 마는 (2) 목쓸 5 ⑤ 6 예 플라스틱 제품을 재활용할 수 있도록 분류해서 버립니다. 7 ㉠, ㉡ 8 예 뿌듯한 마음이 느껴졌습니다. 9 (1) ○ 10 ㉮

1 '꼬박꼬박'은 산새 들새가 잠자는 모습을 흉내 내는 말입니다.

2 떠오르는 장면을 행동으로 표현하며 시를 읽으면 시에 나오는 인물의 마음을 잘 느낄 수 있습니다.

3 '사랑'은 하나의 자음자를 받침으로 사용한 낱말이고, '낚시'는 쌍받침을 사용한 낱말입니다.

4 '많은'은 [마는]으로, '몫을'은 [목쓸]로 발음합니다.

5 1997년에 요트 경기를 하던 사람이 바다에 있는 플라스틱 쓰레기 더미를 처음으로 발견했습니다.

6 일회용 플라스틱을 덜 사용하거나 플라스틱 제품을 재활용할 수 있도록 분류해서 버리면 플라스틱 쓰레기를 줄일 수 있습니다.

채점 기준

바다에 플라스틱 쓰레기가 모이는 것을 막기 위해 우리가 평소에 할 수 있는 일이 무엇인지 생각하여 썼으면 정답으로 합니다.

7 바람은 마루 위에 놓인 신문지로 목도리를 만들어 민들레꽃에게 해 주었습니다.

8 신문지가 마침내 목도리가 되어 추위에 떠는 어린 민들레꽃을 덮어 줄 때에 떠오르는 자신의 생각이나 느낌을 씁니다.

채점 기준

던져지고 굴려지며 구겨진 신문지가 목도리가 될 때에 어떤 마음이 들었는지 생각하며 문장을 완성하여 썼으면 정답으로 합니다.

더 알아보기

'바람'에 대한 생각이나 느낌 예
신문지로 어린 민들레꽃에게 목도리를 해 주는 모습에서 엄마처럼 따뜻한 마음이 느껴졌습니다.

9 '나'는 오늘 하루를 즐겁게 시작하고 있으므로 웃는 표정이 어울립니다.

10 시의 분위기와 어울리는 즐겁고 신나는 경험으로 바꾸어 쓰는 것이 알맞습니다.

5. 마음을 짐작해요

A단계 단원 평가 18~19쪽

1 (2) ○ 2 (1) 아빠 (2) 놀이터 3 ㉠ 4 (1) ㉯ (2) ㉮ 5 민정 6 다친 7 (1) ㉯ (2) ㉮ 8 (1) 반듯이 (2) 때 9 ①, ③ 10 (1) ○

1 인물의 마음을 짐작하려면 마음이 드러나는 인물의 말이나 행동을 찾아봅니다.

2 소영이는 아빠와 함께 놀이터에서 자전거 타는 연습을 하고 혼자 자전거를 타게 된 일에 대해 일기를 썼습니다.

3 ㉠은 아빠께서 하신 행동이므로 소영이의 마음을 짐작할 수 있는 부분이 아닙니다.

4 글 가에서는 힘들지만 포기하지 않고 노력하는 소영이의 마음이 나타나 있고, 글 나에서는 혼자 자전거를 탈 수 있게 되어서 기쁘고 행복한 마음이 나타나 있습니다.

5 인물의 마음을 짐작하며 글을 읽으면 인물의 마음이 더 생생하게 느껴지고 글의 내용을 더 잘 이해할 수 있게 됩니다.

6 앞에서 넘어졌다고 하였으므로 '부딪치거나 넘어져 몸에 상처를 입은.'이라는 뜻의 '다친'이 들어가야 합니다.

7 '느리다'의 뜻은 '어떤 동작을 하는 데 걸리는 시간이 길다.'이고, '늘이다'의 뜻은 '원래보다 더 길어지게 하다.'입니다.

8 (1)에는 '물건이나 행동이 비뚤지 않고 바르게 되어 있다.'는 뜻의 '반듯이'가, (2)에는 '옷이나 몸에 묻은 더러운 먼지 등.'을 나타내는 '때'가 들어가는 것이 알맞습니다.

더 알아보기

- 반드시: 틀림없이 꼭 하는 것.
- 떼: 행동을 같이하는 무리.

9 ㉠은 또야네 엄마께서 골목길에서 나는 울음소리를 듣고 나와 물어 보신 말씀이므로 놀라고 우는 까닭에 대해 궁금한 마음이 들었을 것으로 짐작할 수 있습니다.

10 문장을 자연스럽게 띄어 읽은 것은 (1)입니다. (2)는 띄어 읽는 부분이 많아서 어색하게 느껴집니다.

B단계 단원 평가 20~21쪽

1 ④ 2 ㉤ 3 ㉠ 헤어지기 싫고 아쉬운 마음이었을 것입니다. 4 (1) 갔다 (2) 식혀서 5 ㉡ 6 밤 7 (2) ○ 8 ㉠ 다행이라는 생각이 들었단다. 9 (1) ⩔ (2) ∨ 10 현서

1 콩이는 주영이의 할머니께서 키우시는 강아지입니다.

2 ㉤에서 주영이의 안심하는 마음을 짐작할 수 있습니다.

3 주영이는 콩이와 헤어지기 싫고 아쉬운 마음이었을 것입니다.

채점 기준

콩이와 헤어지는 날이 된 주영이의 아쉬운 마음을 생각하며 썼으면 정답으로 합니다.

4 (1)에는 한곳에서 다른 장소로 움직인다는 뜻의 '갔다'가, (2)에는 더운 기운을 없앤다는 뜻의 '식혀서'가 들어가는 것이 알맞습니다.

더 알아보기

- 같다: 서로 다르지 않다.
- 시켜서: 어떤 일이나 행동을 하게 해서.

5 '부치고'가 아니라 '붙이고'라고 써야 알맞습니다.

6 또야는 친구들에게 밤을 다 나누어 주니 자신이 먹을 밤이 없었습니다.

7 '비쭉비쭉'은 기분이 나쁘거나 비웃거나 울려고 할 때 소리 없이 입을 내밀고 실룩거리는 모양을 뜻하는 말로, (2)의 표정이 이 말을 나타내고 있습니다.

8 또야가 울음을 그치게 되어서 다행스러운 마음이 들었을 것입니다.

채점 기준

또야가 울음을 그치고 친구들과 삶은 밤을 맛있게 먹는 모습을 보고 있는 또야네 엄마의 마음을 생각하며 썼으면 정답으로 합니다.

9 문장과 문장 사이에서는 조금 더 쉬어 읽고, '누가(무엇이)' 다음에는 조금 쉬어 읽습니다.

10 문장과 문장 사이에서는 조금 더 쉬어 읽습니다.

왜 답이 아닐까?

낱말마다 무조건 쉬어 읽으면 띄어 읽는 부분이 많아서 어색하게 느껴지고, 문장이 길면 중요한 부분마다 나누어 읽는 것이 좋습니다.

6. 자신의 생각을 표현해요

A단계 단원 평가 22~23쪽

1 ④ 2 (1) ○ 3 ①, ⑤ 4 굵고 통통한 5 ③
6 (1) ㉯ (2) ㉮ 7 ⑤ 8 (2) ○ 9 ④ 10 형님

1 이 광고는 다른 사람을 배려하자는 내용을 담고 있습니다.

2 다른 사람을 배려하여 할 수 있는 일로 알맞은 것은 (1)입니다.

왜 답이 아닐까?

친구에게 가위를 줄 때에는 친구가 가위를 안전하게 잡을 수 있도록 가위 손잡이를 친구 쪽으로 하여 건네주어야 합니다.

3 나무는 뿌리를 통해 필요한 물과 영양분을 흙에서 얻는다고 하였습니다.

4 나무뿌리는 잎에서 만들어진 영양분을 저장하기 때문에 굵고 통통한 모양으로 자라게 된다고 하였습니다.

5 이 글은 나무뿌리가 하는 일을 설명하는 글입니다.

더 알아보기

글의 중요한 내용은 글의 맨 처음이나 맨 마지막에서 찾을 수 있습니다. 글 ㉮의 중요한 내용은 나무뿌리는 물과 영양분을 뿌리를 이용해 흙에서 얻는다는 것이고, 글 ㉯의 중요한 내용은 나무뿌리는 잎에서 만들어진 영양분을 모아 두기도 한다는 것입니다.

6 아빠께서는 시골에 있는 친척 집에, 엄마께서는 산에 가고 싶다고 하셨습니다.

7 아빠께서는 오랜만에 친척들을 만나면 반가울 것이라고 하셨습니다.

왜 답이 아닐까?

①과 ④는 글에서 알 수 없는 내용입니다.
②와 ③은 엄마께서 말씀하신 생각에 대한 까닭입니다.

8 엄마께서는 산에서 부는 시원한 바람을 맞으면 더위를 잊을 수 있을 것 같고, 귀여운 다람쥐와 예쁜 꽃도 많이 볼 수 있어서 산에 가고 싶다고 하셨습니다.

9 아우는 금덩이 때문에 자꾸 형님이 미워지고 욕심이 나서 금덩이를 강물에 던져 버렸습니다.

10 아우는 금덩이보다 형님이 더 소중하다고 말하였습니다.

B단계 단원 평가 24~25쪽

1 줄넘기 2 줄넘기를 하면 몸이 튼튼해집니다.
3 ④ 4 ③ 5 (1) ○ (3) ○ 6 초대장 7 (2) ○
8 사랑하는 9 예 지구를 무척 사랑하기 때문입니다. / 지구가 얼마나 아름답고 살기 좋은 곳인지 알려 줄 것이기 때문입니다. 10 ①

1 이 글에서 반복하는 낱말은 '줄넘기'입니다.

2 글 ㉯에서 중요한 내용은 '줄넘기를 하면 몸이 튼튼해집니다.'입니다.

채점 기준

줄넘기를 하면 몸이 튼튼해진다는 내용을 찾아 썼으면 정답으로 합니다.

3 이 글은 줄넘기의 좋은 점에 대해 설명하는 글입니다.

4 같은 물고기라도 물속 바닥에 납작 엎드려 사는 가자미와 멀리 헤엄쳐 다니는 고등어는 생김새가 많이 다르다고 하였습니다.

5 동물은 먹이나 사는 곳에 따라 생김새가 달라진다고 하였습니다.

6 별나라에서 온 초대장을 보고 많은 동물이 몰려들었다고 하였습니다.

7 거북 할아버지는 자기가 별나라에 가야 한다고 하였습니다.

왜 답이 아닐까?

(3) 거북 할아버지는 지구에 대해 많이 알고 있다고 하였습니다.

8 지구를 무척 사랑한다는 말과 지구를 사랑하는 마음보다 더 중요한 것이 있냐는 말에서 아기 곰이 어떤 마음을 가지고 있는지 알 수 있습니다.

9 아기 곰은 자신이 지구를 무척 사랑하기 때문에 별나라에 가서 지구가 얼마나 아름답고 살기 좋은 곳인지 알려 주겠다고 하였습니다.

채점 기준

지구를 사랑한다는 내용이나 지구가 얼마나 아름답고 살기 좋은 곳인지 알려 주겠다는 내용을 썼으면 정답으로 합니다.

10 지구의 좋은 점은 별나라에서 온 초대장의 내용과 관련이 없습니다.

7. 마음을 담아서 말해요

A단계 단원 평가 26~27쪽

1 승강기 **2** (3) ○ **3** ⑤ **4** (3) ○ **5** 시원 **6** (1) 바라보며 (2) 알맞은 크기 **7** (1) ㉰ (2) ㉮ (3) ㉯ **8** ④ **9** ⑤ **10** 미안해

1 '나'는 아빠와 함께 문구점에 가려고 승강기를 탔다가 승강기에서 작고 귀여운 토끼가 그려진 머리핀을 보았습니다.

2 '나'도 얼마 전 승강기에서 아끼는 우산을 잃어버렸을 때 무척 속상했던 경험이 있기 때문에 승강기에서 머리핀을 잃어버린 사람이 속상해하고 있을 모습이 떠올랐습니다.

3 '나'는 열대어를 기르기 위해 필요한 물품을 샀고, 열대어가 살 수 있는 물속 환경이 만들어지면 '열대어'를 집으로 데려오기로 하였습니다.

4 열대어를 기르기 전에 열대어 기르기에 대한 책을 찾아 읽기 위해 지난 토요일 오후, 아빠와 함께 도서관에 갔습니다.

5 '나'처럼 자신의 경험을 말한 친구는 지난 주말에 삼촌과 함께 낚시를 하러 갔던 경험을 이야기 한 '시원'입니다.

6 자신의 경험을 바른 자세로 발표하려면 듣는 사람을 바라보며 자신의 경험을 알맞은 크기의 목소리로 또박또박 말해야 합니다.

7 '괜찮아.'는 친구가 내 색연필을 실수로 부러트렸을 때의 상황에서 할 수 있는 말이고, '축하해!'는 친구가 금메달을 땄을 때의 상황에서 할 수 있는 말이고, '미안해.'는 친구의 그림을 실수로 망쳤을 때의 상황에서 할 수 있는 말입니다.

8 여자아이와 남자아이는 수돗물이 나오는 곳인 수돗가에 있습니다.

9 남자아이는 수돗가에서 친구에게 물을 튀기며 세수하고 있습니다.

10 남자아이는 수돗가에서 세수를 하다가 여자아이에게 물을 튀기는 잘못을 했으므로 미안하다는 사과의 말을 해야 알맞습니다.

더 알아보기

'감동이야.'는 크게 느끼어 마음이 움직일 때 하는 말입니다.

B단계 단원 평가 28~29쪽

1 소은 **2** ② **3** (1) ○ **4** (1) ○ **5** 예 메기가 험상궂게 생겼기 때문입니다. **6** ④ **7** 은경 **8** ④ **9** (2) ○ **10** 예 넌 나의 좋은 친구야.

1 바른 자세로 발표한 친구는 소은입니다.

왜 답이 아닐까?

발표를 할 때에는 말끝을 흐리지 않고, 듣는 사람의 눈을 바라보며 말해야 합니다.

2 그림은 민철이가 무릎을 다친 상황입니다.

3 민철이가 넘어져서 무릎을 다친 상황이므로 '괜찮아? 많이 아프겠다.'라는 말을 하는 것이 알맞습니다.

4 영지가 보건실에 같이 가 준다고 말했으므로 ㉮에는 (1)이 들어가는 것이 알맞습니다.

5 메기는 험상궂게 생긴 데다가 입은 옆으로 길게 찢어져 있었고, 입 양쪽에는 긴 수염도 나 있었다고 했습니다.

채점 기준

메기의 험상궂은 모습 때문이라는 부분을 글에서 찾아 썼으면 정답으로 합니다.

6 메기는 비 때문에 살던 강이 넘쳐 연못에 들어오게 되었습니다.

7 은경이가 듣는 사람의 기분을 생각하며 말했습니다.

8 들으면 기분이 좋아지는 고운 말에 관련된 내용의 글이므로 제목에 고운 말이 들어가야 합니다.

더 알아보기

① 반말: 친밀할 때 편하게 하는 말. 또는 아랫사람에게 낮추어 하는 말.
② 말실수: 말을 잘못하여 저지르는 실수. 또는 그 말.
③ 존댓말: 사람이나 사물을 높여서 이르는 말.
⑤ 토박이말: 우리말에 원래 있던 낱말이나 그것을 활용해 새로 만든 낱말.

9 "넌 할 수 있어."는 어떤 일을 하려고 하는데 잘 되지 않을 때 해 주면 좋은 말입니다.

10 친구에게 들었을 때 기분이 좋았던 말이나 친구에게 할 수 있는 고운 말을 씁니다.

채점 기준

'넌 나의 좋은 친구야.' 등 친구에게 할 수 있는 고운 말을 썼으면 정답으로 합니다.

8. 다양한 작품을 감상해요

A단계 단원 평가 30~31쪽

1 ④ 2 ① 3 (2) ○ 4 (2) ○ 5 ⑤ 6 두꺼비 7 ② 8 호랑이에게 떡을 주고 9 (2) ○ 10 윤아

1 두 사람이 우산 속에서 팔짱을 끼고 어깨동무를 하고 있다고 하였습니다.

2 우산을 함께 써서 더 따뜻하고 더 정답다고 하였습니다.

3 시를 낭송할 때에는 시의 장면을 상상하며 읽습니다.

왜 답이 아닐까?

시를 낭송할 때에는 무조건 큰 목소리로 읽는 것이 아니라 시의 분위기에 맞는 목소리로 낭송해야 합니다.

4 오랫동안 비가 오지 않아 올챙이가 다 죽게 생겼기 때문에 할아버지는 올챙이들을 살려 주기 위해 근처 연못에 옮겨 주었습니다.

5 할아버지가 올챙이들을 구해 주고 배고픈 사람을 돕는 것으로 보아 남을 잘 돕는다는 것을 알 수 있습니다.

더 알아보기

인물의 말과 행동을 자세히 살펴보면 인물의 성격을 짐작해 볼 수 있습니다.

6 개구리는 두꺼비에게 편지를 썼습니다.

7 개구리와 두꺼비는 둘 다 행복해하면서 편지를 기다렸습니다.

8 엄마께서는 호랑이에게 떡을 주고 고개를 넘었습니다.

9 호랑이는 오누이를 속이려는 것이므로 (2)가 알맞습니다.

왜 답이 아닐까?

호랑이는 엄마인 척하고 있으므로 크고 무서운 목소리는 어울리지 않습니다.

10 인형극에 대한 생각이나 느낌을 알맞게 말한 친구는 윤아입니다.

왜 답이 아닐까?

엄마를 잡아먹은 호랑이는 오누이도 잡아먹기 위해 오누이를 찾아갔습니다. 민기는 인형극의 내용을 잘못 파악했으며 생각이나 느낌을 알맞게 말하지 못했습니다.

B단계 단원 평가 32~33쪽

1 건널목 2 예 반갑습니다. 3 ③ 4 (1) ㉯ (2) ㉮ 5 (2) ○ 6 ④ 7 (2) ○ 8 ⑤ 9 예 어리둥절해 하는 10 (2) ○

1 '나'와 '너'는 건널목에서 마주쳤다고 하였습니다.

2 친구를 만나 반갑고 기쁠 것입니다.

채점 기준

친구를 만나 반갑고 기쁜 마음을 썼으면 정답으로 합니다.

3 낭송은 시를 소리 내어 읽는 것이므로 ③은 시를 낭송하는 방법으로 알맞지 않습니다.

더 알아보기

시를 낭송할 때에는 시의 장면을 상상하며 시의 분위기에 맞게 읽고, 친구와 주고받으며 낭송하거나 장면을 몸짓으로 표현하며 읽을 수 있습니다.

4 글을 읽고 인물의 마음을 알맞게 짐작해 봅니다.

5 두꺼비가 편지를 받아본 적이 없어서 속상해하므로 개구리는 두꺼비를 기쁘게 해 주고 싶어서 편지를 썼을 것입니다.

6 나무에 미끄러워서 올라오지 못하게 하려고 일부러 호랑이에게 손에 기름을 바르고 나무에 올라오라고 하였습니다.

7 오누이는 호랑이에게 잡힐까 봐 다급하고 간절한 마음으로 하늘에 빌었을 것입니다.

8 형제는 볏단이 그대로 있는 것에 어리둥절해 하므로, ⑤가 알맞습니다.

9 형제가 어리둥절해 하는 것이 재미있는 장면입니다.

채점 기준

형제가 어리둥절해 하는 장면을 썼으면 정답으로 합니다.

10 인형극을 감상하고 자신의 생각이나 느낌을 표현하는 방법으로 알맞은 것은 (2)입니다.

왜 답이 아닐까?

인물의 수와 인형극의 길이는 자신의 생각이나 느낌을 표현하는 방법과 관련이 없습니다. 인형극에 등장하는 인물의 말과 행동을 따라 해 보면 재미있게 느껴지는 부분을 찾을 수 있어서, 자신의 생각이나 느낌을 표현하는 데에 도움이 됩니다.

문학, 비문학에 맞는 바른 독해법부터, 독해력을 키우는 어휘 학습까지!

#초등문해력 #완벽라인업

#빠작

비문학 독해에 사회, 과학 교과 개념 더하고!

초등 눈높이에 맞는 문법까지!

동아출판

해설북

백점 국어 2·1

초등학교 학년 반 번 이름

믿고 보는 동아출판
초등 교재
기초학습서부터 교과서 개념 다지기, 과목별 전문서까지!
초등학교 입학 전부터, 예비 중등까지!
초등학생에게 꼭 필요한 영역을 빠짐없이! 동아출판 초등 교재 라인업
BEST
2022 개정 교육과정
초등 1~2학년 공부 단짝
초능력
맞춤법 + 받아쓰기
초등 국어 1·2
쉽고 빠른 맞춤법 학습
받아쓰기 단계별 연습
국어 교과서 어휘 학습
초능력 비주얼씽킹 과학
초능력 비주얼씽킹 초등 한국사
초능력 수학 연산
초능력 국어 독해
초능력 급수 한자
초등 영역별 기초학습서
초능력 국어/수학/과학/한국사/한자
초고필 비문학 독해 1
5~6학년 예비 중등
초고필 지금 유리수의 사칙연산을 해야 할 때
초고필 지금, 국어 문법을 해야 할 때
초고필 지금 국어 어휘를 해야 할 때
초고필 지금 한국사를 해야 할 때
적중 반편성 배치고사 + 진단평가
예비 중등
초고필 국어/수학/한국사
적중 반편성 배치고사 + 진단평가